Die große Kochschule

Einleitungstext und Rezepte: Anne Iburg
Fotos: TLC Fotostudio
Coverfoto: StockFood
Gesamtherstellung: Naumann & Göbel Verlagsgesellschaft mbH
ISBN 978-3-625-12655-3
www.naumann-goebel.de

Die große Kochschule

Die Kochwerkstatt für Einsteiger:
richtig einkaufen
gut kochen
lecker essen

NGV

INHALT

Abkürzungen		Maße
ca. = zirka cl = Zentiliter cm = Zentimeter E = Eiweiß El = Esslöffel F = Fett g = Gramm i. Tr. = in der Trockenmasse kcal = Kilokalorien kg = Kilogramm KH = Kohlenhydrate kJ = Kilojoule	l = Liter Min. = Minuten ml = Milliliter mm = Millimeter Msp. = Messerspitze Std. = Stunde TK- = Tiefkühl Tl = Teelöffel Ø = Durchmesser	1 Tl = 5 ml 1 El = 10 ml 1 Tasse = 150 ml 1 l = 1000 ml 1/2 l = 500 ml 1/4 l = 250 ml 1/8 l = 125 ml 1 cl = 0,01 l = 10 ml

Backofentemperaturen

Die Backofentemperaturen beziehen sich auf den Elektroherd mit Ober- und Unterhitze. Falls Sie mit Umluft arbeiten, reduzieren Sie die Temperatur um 20 °C.

Gasherd mit 9 Stufen zu Elektroherd mit Ober- und Unterhitze	Gasherd mit 6 Stufen zu Elektroherd mit Ober- und Unterhitze
Stufe 1 - 140 °C	Stufe 1 - 150 °C
Stufe 2 - 150 °C	Stufe 2 - 180 °C
Stufe 3 - 170 °C	Stufe 3 - 220 °C
Stufe 4 - 180 °C	Stufe 4 - 230 °C
Stufe 5 - 190 °C	Stufe 5 - 240 °C
Stufe 6 - 200 °C	Stufe 6 - 250 °C
Stufe 7 - 220 °C	
Stufe 8 - 230 °C	
Stufe 9 - 250 °C	

EINLEITUNG

DAS RICHTIGE KÜCHEN-EQUIPMENT

Auch der beste Koch braucht in seiner Küche einige technische Basics, damit alles gelingt. Eine allzu umfassende Ausstattung ist anfangs allerdings gar nicht nötig – verfügt man jedoch über einige wenige, gut ausgewählte Küchengeräte und -utensilien, geht das Kochen gleich viel leichter von der Hand.

Natürlich brauchen Sie zum Kochen **Töpfe** und auch mehr als einen. 2 Töpfe in unterschiedlichen Größen sind das Minimum, besser noch ist ein Sortiment von 4 Töpfen in unterschiedlichen Größen.

Eine gute **Pfanne** ist Gold wert und gehört ebenfalls zur absoluten Grundausstattung in der Küche! Wer mit wenig Fett braten und verkrustete Pfannenböden vermeiden will, schafft sich am besten eine beschichtete Pfanne an. Eine Pfanne mit Deckel ist besonders vielseitig einsetzbar.

Einen **Wok** benötigen Sie nur, wenn Sie asiatische Gerichte mögen und Wert auf eine möglichst originalgetreue Zubereitung legen. Sie können alternativ aber ebenso gut eine große Pfanne benutzen, auch wenn das Gemüse darin nicht ganz so knackig bleibt.

Ein **Schneidebrett** aus Plastik oder Holz ist unentbehrlich. Aus hygienischen Gründen empfiehlt es sich sogar, 3 Schneidebretter zu haben, die man gut voneinander unterscheiden kann: eins für Fleisch, eins für Gemüse und eins für Obst. So können keine Salmonellen von Fleisch auf Frischware übertragen werden und die Ananas riecht nicht plötzlich nach Knoblauch.

Ohne **Schüsseln** geht in der Küche natürlich gar nichts. Eine große Rührschüssel ist Pflicht und einige weitere in verschiedenen Größen sind hilfreich. Die ideale Schüssel ist aus einem hitzebeständigen und nicht zerbrechlichen Material, das keine Gerüche annimmt, also z. B. Edelstahl.

1 oder 2 **Kochlöffel** sind unverzichtbar, keine Frage – ob aus Holz oder Plastik ist Geschmackssache.

Ein **Pfannenwender** ist ebenfalls ein Muss. In der Regel sind Pfannenwender aus Plastik oder Holz, vor allem für beschichtete Pfannen, besser als solche aus Metall. Mittlerweile gibt es jedoch auch besondere Metalllegierungen, die die Pfanne nicht zerkratzen.

Wer gerne kocht, wird sich früher oder später nach guten **Messern** sehnen. Jeder gelernte Koch hat sein eigenes Messerset und hütet dieses wie seinen Augapfel. Für Anfänger oder Hobbykoch sind ein kleines, scharfes Schälmesser, ein Brotmesser sowie ein grosses, scharfes Küchenmesser sinnvoll.

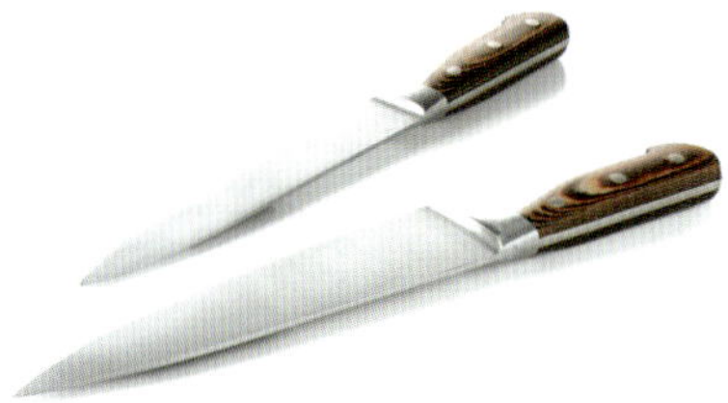

Spätestens wenn die Spargelsaison beginnt, ist Ihnen ein **Sparschäler** oder Spargelschäler von großem Nutzen. Auch zum Schälen von Möhren, Gurken und Kartoffeln ist er sinnvoll. Erfahrenere Köche schälen Gemüse auch mit einem Schälmesser, aber es erfordert einiges an Übung, dabei nicht zuviel abzuschneiden.

Für das Rühren und Kneten von Teigen aller Art benötigen Sie eine **Küchenmaschine** oder ein **Handrührgerät**.

Auch ein **Schneebesen** ist sinnvoll. Insbesondere für das Zubereiten von Saucen und cremigen Desserts ist er nur schwer ersetzbar, da man mit ihm Flüssigkeiten und Pulver-Flüssigkeits-Gemische klümpchenfrei verrühren kann.

Einen **Pürierstab** oder einen **Mixer** brauchen Sie spätestens dann, wenn Sie die Cremesuppen aus diesem Kochbuch nachkochen möchten. So ein Stabmixer

ist wirklich bei vielen Rezepten im Einsatz – Suppen, Shakes, Cremes – und ist die Anschaffung auf jeden Fall wert.

Ohne **Messbecher** können Sie die wenigsten Rezepte exakt nachkochen. Wenn Sie sich einen neuen Messbecher zulegen, dann achten Sie darauf, dass neben den Millilitereinheiten in 100er-Schritten auch 1/8, 1/4, 1/2, 3/4 und 1 l vermerkt sind. Die Maßeinheiten können nämlich von Kochbuch zu Kochbuch variieren und so sind Sie für jeden Fall gerüstet.

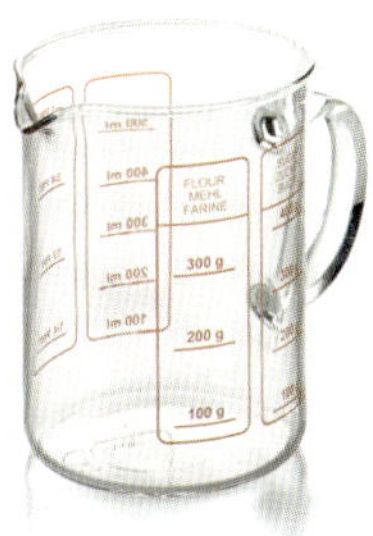

Eine **Reibe** ist vielseitig einsetzbar: Möhren und Äpfel für einen Rohkostsalat kann man damit genauso reiben wie

Käse für einen Auflauf. Auch schmeckt frisch geriebener Käse immer besser als Käse, der bereits gerieben abgepackt wurde.

Sieb, **Seiher**, **Durchschlag** – unterschiedliche Begriffe für im Prinzip ein und dasselbe Gerät. Ein grobmaschiges Sieb (oder Durchschlag oder Seiher) benötigen Sie zum Abgießen von Nudeln und

Gemüse. Ein feinmaschiges Sieb (oder Haarsieb) ist nicht ganz so elementar, aber nur damit werden leckere Bratensaucen richtig gut oder lassen sich kalte Früchtesaucen herstellen.

Ohne **Waage** können – wenn überhaupt – nur Profis kochen und auch die benutzen in der Regel die Küchenwaage. Die exakt richtige Menge an Zutaten ist bei vielen Gerichten Grundvoraussetzung für das Gelingen.

Eine **Auflaufform** sollte zur Grundausstattung gehören. Empfehlenswert ist eine flache, eckige Form mit Deckel, da diese universal und unkompliziert einsetzbar ist. Eine Form mit einem ca. 10 cm hohen Rand ist für die allermeisten Aufläufe und Gratins bestens geeignet.

Wenn Sie gerne backen, ob süß oder pikant, ist eine **Springform** unerlässlich. Diese können Sie für Kuchen genauso benutzen wie für herzhafte Quiches.

Ein **Nudelholz** ist natürlich zum Ausrollen von Teig sehr praktisch. Sie können stattdessen aber auch einfach eine leere Weinflasche nehmen, von der Sie das Etikett entfernt haben.

Auch eine **Zitronenpresse** ist eine sinnvolle Anschaffung. Notfalls lässt sich eine halbierte Zitrone zwar auch mit einer Gabel auspressen, aber mit der Zitronenpresse ist der Saftgewinn viel höher und sie hält außerdem die Kerne aus dem Saft.

Wenn Sie häufiger Eier kochen, schaffen Sie sich am besten einen **Eierpieker** an. Stechen Sie das dicke Ende des Eis damit an, bevor Sie es in das kochende Wasser legen, so platzt es nicht beim Kochen. Sie können einen Eierpieker aber auch ganz leicht selber basteln, indem Sie einfach eine Stecknadel durch einen Weinkorken stechen.

TIPP • TIPP • TIPP

Bei der **Knoblauchpresse** scheiden sich die Geister. Viele Köche sind der Meinung, Knoblauch sollte nur fein gehackt oder mit einem breiten Messerrücken zerdrückt werden, da sich das Ausdrücken durch die Knoblauchpresse negativ auf die im Knoblauch enthaltenen ätherischen Öle und damit auf den Geschmack auswirken würde. Trotzdem ist und bleibt es eine einfache und schnelle Methode, Knoblauch zu zerkleinern. Probieren Sie einfach aus, was Ihnen mehr liegt und besser schmeckt.

VORRÄTE

Ist Vorratshaltung nicht längst überholt? Die Supermärkte haben mittlerweile bis in den Abend hinein auf und zur Not gibt es den 24-Stunden-Service an der Tankstelle. Trotzdem – legen Sie sich einen kleinen Vorrat von Lebensmitteln an, die man für viele verschiedene Gerichte brauchen kann. So sind Sie allzeit bereit, wenn der kleine oder große Hunger kommt und Sie keine Lust auf den Pizza-Dienst haben.

Trockene Vorräte

Mehl, Grieß, Couscous, Spaghetti, Penne, Tagliatelle, Reis, Risottoreis, Milchreis, Haferflocken, Linsen, Paniermehl, Speisestärke, getrocknete Früchte, Gelatine, Nüsse, Zucker, Puderzucker, Vanillezucker, Backpulver

Ist die Packung erst einmal geöffnet, werden diese trockenen Vorräte am besten in gut verschlossenen Dosen aufbewahrt, damit sich keine Mehlmotten oder ähnliches Ungeziefer darin breitmachen können.

Konserven (Glas und Dosen)

Tomatensauce, Tomatenpüree, Thunfisch, Sardellenfilets, Kokosmilch, Rotkohl, Sauerkraut, Kidneybohnen, Kichererbsen, Mais, Oliven, Spargel, Pfirsiche, Ananas, Sauerkirschen, Mandarinen, Aprikosen

Gewürze, Kräuter und Fette

Salz, Pfeffer aus der Mühle, Curry, Paprikapulver, Muskatnuss, getrockneter Thymian, Rosmarin und Oregano, Petersilie (TK), Schnittlauch (TK), Butter, Olivenöl, Sonnenblumenöl

Milchprodukte und Eier

Milch, H-Milch, Sahne, saure Sahne, Crème fraîche, Frischkäse, Feta, Mozzarella, Quark, Parmesan im Stück, Eier

Obst und Gemüse

Unbehandelte Zitronen, gemischte Beeren (TK), Spinat (TK), Erbsen (TK), Brokkoli (TK), Zwiebeln, Knoblauch, Kartoffeln

Sonstiges

Essig, Pesto, Senf, Tomatenmark, Gemüsebrühe, Hühnerbrühe, Tabasco, Meerrettich, Senf, Sojasauce, Mayonnaise, Honig, Schokolade

Getränke

Orangensaft, Apfelsaft, Mineralwasser, Sekt, Weiß- und Rotwein, Sherry, Cognac, Portwein, Wermut

Dosenwirtschaft

Wer greift denn noch zur Dose, wo es die Tiefkühltruhe gibt? Gerade bei Gemüse ist es tatsächlich ratsam, auf Tiefkühlprodukte zurückzugreifen, sind sie doch viel vitaminreicher und schonender haltbar gemacht. Einige Produkte allerdings sind in der Dose unschlagbar und dazu zählen geschälte Tomaten, Mais und Thunfisch. Geschälte Tomaten sind gerade im Winter, wenn es in unseren Breiten nur eher geschmacksarme frische Tomaten gibt, eine gute Alternative für Saucen u. ä., da die Tomaten für die Dosen meist sehr reif geerntet und dann direkt konserviert werden. Maiskörner und Thunfisch aus der Dose sind perfekt für Salate, Aufläufe und Pizzen.

Auf Eis gelegt

Ein Tiefkühlschrank oder zumindest ein Tiefkühlfach im Kühlschrank können viel Leckeres und Sinnvolles beherbergen, auch und gerade jenseits von Tiefkühlpizza und Fertiggerichten. Gekauftes Tiefkühl-Gemüse, tiefgekühlte Kräuter und Beeren sowie Fleisch lassen sich darin genauso aufbewahren wie selbst eingefrorener Käse, Brot auf Vorrat und gekochte Speisereste. Achten Sie darauf, wie viele Sterne Ihr Gerät hat: Wer ein Fach mit 1 Stern hat, kann dort Tiefkühlprodukte 1 bis 2 Tage lagern, bei 2 Sternen geht es maximal 2 Wochen und mit 3 Sternen steht Ihnen die ganze Bandbreite der Tiefkühlqualität offen.

Gekühlte Grundvorräte

Der Kühlschrank ist nicht überall gleich kalt (oben ca. 6 °C kälter als unten bzw. in der Kühlschranktür), daher sollte man darauf achten, welche Lebensmittel wo gelagert werden:

Oben und in der Mitte

Käse wie Gouda, Parmesan, Camembert, Blauschimmelkäse, Rotschmierkäse, Frischkäse und Mozzarella:

- Verpackt in luftdichten Dosen, die Schnittfläche mit Folie bzw. ganz mit Papier oder feuchtem Tuch bedeckt; kräftige Sorten extra lagern; Frischkäse und Mozzarella in der Verpackung lassen.
- Haltbar je nach Sorte 3 Tage bis 2 Wochen bzw. bis Mindesthaltbarkeitsdatum.

Unten

Fleisch, Geflügel, Wurst, Fisch:

- Fleisch und Fisch ohne Verpackung auf Porzellantellern nicht ganz luftdicht abgedeckt; Geflügel extra lagern; Wurst ohne Verpackung in möglichst getrennten, nicht zu vielen Lagen in luftdichten Dosen; Räucherwaren extra legen.
- Hackfleisch am selben Tag verbrauchen; Geflügel und klein geschnittenes Fleisch 1 bis 2 Tage haltbar; große Fleischstücke 2 bis 3 Tage, gegart 3 Tage; frischer Fisch 1 Tag; geräucherter, gebeizter oder marinierter Fisch nach dem Anbrechen 2 bis 3 Tage; gegarter Fisch 2 bis 3 Tage; Wurst 2 bis 4 Tage; Räucherwaren 1 Woche und länger.

Gemüsefach

Gemüse wie Frühlingszwiebeln, Lauch, Möhren, Kohl und Knollen, Salate aller Art, Pilze, Bohnen, Gurken, Zucchini und Kürbis:

- Lose aufbewahren; Empfindliches nicht ganz luftdicht in Folie oder feuchten Tüchern; Grün bei Möhren und Kohlrabi entfernen.
- Blattgemüse und Pilze halten sich 2 bis 3 Tage, Wurzelgemüse wie Möhren oder Rüben 1 bis 2 Wochen, übriges Gemüse im Durchschnitt 1 Woche.

Kräuter wie Petersilie, Schnittlauch, Dill, Estragon, Kerbel, Kresse, Oregano, Rosmarin, Salbei und Thymian:

- Erst in feuchtes Küchenkrepp, dann in einen Gefrierbeutel wickeln.
- Zartes hält sich 2 bis 3 Tage, Robustes 4 bis 7 Tage.

Frische Beeren:

- Von anderen Lebensmitteln getrennt lagern; Beeren nicht zu dicht, am besten in einer Lage mit feuchtem Tuch abgedeckt lagern.
- Halten sich 1 bis 3 Tage.

In der Tür

Butter, Eier, angebrochene haltbare Konserven, angebrochene Getränke und Milch:

- In den dafür vorgesehenen Fächern lagern; Reste aus Konserven in ein anderes Gefäß umfüllen.
- Milch, Butter und Eier bleiben bis zum Mindesthaltbarkeitsdatum frisch; offene Getränke und Konserven 2 bis 3 Tage.

Was hat nichts im Kühlschrank verloren?

Es gibt eine Reihe von Obst- und Gemüsesorten, die die Kälte des Kühlschranks nicht vertragen. Dazu gehören u. a. Tomaten, Bananen und Kiwis. Sie verlieren dort an Aroma und sollten daher besser bei Zimmertemperatur aufbewahrt werden.

BLATTSALATE – GRÜN DOMINIERT

Wer bei Salat nur an eine langweilige Beilage für Gesundheitsfanatiker denkt, kann sich hier eines Besseren belehren lassen: Ja, Salat ist gesund, aber dabei ungeheuer vielseitig und mittlerweile in großer Vielfalt das ganze Jahr über bei uns zu finden. Und das Wichtigste: Er schmeckt!

Salatsorten

Bataviasalat hat gelblich-grüne Blätter mit rotgefärbten Rändern. Der Salatkopf kann flach oder rund sein. Frische Exemplare erkennen Sie an glatten Außenblättern und einem geschlossenen Herz. Bataviasalat können Sie 2 bis 3 Tage lagern.

Eichblattsalat schmeckt leicht nussig und verdankt seinen Namen der Blattform, die an Eichenlaub erinnert. Es gibt rötliche und grünliche Sorten. Kleine Köpfe sind zarter als große und sollten feste, glatte Blätter haben. Eichblattsalat sollte nicht länger als 1 Tag im Gemüsefach des Kühlschranks aufbewahrt werden.

Eisbergsalat, auch Krach- oder Eissalat genannt, hat einen runden Kopf mit festen, hell- oder dunkelgrünen Blättern. Er schmeckt knackig, saftig und etwas herzhafter als Kopfsalat. Eisbergsalat hält sich bis zu 5 Tage.

Endiviensalat, auch unter dem Namen Eskariol bekannt, sieht aus wie eine große, platte Rosette mit breiten, gezahnten Blättern, die leicht bitter schmecken. Achten Sie beim Einkauf auf dunkelgrüne Außenblätter und ein hellgelbes Herz. Sogar angeschnitten hält sich Endiviensalat einige Tage.

Feldsalat wird auch Rapunzel oder Ackersalat genannt. Die Blätter schmecken herb und leicht nussig. Er hält sich maximal 2 Tage.

Friséesalat ist der krause Bruder des Endiviensalats. Seine feingliedrigen Blätter sind innen gelb und außen grün und schmecken würzig-herb bis leicht bitter. Er hält sich nur 1 Tag.

Kopfsalat, auch als grüner Salat oder Blattsalat bekannt, hat außen grüne Blätter und ein fest zusammengepresstes, grüngelbes Herz. Kopfsalat hält sich ca. 1 Tag.

Lollo Rosso und **Lollo Bianco** sehen aus wie krauser Kopfsalat. Der Rosso hat knackige Blätter mit dunkelroten bis violettfarbenen Blatträndern, der Bianco hellgelbe bis hellgrüne Blätter. Beide Sorten schmecken herb-würzig und leicht nussig und sind 1 bis 2 Tage lagerfähig.

Radicchio ist ein enger Verwandter der Endivie und des Chicorées. Die faustgroßen, festen, rotweißen Köpfe schmecken herb-bitter und halten sich mehrere Tage.

Rauke oder **Rucola** ähnelt im Aussehen den Löwenzahn- oder Radieschenblättern. Die festen dunkelgrünen bis rötlichen Blätter haben einen kräftig nussigen, fast scharfen Geschmack. Rucola sollten Sie möglichst rasch nach dem Einkauf verbrauchen.

Römischer Salat, auch Romana, Bindesalat oder Sommerendivie genannt, hat einen langgezogenen, lockeren Kopf mit aufrecht stehenden Blättern. Je nach Sorte ist er hell- oder dunkelgrün, hin und wieder auch dunkelrot. Er lässt sich 3 bis 4 Tage lagern.

Schnittsalat oder **Pflücksalat** ist eine leckere Mischung verschiedener Blattsalate, die ohne Wurzeln und meist gewaschen auf den Markt kommen. Sie sollten ihn möglichst am Tag des Einkaufs verbrauchen.

TIPP • TIPP • TIPP

Praktisch für Eilige

Fertig geputzte Salatmischungen im Frischhaltebeutel verpackt finden Sie in vielen Supermärkten und Discountern. Praktisch, wenn man keine Zeit hat, aber nur empfehlenswert, wenn die Salatpackungen im Kühlregal liegen und der Inhalt tadellos frisch aussieht.

Salat einkaufen

Ein hochwertiger **Salatkopf** ist daran zu erkennen, dass er frei von welken, angegammelten und stark verschmutzten Blättern ist. Die Schnittstelle ist noch nicht braun angelaufen, sondern ein weißer Saft bedeckt noch feucht die gekappten Nährstoffbahnen.
Bei **Feldsalat**, **Rucola** und **Pflücksalat** dürfen die Blättchen nicht schlaff und labbrig wirken. Gelbe Blättchen haben bei diesen Salaten auch nichts verloren. Ein wenig Sand ist beim heimischen **Feldsalat** normal und eher ein Qualitätskriterium als ein Manko.
Die roten Köpfe des **Radicchio** sollten eher glänzend als matt aussehen. Der Salat soll sich kompakt und auf keinen Fall schlapp anfühlen, denn sonst ist er alt, geschmacks- und nährstoffarm.

Salat richtig lagern

Salat ist eine äußerst empfindliche Ware. Sie sollte direkt nach dem Einkauf in das Gemüsefach des Kühlschranks gelegt werden und hält sich dort in der Regel 3 bis 4 Tage frisch. Eisberg und Radicchio sind unempfindlicher, in Frischhaltefolie verpackt lassen sie sich über 1 Woche im Gemüsefach lagern.

Salat putzen

Kopfsalate werden vor dem Waschen auseinandergepflückt, das macht man mit der Hand. Die äußeren Blätter lösen Sie vom Stiel, welke Blätter wandern in den Müll, alles andere kommt ins mit Wasser gefüllte Spülbecken und wird dort kalt gewaschen.
Ganz wichtig ist es, die Salatblätter danach gut trocken zu schütteln, denn zu nasser Salat wird schnell matschig und verwässert das Dressing. Das Trocknen geht am einfachsten mit einer Salatschleuder. Wenn Sie keine Salatschleuder besitzen, dann tut es auch ein sauberes Küchenhandtuch: Einfach den Salat locker darin einwickeln und das Bündel dann kräftig schwenken, am besten im Freien. Danach werden die Salatblätter in mundgerechte Stücke gezupft. Das machen Sie entweder mit der Hand oder mit dem Messer; beim Schneiden mit dem Messer können bei manchen Salaten allerdings schnell unschöne braune Schnittstellen entstehen. Den geputzten Salat können Sie für einige Tage gut in einem verschlossenen Gefrierbeutel – schön locker gefüllt – lagern.

Kopfsalat

Salate vorbereiten

- **Feldsalat**: Nur die Wurzeln mit den Fingern abknipsen, nicht die Blätter lose servieren. Achtung! Gründlich waschen, Ware vom Wochenmarkt ist oft besonders sandig.

Feldsalat

- **Eisbergsalat**: Mit einem großen Messer in grobe Streifen schneiden.
- **Chinakohl**: Mit einem großen Messer in dünne Streifen schneiden oder hobeln.
- **Chicorée**: Bitteren Kegel herausschneiden, dann die Blätter längs oder quer in Streifen schneiden.
- **Romanasalat**: Je nach Rezept mit der Hand zerzupfen oder mit dem Messer in Streifen schneiden.

Rucola – Bella Italia

Der scharf-bittere Rucola ist der Trend-Salat schlechthin. Da er auch bei uns vor allem mit seinem italienischen Namen bekannt ist, gilt er gemeinhin als typisch italienischer Import. Dabei haben schon die Germanen und Kelten mit diesem Kraut gekocht, das im deutschsprachigen Raum allerdings ursprünglich als Rauke bekannt war. Mit der Besetzung Germaniens durch die Römer gelangte die Rauke dann erst in den Mittelmeerraum. Rucola wird nicht nur als Salatzutat verwendet, sondern würzt auch Suppen, Pasta-Gerichte, Risotti oder Pizzen.

Rucola

TIPP • TIPP • TIPP

Der richtige Zeitpunkt

Blattsalat sollte immer erst kurz vor dem Servieren mit dem Dressing vermengt werden, ansonsten verlieren die Blätter an Frische und Biss. Strecken Sie die Salatsauce nie mit Wasser und nehmen Sie nicht so viel Dressing, dass die Blätter darin schwimmen, sonst wird der Eigengeschmack des Salates komplett überlagert.

Blattsalate aufpeppen

Kurz vor dem Servieren können Sie den Salat mit Kürbiskernen, Pinienkernen, Sonnenblumenkernen oder einer fertigen Salat-Kerne-Mischung bestreuen. Besonders aromatisch schmecken die Kerne, wenn man sie zuvor in einer beschichteten Pfanne ohne Fett röstet.

Radicchio

Auch knusprige Croûtons sind eine leckere Krönung für Blattsalate. Sie können dafür ruhig abgelagertes (sprich: altes) Brot verwenden. Dafür das Weiß- oder Mischbrot in Würfel schneiden und diese in Butter und/oder Olivenöl goldbraun braten. Nach Wunsch und Geschmack mit fein gehacktem Knoblauch, Kräutern oder Chili bestreuen.

Salat-Dressings

Alle Zutaten in ein Schraubglas geben – es sollte stets nur zu einem Viertel gefüllt sein – dann kräftig schütteln und schon ist das Dressing fertig.

Kräuter-Essig-Öl-Dressing	Senf-Essig-Öl-Dressing	Aceto-balsamico-Dressing
3 El Weißweinessig 20 g frisch gehackte Kräuter, z. B. Schnittlauch, Petersilie, Zitronenmelisse Zucker, Salz, Pfeffer 4 El Oliven-, Raps-, Sonnenblumen- oder Distelöl	3 El Weißweinessig 1 El Dijonsenf eventuell 1 El frisch gehackter Estragon Zucker, Salz, Pfeffer 4 El Oliven-, Raps-, Sonnenblumen- oder Distelöl	3 El Aceto balsamico eventuell 10 g fein gehackte Walnüsse Zucker, Salz, Pfeffer 4 El Oliven-, Walnuss- oder Distelöl
Kräuter-Joghurt-Dressing	**Cocktail-Dressing**	**Erdnussbutter-Dressing**
150 g Vollmilch-Joghurt 20 g frisch gehackte Kräuter, z. B. Petersilie, Schnittlauch und Basilikum Salz, Pfeffer 2 El Oliven-, Raps-, Sonnenblumen- oder Distelöl	150 g Vollmilch-Joghurt 2 El Tomatenmark 1 fein gehackte Knoblauchzehe Zucker, Salz, Pfeffer 2 El Oliven-, Raps-, Sonnenblumen- oder Distelöl	2 El Erdnussbutter 3 El Zitronensaft eventuell 1 fein gehackte Chilischote Zucker, Salz 3 El Sonnenblumenöl
Gorgonzola-Dressing	**Asia-Dressing**	**Curry-Schmand-Dressing**
50 g Roquefort 100 g Vollmilch-Joghurt 2 El Zitronensaft Salz, Pfeffer 1 El Oliven-, Raps-, Sonnenblumen- oder Distelöl	2 El fein gehackter Ingwer 3 El Zitronensaft 2 El fein gehackter Koriander eventuell 1 fein gehackte Chilischote Zucker, Salz 3 El Sojaöl	150 g Vollmilch-Joghurt 1 El Curry 1 fein gehackte Knoblauchzehe Salz, Pfeffer 2 El Oliven-, Raps-, Sonnenblumen- oder Distelöl

Ups … zuviel Dressing zubereitet? Alle diese Dressings können Sie problemlos bis zu 1 Woche in einem Schraubglas im Kühlschrank lagern.

GEMÜSE – KUNTERBUNT

Das Angebot an frischem Gemüse ist heute schier unerschöpflich. Aber bedenken Sie: Je frischer und reifer das Gemüse, desto vitaminreicher ist es und desto besser schmeckt es auch. Damit Ihr Vorsatz, mehr gesundes Grün auf den Tisch zu bringen, nicht an der Umsetzung scheitert, haben wir Ihnen hier hilfreiche Tipps und gelingsichere Rezepte zusammengetragen.

Gemüsesorten

Zum **Fruchtgemüse** gehören Tomaten, Zucchini, Gurken, Auberginen, Paprikaschoten und Kürbisse. Saftig, aromatisch und prall sind sie typische Sommergemüse und schmecken somit auch im Sommer und nicht als winterliche Treibhausware am besten.

Die Familie der **Kohlgemüse** umfasst den kräftigen Weißkohl, den süßlichen Rotkohl und die weniger derben Sorten wie Wirsing, Spitzkohl und Chinakohl. Daneben gibt es den leicht verdaulichen Blumenkohl, den feinen Sommerkohl Brokkoli sowie Rosenkohl, der durch Frost an Aroma gewinnt und dann weniger bitter schmeckt.

Zum **Stängelgemüse** zählen Spargel, Fenchel und Staudensellerie.

Schotengemüse wie grüne Bohnen und Zuckerschoten sind ebenfalls typische Sommergemüse. Brechbohnen sind die populärsten grünen Bohnen, Prinzess-, Delikatess- und Keniabohnen dagegen die feinsten. Diese dürfen nie roh gegessen werden, da erst durch das Erhitzen der giftige Stoff Phasin zerstört wird.

Wurzel- und Knollengemüse wie Möhren, Radieschen, Sellerie, Rote Bete und Rettich kann gedünstet, gekocht oder geschmort werden, schmeckt aber auch gehobelt und geraspelt als Rohkost.

Zum **Blattgemüse** gehören Spinat und Mangold. Der zarte Frühlingsspinat schmeckt auch als Salat, der grobere Winterspinat muss vor dem Verzehr kurz blanchiert werden.

Einkauf

Auch wenn vieles ganzjährig angeboten wird, sollten Sie einheimisches Gemüse, das gerade Saison hat, bevorzugen. Denn das ist besonders aromatisch, enthält die meisten Nährstoffe und ist auch preiswerter. Egal, ob auf dem Markt oder im Supermarkt, lassen Sie sich Zeit beim Auswählen und begutachten Sie das Gemüse genau: Sieht es frisch und knackig aus oder ist es welk und trocken? Achten Sie darauf, dass es frei von Druck- oder gar Schimmelstellen ist, damit es zu Hause beim Auspacken oder Aufschneiden kein böses Erwachen gibt. Das ist besonders ärgerlich, wenn Sie die Mengen genau nach Rezept gekauft haben.

Lagerung

Die meisten Gemüsesorten werden am besten im Gemüsefach des Kühlschranks gelagert. Es gibt allerdings einige Ausnahmen. **Tomaten** z. B. ist es zu kalt im Kühlschrank, sie warten lieber auf einem Teller oder in einer Schale bei Zimmertemperatur auf ihren Einsatz. Sie können die roten Früchte auch zum Nachreifen auf die Fensterbank Ihres Küchenfensters legen. Leider geraten immer wieder unreif geerntete Tomaten in die Supermarktregale und durch Licht verbessert sich das Aroma bei diesen unreifen Früchtchen. Zusätzlich kann der Reifeprozess optimiert werden, indem Sie einen reifen Apfel in die Nähe der Tomaten legen.

Das meiste Standardgemüse von **Aubergine** bis **Zucchini** geben Sie am besten verpackt in der Originalverpackung, einer Gemüsetüte oder einer Plastikdose ins Gemüsefach. **Spargel**, ob weiß, violett oder grün, wird in ein feuchtes Geschirrtuch eingeschlagen, in eine Plastiktüte gegeben und kann so bis zu 2 Tagen im Gemüsefach des Kühlschranks gelagert werden. Und wenn Sie aus den Spargelresten noch eine Spargelsuppe kochen möchten, hält sich der Spargel-Schäl-Abfall in einer Plastiktüte im Kühlschrank problemlos 1 bis 2 Tage.

Zubereitung

Wieviel leichter wäre das Zubereiten von Gemüse, hätten alle Sorten die gleiche Garzeit! So ist das Kochen dafür umso abwechslungsreicher und kreativer. Wenn Sie verschiedene Gemüse gleichzeitig garen möchten, dann können Sie die unterschiedlichen Garzeiten überlisten, indem Sie die Sorten, die länger brauchen, in kleinere Stücke schneiden. Am sichersten ist es natürlich, wenn Sie jedes Gemüse einzeln al dente kochen.

Die Garzeiten auf der folgenden Seite verstehen sich als Richtwert und schwanken je nach Größe und Qualität der Gemüsesorten.

Blanchieren

Gemüse zerteilen.

In siedenes Wasser geben.

In kaltem Wasser abschrecken.

Blanchieren bezeichnet einen kurzen Garprozess in siedendem Salzwasser, bei dem das Gemüse nur angekocht, aber nicht fertig gegart wird. Nach kurzem Aufwallen wird das Gemüse mit dem Schaumlöffel herausgenommen und sofort unter kaltem Wasser abgeschreckt. Diese Methode eignet sich vor allem für Gemüse mit kurzer Garzeit.

Blanchierzeiten:

- Blumenkohlröschen: ca. 3 Min.
- Bohnenkerne: ca. 8 Min.
- Brokkoliröschen: ca. 2 Min.
- Erbsenkerne: ca. 2 Min.
- Grüne Bohnen: ca. 5 Min.
- Kohlblätter: ca. 2 Min.
- Kohlrabi: ca. 4 Min.
- Lauch: ca. 2 Min.
- Möhren: ca. 4 Min.
- Spinat: ca. 1 Min.

Beim **Dämpfen** wird das Gemüse in etwas Wasser bzw. im Wasserdampf gegart. Danach ist es bissfest und verzehrfertig.

Anhaltspunkte fürs Dämpfen:

- Blumenkohlröschen: ca. 12 Min.
- Brokkoliröschen: ca. 10 Min.
- Chinakohl: ca. 4 Min.
- Erbsenschoten: ca. 5 Min.
- Fenchel: ca. 10 Min.
- Grüne Bohnen: ca. 10 Min.
- Kohlrabi: ca. 8 Min.
- Möhren: ca. 8 Min.
- Rosenkohl: ca. 15 Min.
- Rote Bete: ca. 20 Min.
- Spinat: ca. 3 Min.

Beim **Dünsten** ist immer etwas Fett im Spiel. In Butter oder Öl wird das Gemüse angedünstet, danach kommt etwas Flüssigkeit dazu und das Gemüse wird weiter gegart, bis es bissfest ist.

Zeiten fürs Dünsten:

- Blumenkohlröschen: ca. 12 Min.
- Chinakohl: ca. 5 Min.
- Fenchel: ca. 10 Min.
- Grüne Bohnen: ca. 10 Min.
- Kohlrabi: ca. 8 Min.
- Knollensellerie: ca. 10 Min.
- Möhren: ca. 8 Min.
- Paprikaschoten: ca. 6 Min.
- Spinat: ca. 3 Min.
- Wirsing: ca. 25 Min.
- Zucchini: ca. 5 Min.

Dünsten

Gemüse zerkleinern.

Öl oder Butter erhitzen.

Gemüse darin andünsten.

Saisonkalender Gemüse

Gemüse	Jan.	Feb.	März	April	Mai	Juni	Juli	Aug.	Sep.	Okt.	Nov.	Dez.
Artischocken					X	X				X	X	X
Auberginen					X	X	X	X	X			
Blumenkohl						X	X	X	X	X		
Brokkoli							X	X	X	X		
Erbsen						X	X	X				
Fenchel								X	X	X	X	
Frühlingszwiebeln						X	X	X	X	X		
Grüne Bohnen							X	X	X	X		
Gurken						X	X	X	X	X		
Kohlrabi						X	X	X	X	X		
Kürbis									X	X	X	
Lauch	X	X						X	X	X	X	
Mais								X	X	X		
Mangold						X	X	X	X	X		
Möhren						X	X	X	X	X	X	X
Paprika							X	X	X	X		
Radieschen					X	X	X	X	X			
Rettich					X	X	X	X	X			
Rosenkohl	X	X							X	X	X	X
Rote Bete	X	X							X	X	X	X
Rotkohl							X	X	X	X	X	
Sellerie (Knolle)	X	X	X						X	X	X	X
Sellerie (Stauden)							X	X	X	X		
Spargel				X	X	X						
Spinat				X	X	X			X	X		
Tomaten							X	X	X	X		
Weißkohl									X	X	X	
Wirsing						X	X	X	X	X	X	
Zucchini						X	X	X	X	X		
Zuckerschoten						X	X	X	X			

Hülsenfrüchte – Bohnen, Erbsen & Co.

Bohnen, Erbsen und Linsen waren eine Zeit lang ein bisschen aus der Mode geraten – vollkommen zu Unrecht, muss man sagen. Sie enthalten viel gesundes Eiweiß, Ballaststoffe und Mineralien, sind vielseitig einsetzbar und schmecken sehr gut. Schon die Pharaonen im alten Ägypten oder die Inkas in Amerika sowie der Kaiser von China erkannten früh den Wert dieser Kerne. Sie ließen Hülsenfrüchte verstärkt auf den Feldern anbauen, damit die Menschen sich gesund ernähren konnten. In Deutschland waren bis in die 1970er Jahre Eintöpfe aus Erbsen, Linsen oder Bohnen unter der Woche gang und gäbe. Heute haben diese Eintöpfe, insbesondere bei junge Menschen, einen eher altmodischen Ruf. Andere, nicht unbedingt urdeutsche Bohnen und Linsen sind dafür groß in Mode:

Rote Linsen sind im Vergleich zu anderen Hülsenfrüchten in der Küche viel bequemer zu verarbeiten. Da sie bereits geschält sind, müssen sie nicht mehr

eingeweicht werden. Wenn Sie noch Biss haben sollen, dürfen Sie auf keinen Fall länger als 5 Minuten gegart werden. In 10 Minuten sind sie sämig und weich. Sie zerfallen fast von selbst und so lässt sich aus ihnen mit dem Pürierstab eine homogene Masse zaubern, die als Sauce, Suppe oder auch als Füllung oder für Gemüsebällchen verwendet werden kann.

Kichererbsen bringen uns nicht unbedingt zum Lachen, aber auch sie haben in den letzten 10 Jahren unsere Küchen in Europa erobert. Ihren Ursprung haben sie im mittleren Osten. Wer gerne orientalisch kocht, kann auf die gelbe Erbsensorte nicht verzichten. Ihr Geschmack ist leicht nussig. Sie können Kichererbsen getrocknet oder vorgegart

in der Dose kaufen. Zweiteres ist für Anfänger und Eilige empfehlenswert, denn getrocknete Kichererbsen müssen mindestens 12 Stunden in Wasser eingeweicht werden, bevor sie gekocht werden können.

Praxistipps:

- Beim Einkauf das Verfallsdatum auf der Packung beachten. Hülsenfrüchte können dunkel und gut verschlossen ca. 1 Jahr gelagert werden.
- Ungeschälte Hülsenfrüchte müssen Sie mindestens 7 bis 8 Stunden, am besten sogar 12 Stunden einweichen, damit sie gar werden.
- Achtung: Linsen müssen zwar nicht eingeweicht werden, es schadet aber auch nicht und verkürzt die Garzeit ein wenig.
- Zum Einweichen geben Sie die Hülsenfrüchte mit viel kaltem Wasser in eine Schüssel. Diejenigen, die später obenauf schwimmen, sind nicht einwandfrei und sollten aussortiert werden.
- Die Hülsenfrüchte stets zugedeckt garen. Im Schnellkochtopf verkürzt sich die Garzeit um etwa zwei Drittel.
- Viele Hülsenfrüchte gelten als schwer verdaulich und leicht blähend; Gewürze wie Kümmel, Anis, Fenchel und Koriander verbessern die Bekömmlichkeit.

Berglinsen

Kidneybohnen

Flageoletbohnen

Saubohnen

TIPP • TIPP • TIPP

Kein Salz!
Salzen Sie Hülsenfrüchte erst nach dem Garen, sonst werden sie nicht richtig weich. Übrigens: Die Garzeit hängt von Alter und Sorte der Hülsenfrüchte sowie vom Härtegrad des Wassers ab. Je härter das Wasser, desto länger brauchen die Hülsenfrüchte, um weich zu werden.

Sprossen

Gerade im Winter sind Sprossen eine ideale Vitaminspritze und es ist kinderleicht, zu Hause Sprossen zu ziehen. Sie brauchen nur ein großes Schraubglas, z. B. von Essiggurken oder Schattenmorellen, und ein Stück weiße Gardine oder Stoffwindel und ein Gummiband.

Erbsensprossen

Zahlreiche Samen eignen sich für das Ziehen von Sprossen:

- Hülsenfrüchte: wie z. B. Adzukibohnen, Erbsen, Kichererbsen, Linsen, Mungobohnen, Sojabohnen
- Getreide: wie z. B. Gerste, Hafer, Hirse, Roggen, Weizen
- außerdem: z. B. Alfalfa (Luzerne), Bockshornklee, Buchweizen, Kresse, Kürbiskerne, Leinsamen, Rettichsamen, Senfsamen, Sesamsamen, Sonnenblumenkerne

Rotkohlsprossen

Anleitung zum Sprossenziehen

Wenn Sie es zum ersten Mal machen, nehmen Sie Mungobohnen. Und so funktioniert es:

- Die Samen in ein Sieb geben und unter fließendem Wasser abspülen, dann in das Glas geben. Mit kaltem Wasser auffüllen.
- Die Samen einige Stunden im Wasser quellen lassen, dann das Einweichwasser abgießen.
- Die Samen gründlich spülen und feucht, aber ohne Wasser in das Glas zurückfüllen. Professionell mit Kunstfasergaze oder Plastikfliegendraht oder in der Amateurvariante mit Windel oder alter Gardine und Gummiband verschließen. Mit der Öffnung nach unten und leicht gekippt aufstellen. Das ist wichtig, denn nur so kann überschüssiges Wasser abfließen und es kommt genügend Luft an die Samen.

Lauchsprossen

- An einem hellen (aber nicht sonnigen) Ort bei optimal 18 bis 22 °C keimen lassen. Dabei zweimal täglich spülen. Je nach Samenart, können Sie Ihre Salate, Suppen und Sandwiches nach 2 bis 6 Tagen mit knackigen Sprossen krönen.

Rote-Bete-Sprossen

TIPP • TIPP • TIPP

Achtung!
Sprossen aus Hülsenfrüchten müssen Sie vor der Zubereitung kurz blanchieren. Sie enthalten nämlich einen gesundheitsschädlichen Stoff namens Protease-Inhibitor, der Bauchschmerzen oder Übelkeit verursachen kann. Durch das Erhitzen wird dieser Inhaltsstoff zerstört.

Pilze

Im Angebot von Supermarkt und Lebensmitteleinzelhandel lassen sich immer häufiger verschiedene Pilze finden. Ab Ende August wird der Markt mit wild gewachsenen Pilzen, häufig Pfifferlingen aus osteuropäischen Ländern, überschwemmt. Die Pilze sind meist sehr preiswert. Doch wer dieses Schnäppchen macht, sollte wissen, dass Pilze oft stark durch Schadstoffe belastet sind. Daneben gibt es ein immer größer werdendes Angebot an Kultur- und Zuchtpilzen. Diese Pilze werden in der Regel in Gewächshäusern aufgezogen und sind somit nicht strahlenbelastet. Sie gibt es mehr oder weniger das ganze Jahr über in gleichbleibender Qualität. Da Pilze Wärme und Feuchtigkeit lieben, ist die Aufzucht aufgrund der hohen Energiekosten insbesondere im Winter kostenintensiv und so haben mit Ausnahme von Champignons Edelpilze aus der Zucht auch ihren stolzen Preis.

Lagerung

Das Kondenswasser, das im Kühlschrank durch den Temperaturunterschied zu draußen entsteht, schadet den Pilzen erheblich. Pilze sollten Sie daher nur im Papierbeutel oder auf Küchenpapier in einer Plastikdose ins Kühlfach legen. So nimmt das Küchenpapier, bzw. die Papiertüte, das Kondenswasser auf. Macht man das nicht, verderben die Pilze schneller.

KARTOFFELN

Ihr größter Feind auf dem Teller ist die Nudel! Maskiert eckig und lang ist die Kartoffel laut Umfrage das Lieblingsessen vieler Kids und auch Erwachsene sind ihr nicht abgeneigt! Doch auch in ihrer Ursprungsform – rund und oval, hell- oder dunkelschalig – hat sie einiges zu bieten.

Erntezeit

Von Mitte/Ende Mai bis August finden sich Speisefrühkartoffeln im Handel. Doch der Großteil der Kartoffelernte besteht aus mittelfrühen, mittelspäten und späten Sorten. Das sind die Sorten, die von November/Dezember bis in das nächste Frühjahr angeboten werden. Kartoffeln werden von Juni bis Oktober geerntet. Alleine in Deutschland sind etwa 160 Sorten zugelassen, weltweit gibt es derzeit – wer hätte das gedacht – 2000 amtlich registrierte Kartoffelsorten. Die einen Kartoffeln zerfallen beim Kochen, wieder andere bleiben fest. Der Übersichtlichkeit halber werden diesbezüglich 3 Kartoffeltypen unterschieden, die im nächsten Abschnitt näher beschrieben werden.

Kartoffeltypen

Bei den meisten Kartoffelgerichten trägt die Wahl des Kartoffeltyps viel zum Gelingen des Essens bei. In Deutschland wird zwischen festkochenden, vorwiegend festkochenden und mehlig kochenden Kartoffeln unterschieden.

Die **festkochenden** Kartoffelsorten behalten beim Kochen, Braten und Backen ihre Form. Sie sind daher für Salz-, Pell- und Bratkartoffeln, Kartoffelsalate sowie Gratins und Aufläufe bestens geeignet. Ihre Kocheigenschaft lässt sich durch den im Durchschnitt geringsten Stärkegehalt erklären.

Das Spektrum der **vorwiegend festkochenden** Kartoffeln reicht je nach Sorte und Stärkegehalt von eher festkochenden bis zu eher mehlig kochenden Vertretern. Sie sind die Beliebtesten im Reigen der drei Kocheigenschaften, da sie universell einsetzbar sind. Aus diesem Kochtyp lassen sich sowohl Salz- und Pellkartoffeln, aber auch Aufläufe, Gratins und Eintöpfe bis hin zu Rösti und Pommes frites kreieren.

In den östlichen und südlichen Bundesländern erfreuen sich die **mehlig kochenden Sorten** großer Beliebtheit. Typisch für sie ist der durch den hohen Stärkegehalt eher trockene Charakter. Sie brechen beim Garen auf und verbinden sich gerne mit allen Arten von Flüssigkeiten. Für Saucenfans sind mehlig kochende Kartoffeln zum Sonntagsbraten unumgänglich. Sie eignen sich hervorragend für Suppen, Eintöpfe, Pürees und Klöße. Für Folienkartoffeln sind die mehlig kochenden Sorten ein Muss!

Kartoffeln Annabelle

Wer ganz genau wissen will, welche Sorten welche Kocheigenschaft haben, kann einen Blick in die folgende Tabelle werfen. Sie finden hier zwar nicht alle 160 Sorten, aber immerhin die meist verkauften Sorten und ihre Kocheigenschaften.

Kocheigenschaft (Typen) verschiedener Kartoffelsorten

festkochende Sorten	vorwiegend festkochende Sorten	mehlig kochende Sorten
Cilena, Linda, Nicola, Princess, Selma, Annabelle	Agria, Arkula, Berber, Christa, Gronala, Laura, Leyla, Marebel, Quarta, Rosara, Satina, Secura, Solara	Adretta, Afra, Likaria

Lagerung

Wer im Herbst über Land fährt, kann es manchmal förmlich riechen: Der herrlich erdige Duft von frisch geernteten Kartoffeln liegt in der Luft. Wenn Sie aber keinen kühlen, geeigneten Vorratsraum haben, lassen Sie sich bitte nicht zum Großeinkauf verführen. Sie sind besser beraten, auf Kleinpackungen zurückzugreifen, die der Handel und direkt vermarktende Landwirte anbieten und die sich rasch aufbrauchen lassen. Ein nicht sachgemäßes, zu warmes Lagern führt bei Kartoffeln rasch zum Abbau wertvoller Vitamine wie Vitamin C und zu Wasserverlusten. Auch fangen die Knollen schnell an auszukeimen.

Süßkartoffeln

Eine Alternative zum Kartoffelkeller ist im Herbst und Winter der Balkon – gut abgedeckt und solange die Temperaturen nicht gegen 0 °C sinken, ist das der geeignete Kartoffel-Lagerplatz für Stadthaushalte.

Gesunde, unbeschädigte Kartoffeln halten sich am besten bei 4 bis 7 °C. Bei diesen Temperaturen bleiben Inhaltsstoffe, Konsistenz und Geschmack optimal erhalten. Zu niedrige Temperaturen allerdings führen dazu, dass die Kartoffeln süß werden. Wenn also noch Platz im Gemüsefach Ihres Kühlschranks ist, können Sie auch dort kleinere Mengen optimal verwahren.

Kartoffeln sehen robust aus, doch Vorsicht: Die Knollen bekommen Flecken unter der Schale, wenn sie gestoßen oder geworfen werden. Auch dürfen sie nicht dem Licht ausgesetzt werden, da sie sich sonst grün färben und Solanin, einen giftigen Stoff, bilden. Daher grüne Stellen vor dem Zubereiten unbedingt entfernen. Sind die Kartoffeln einmal gewaschen, sollten sie auch unmittelbar verwertet werden, denn gewaschene Kartoffeln sind nicht mehr lagerfähig.

Kartoffeln kochen will gelernt sein

In zahlreichen Kochbüchern wird das Kartoffeln-Kochen in einem Satz abgehandelt, wie „Kartoffeln in 20 Minuten garen". Dabei gibt es eine ganze Menge mehr, was man wissen sollte, um vitaminschonend und energieeffizient leckere Kartoffeln zu kochen.

Für **Salzkartoffeln** werden die Kartoffeln erst gewaschen und dann mit einem Schälmesser, das ist ein kleines Küchenmesser, oder mit einem Sparschäler geschält. Sie sollten nicht unnötig viel Schale abschneiden, denn unter dieser stecken die Vitamine. Dann geben Sie die Kartoffeln in einen möglichst passend großen Topf (d. h. die Kartoffeln füllen das Volumen des Topfes) und nur 2 bis 3 cm hoch kaltes Wasser dazu.

Blaue Kartoffeln

Salzen und die Kartoffeln ankochen, das heißt: Der Topf wird kalt und mit Deckel verschlossen auf die Herdplatte gestellt und auf höchster Stufe aufgeheizt, bis das Kartoffelwasser kocht. Dann wird die Temperatur heruntergeregelt, wie weit ist von Herd zu Herd und je nach Topfgröße bzw. Kartoffelmenge unterschiedlich. Die richtige Temperatur haben Sie gewählt, wenn genügend Wasserdampf entsteht, dass die Kartoffeln darin garen können, aber nicht so viel, dass der Topfdeckel klappert. Je nach Größe der Kartoffeln sind sie nach 20 bis 25 Minuten gar. Um zu prüfen, ob sie fertig sind, stechen Sie mit einem kleinen Messer in die Kartoffeln: Wenn kein Widerstand zu spüren ist, sind sie gar.

Minikartoffeln Charlotte

Pellkartoffeln werden genauso gekocht, mit nur einem Unterschied: Die Schale wird erst nach dem Kochen abgezogen.

Folienkartoffeln schmecken toll, haben aber eine ziemlich lange Garzeit. Daher einige Tipps, wie man die Garzeit verkürzen kann:

- Verwenden Sie mehlig kochende Kartoffelsorten.
- Garen Sie die dicken Kartoffeln ohne Folie in der Mikrowelle vor. Dafür die Kartoffel feucht auf einen Teller legen und mit einer Mikrowellenhaube abdecken.
- Das Einstechen mit einer Gabel vor dem Garprozess beschleunigt ihn.
- Kochen Sie dicke Kartoffeln 10 bis 15 Minuten wie Pellkartoffeln vor, und geben Sie sie danach in Alufolie gewickelt 50 Min. bei 220 °C (Umluft 200 °C) in den Backofen.

TIPP • TIPP • TIPP

Kartoffeln nach dem Einkauf aus der Folienpackung nehmen, sonst fangen sie an zu schwitzen und damit zu faulen. Zudem sollten Kartoffeln nicht zusammen mit Äpfeln gelagert werden, da sie sonst frühzeitig beginnen zu keimen.

NUDELN

Nudeln oder zu neudeutsch „Pasta" sind extrem populär. Das hat seine Gründe, denn Nudeln sind preiswert, schnell und einfach in der Zubereitung, schmecken lecker und lassen sich vielseitig und abwechslungsreich in der Küche einsetzen. Als Hauptgericht, Beilage oder in der Suppe haben sie die Küchen der Welt längst erobert.

Getrocknet oder frisch?

Sie haben es sicherlich auch schon gemerkt: Die getrockneten Nudeln haben Konkurrenz bekommen. Im Kühlregal macht sich die frische Pasta breit. Angefangen hat es mit Tortellini, Gnocchi und Co. Doch mittlerweile finden Sie in gut sortierten Supermärkten auch ganz normale frische Nudeln, von Spaghetti bis Bandnudeln. Ob frische Pasta nun wirklich besser schmeckt als getrocknete, hängt von der Sorte, der Qualität der jeweiligen Zutaten und dem Rezept ab – eine grundsätzliche Aussage ist darüber nicht zu machen. Vielmehr ist es wichtig, einige Kriterien bei der Auswahl zu beachten:

- Italienische Nudeln sind stets Hartweizennudeln, ohne Ei, nur mit Salz und Wasser. Wenn Sie richtig gekocht werden, sind sie bissfest.
- Deutsche Nudeln haben klassisch einen Eianteil und sind dadurch nach dem Kochen immer weicher als ihre italienischen Verwandten.
- Bei Suppennudeln, Spaghetti, Bandnudeln & Co., Nudeln ohne Füllung und mit dünnem Teig kann man nicht generell sagen, dass die Frischware besser ist.
- Bei gefüllten Nudeln wie Tortellini, Maultauschen und Gnocchi ist die Frischnudel qualitativ hochwertiger, da die Zutaten frisch sind. Das schlägt sich zwar im Preis, aber auch deutlich im Geschmack nieder.

Verschiedene Nudeltypen

Spaghetti, Rigatoni, Fusilli oder Fettuccine – alles Nudeltypen, deren Namen sich auf die Form beziehen. Mögen die Italiener es nun einfach nur besonders abwechslungsreich auf dem Teller, oder steckt mehr hinter den vielen unterschiedlichen Nudelformen? Die Antwortet lautet: Es gibt regional in Italien und auch weltweit unterschiedliche Vorlieben für die Nudeltypen, doch in erster Linie entscheidet die Nudelform über das Aufnehmen von Saucen:

- Röhrennudeln wie Makkaroni und Penne nehmen besonders gut dicke Saucen auf.
- Lange und auch flache Nudeln wie Spaghetti und Fettuccine sind die idealen Partner von dünnen und glatten Saucen.

Weiterhin lassen die italienischen Namen von Nudeln Rückschlüsse auf die Beschaffenheit zu. Nudeln, die mit Zweitnamen Rigate heißen, z. B. Pipe Rigate, sind stets geriffelt. Ist der Zweitname Lisce, wie z. B. Penne Lisce, dann haben sie eine glatte Oberfläche.
Die Endung -ine/ini wiederum bedeutet, dass es sich um kleine oder dünnere Vertreter der großen Schwester handelt, wie z. B. Spaghettini bei Spaghetti.
Und nun rein ins Nudelvergnügen! Probieren Sie nach Lust und Laune die verschiedenen Nudeltypen in ihren unterschiedlichen Formen und Farben aus.

Nudeln selbst gemacht

Nudeln selbst herzustellen ist gar nicht so schwer. Man braucht allerdings ein bisschen Geduld, Übung und vor allem Zeit.
Ein Nudelgrundteig besteht aus Mehl, Salz und Wasser, oft aus Ei oder Eigelb. Dieser Grundteig kann je nach Nudelsorte variieren. Für alle Teige gilt: Kneten, kneten, kneten … und das auf jeden Fall – zumindest zum Schluss – mit den Händen. Der Teig sollte zu einer festen Kugel werden, die schon fast wie ein Flummi auf der Tischplatte springt. Dann sollte der Teig im Kühlschrank ruhen, am besten zwischen 24 und 48 Stunden.
Dann wird der Teig portionsweise ausgerollt. Das geht mit einer Nudelmaschine natürlich leichter als mit dem Nudelholz, aber für den ersten Versuch tut es auch die hölzerne Rolle, Sie müssen sich nicht direkt eine Nudelmaschine anschaffen. Wichtig ist, dass der Teig wirklich dünn wird, da er beim Kochen noch aufgeht. Am leichtesten lassen sich Bandnudeln oder Lasagneplatten herstellen; dafür müssen die ausgerollten Platten bloß mit dem Messer oder Teigrädchen in Rechtecke oder Streifen geschnitten werden. Die Lasagneplatten müssen Sie übrigens nicht vorkochen und die Bandnudeln sind in weniger als 3 Minuten gar. Das erkennen Sie daran, dass die Nudeln an die Oberfläche schwimmen.

Nudeln kochen

Reichlich Wasser zum Kochen bringen.

Nudeln hineingeben und gut umrühren.

Nudeln in ein Sieb abgießen.

TIPP • TIPP • TIPP

Grundrezept für Nudelteig:
200-250 g Weizenmehl
2 Eier
4-5 El Wasser
1/2 Tl Salz
Entweder alle Zutaten mit der Küchenmaschine verrühren und dann mit den Händen auf der Arbeitsplatte weiterkneten. Oder das Mehl mit dem Salz gemischt auf die Arbeitsfläche häufen, eine Mulde in die Mitte drücken und Eier und Wasser hineingeben. Eier und Wasser mit einer Gabel gründlich verrühren, dann mit den Fingerspitzen nach und nach das umgebende Mehl einarbeiten. Dann, wie schon oben erwähnt, kneten, kneten, kneten, bis der Teig sich seidig und glatt anfühlt. Das dauert ungefähr 10 bis 15 Minuten.

Wie viel pro Person?

Natürlich ist das eine Frage des persönlichen Geschmacks. Doch der Richtwert lautet: Bei getrockneten Nudeln als Hauptgericht sind 100 g üblich. Als Beilage zum Braten oder als Vorspeise sind 60 g getrocknete Nudeln pro Person ein Standardwert. Bei Frischware, die mehr Feuchtigkeit enthält und daher schwerer ist, gelten folgende Mengen: 90 g Nudeln als Vorspeise oder Beilage, 150 g als Hauptgericht pro Person.

Nudeln kochen

- In einem großen Topf viel Wasser zum Kochen bringen, dabei den Deckel auf dem Topf lassen. So wird Energie gespart und das Wasser kocht schneller.
- Die Nudeln in das kochende Wasser geben und gut umrühren, damit nichts am Boden kleben bleibt. Erst dann salzen. So fängt das Wasser schneller wieder an zu kochen und das ist wichtig, denn die Nudeln sollen kochen und nicht quellen.
- Manche Köche geben 1 El Öl oder etwas Butter ins Kochwasser, damit die Nudeln nicht zusammenkleben. Das hilft, wenn zu wenig Kochwasser im Verhältnis zu den Nudeln im Topf ist, ist aber nicht nötig, wenn man genügend Wasser nimmt und gut umrührt.
- Kurz den Deckel auf den Topf setzen, um das Wasser so schnell wie möglich wieder zum Kochen zu bringen. Wenn das Wasser kocht, den Deckel abnehmen und die Hitze etwas herunterregeln. Das spart das mühsame Putzen des Herdes von übergelaufenem und eingebranntem Stärkewasser.
- Perfekte Nudeln sind heute „al dente" (bissfest) gekocht. Doch wer weiche Nudeln lieber mag, der lässt sie länger als in der Packungsanweisung angegeben im Topf.

REIS & GETREIDE

Hätten Sie es gewusst? Reis gehört nicht nur zu den ältesten Kulturgütern der Erde, es ist auch das meist verzehrte Lebensmittel auf der Welt. Über 150.000 verschiedene Reissorten gibt es weltweit. Reis gehört zum Getreide und ist mit unserem heimischen Weizen und Roggen verwandt. Jedes Getreide, somit auch Reis, kann zu Mehl verarbeitet werden und muss stets gekocht werden, denn nur so kann der menschliche Körper die wertvollen Inhaltsstoffe des Getreides optimal ausnutzen.

Die beliebtesten Reissorten

Nur einen winzigen Bruchteil der 150.000 Reissorten finden Sie in Deutschland im Handel. Dies sind die üblichsten:

Patna-Reis ist die meist verkaufte Langkornreissorte in Deutschland. Die langen, schlanken Körner haben einen trockenen, glasigen Kern. Patna-Reis wird vor allem in den USA und in Vorderasien angebaut. Nach dem Garen sind die Körner schneeweiß und locker. Die Kochzeit beträgt etwa 20 Minuten.

Parboiled Reis wird im Parboiling-Verfahren gewonnen. Eine Sortenbezeichnung finden Sie auf der Packung meistens nicht, es handelt sich jedoch um Langkornreis, den Sie genauso wie den Patna-Reis in etwa 20 Minuten zubereiten können. Im Unterschied zum Patna-Reis enthält der Parboiled Reis allerdings mehr B-Vitamine, ist aus gesundheitlichen Gründen also vorzuziehen.

Duftreis ist eine Sammelbezeichnung für **Basmati**- und **Jasminreis**, oft wird aber vor allem Jasminreis als Duftreis bezeichnet. Diese Langkornreissorten entwickeln beim Kochen einen feinen Duft und sind locker und zartkörnig. Basmatireis wird in Indien, Jasminreis in Thailand angebaut. Die Garzeit dieser beiden Sorten beträgt zwischen 12 und 15 Minuten.

Vollkornreis kommt auch unter der Bezeichnung **Natur-**, **Braun-** oder **Cargoreis** in den Handel. Dieser Langkornreis wird zwar entspelzt, das heißt, von den harten Spelzen befreit, das Silberhäutchen mit den wertvollen Inhaltsstoffen bleibt jedoch erhalten. Naturreis schmeckt kräftiger als geschälter Reis und hat eine Garzeit von 30 bis 45 Minuten.

Eine Spezialität aus Italien ist der **Risottoreis**. In Deutschland ist oft die Sorte **Arborio** im Handel. Es gibt ihn, je nach Korngröße, in unterschiedlichen Qualitäten. Die höchste Qualitätsstufe heißt Superfino. Kürzere Reissorten werden als Fino oder Semifino bezeichnet. Sie werden beim Kochen cremig und haben dennoch Biss.

Rundkornreis wird auch als **Milchreis** bezeichnet, da die runden Körner dieser Sorte meist für diese Zubereitungsart verwendet werden. Rundkornreis gibt beim Garen viel Stärke ab und wird dadurch cremig. Wenn Sie Risotto machen möchten und keinen Risottoreis zur Hand haben, können Sie auch Rundkornreis verwenden.

Wildreis ist die teuerste unter den Reissorten. Botanisch betrachtet ist er eigentlich kein Reis, sondern der Samen eines Wassergrases, das in Nordamerika und Kanada wächst. Die schwarzen Körner haben ein ausgeprägtes Nussaroma und eine Garzeit von etwa 40 Minuten. In der Regel werden sie dem weißen Reis untergemischt.

Risottoreis

Langkornreis

Naturreis

Bei **Reismischungen** werden verschiedene Reissorten in einer Packung angeboten (z. B. Wildreis mit Langkorn-, Basmati- oder rotem Thai-Reis). Die spezielle Auswahl und Vorbehandlung der einzelnen Reissorten macht es möglich, dass auch in der Mischung alle Sorten gleichzeitig gar werden. Mischen Sie daher nie selbst verschiedene Reissorten, denn normalerweise sind die Unterschiede in den Garzeiten einfach zu groß.

Lagerung

Auf jeder Reispackung finden Sie ein Mindesthaltbarkeitsdatum, das Ihnen verrät, wie lange der Reis bei sachgemäßer Lagerung mindestens haltbar ist. Sachgemäße Lagerung bedeutet, dass der Reis trocken, dunkel und bei Zimmertemperatur gelagert wird. Damit Lebensmittelmotten keine Chance haben, sollte Reis – wie auch Mehl und alle anderen trockenen Lebensmittel – luftdicht verschlossen in der Packung oder einer Vorratsdose aufbewahrt werden.

Garen von Reis

Wenn Sie einige Regeln beachten und sich nur auf bestimmte Methoden des Reiskochens beschränken, ist das Garen von Reis für Anfänger ganz leicht:

- Zum Reiskochen sollten Sie stets einen großen Topf benutzen und diesen mit reichlich Wasser, ca. 2 Litern, füllen. Dann sollten Sie gleich etwas Salz hineingeben. Wenn man mit viel Wasser kocht, darf die Salzmenge durchaus etwa 1 gestrichenen Teelöffel betragen.
- Das Wasser wird nun auf höchster Stufe zum Kochen gebracht. Der Reis wird eingestreut, einmal umgerührt und der Herd auf kleine Stufe gestellt. Nach etwa 20 Minuten testet man ein paar Körnchen. Ist der Reis gar, gießt man ihn auf ein Sieb und lässt ihn abtropfen.
- Das Kochen von Reis nach der Risottomethode oder die Zubereitung von Milch- und Sushireis ist etwas komplizierter und wird in unserem Rezept auf S. 128 ausführlich erklärt.

Getreide allgemein

Auch Körner von Weizen, Roggen, Gerste, Hafer und Dinkel lassen sich wie Reis zubereiten und einsetzen: als Beilage, in Suppen, für Bratlinge. Vor allem in der Vollwertküche spielen sie eine Rolle. In der modernen Alltagsküche haben sich vor allem Bulgur, Couscous und Mais in Form von Grieß oder Mehl einen Namen gemacht.

Weizen

Bulgur und Couscous

Bulgur oder Couscous sind geschälte, zerstoßene, vorgekochte und wieder getrocknete Weizenkörner. Der Unterschied ist, dass Bulgur in der Regel grob und Couscous fein zerstoßen ist.

Bulgur

Es gibt 2 Zubereitungsmethoden:

- Für Eilige: Bulgur oder Couscous in eine Schüssel geben, Gewürze hinzufügen und mit kochend heißem Wasser übergießen. Es sollte so viel Wasser hinzugefügt werden, dass das Wasser 2 cm hoch über dem Getreide steht. Dann die Schüssel mit einem Teller abdecken und die Körner quellen lassen. Nach etwa 10 Minuten ist das Getreide gar.
- Für Skeptiker: Bulgur oder Cousous mit Wasser aufkochen oder in heißes Wasser streuen und 5 bis 10 Minuten bei reduzierter Hitze garen. Das überschüssige Wasser abgießen.

Couscous

Maisgrieß / Polenta

Für Polenta werden Maiskörner zu Mehl oder Grieß vermahlen. Polenta ist ein fester Brei, der pur oder in Scheiben angebraten vor allem als Beilage gegessen wird.

FLEISCH

Ob Rind, Schwein oder Lamm, ob kurzgebraten oder geschmort, ob als Hack oder Bratwurst – die Zubereitungsmöglichkeiten für Fleisch sind nahezu grenzenlos. Und gar nicht so kompliziert, wie Sie vielleicht denken. Aber Fleisch ist nicht gleich Fleisch und einige Dinge sollte man wissen, damit Schnitzel, Braten & Co. auch zum vollen Erfolg werden.

Einkauf

Beim Einkauf von Fleisch gilt es, einiges zu beachten:

- Das Fleisch sollte nahezu geruchlos sein.
- Frisches Fleisch sieht ansprechend und appetitlich aus.
- Fleisch darf keinen Saft verlieren.
- Farbe entsprechend Fleischart und Alter des Tieres: Je jünger, desto heller; Schweinefleisch ist heller als Rindfleisch.
- Marmorierung: Zarte Fettadern stehen für Geschmack, Zartheit und Saftigkeit.
- Struktur: Je feiner die Fasern, desto zarter das Fleisch und desto kürzer die Zubereitungszeit.
- Konsistenz: Es muss fest sein und darf sich nicht leicht eindrücken lassen.
- Fleisch sollte immer einen frischen Glanz haben und nicht schmierig wirken.
- Bei eingeschweißtem Fleisch auf die Etiketten achten. Hier ist vor allem der Unterschied zwischen Mindesthaltbarkeitsdatum und Verbrauchsdatum entscheidend. So wird bei leicht verderblichen Lebensmitteln wie Hackfleisch das Verbrauchsdatum angegeben, also der Tag an dem das Hack spätestens zu verzehren ist.

Teile vom Rind, Schwein, Kalb und Lamm

Rind:

- Roastbeef: ergibt Steaks, Rumpsteaks, Fonduefleisch oder wird einfach gebraten.
- Filet: wird zum festlichen Braten, zu Steaks oder Fonduefleisch.
- Keule (Ober- und Unterschale, Hüfte, Nuss): ergibt Rouladen, Schmorbraten, Sauerbraten, Gulasch oder Beefsteakhack.

Rindergulasch

- Schulter: wird meist gewürfelt als Schmorfleisch angeboten oder zu Hackfleisch verarbeitet.

Schwein:

- Nacken: wird frisch verwendet oder gepökelt und geräuchert als Kasslerbraten.
- Kotelett (Stiel oder Lende): ideal zum Grillen oder Braten in der Pfanne.
- Schulter: ergibt saftigen Schweinebraten, Rollbraten oder Gulasch oder wird zu Hackfleisch verarbeitet.
- Bauch: für Eintöpfe oder als „falsches Schnitzel".
- Schinken (Ober- und Unterschale, Nuss, Hüfte): wird zum Schweinerollbraten, Schnitzel oder Gulasch.

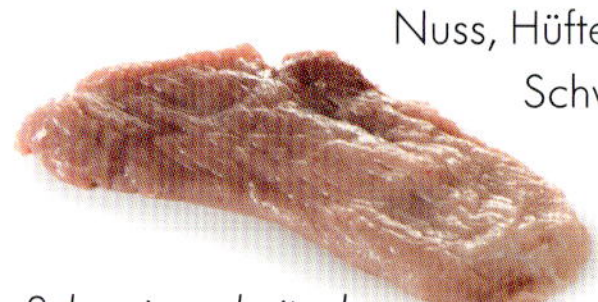

Schweineschnitzel

- Eisbein: wird gekocht, gebraten oder gegrillt.

Kalb:

- Oberschale: wird zu Schnitzel, Steaks, Rouladen oder Geschnetzeltem.
- Kugel (Nuss): zum Braten am Stück oder als Schnitzel, Steak, Roulade oder Geschnetzeltes.
- Haxe: am besten geschmort, als Gulasch oder Ossobuco.
- Rücken: meist im Ganzen als Kalbsrückenbraten.
- Filet: wird zu gebratenen Kalbsmedallions.
- Brust: eignet sich für Rollbraten.

Lamm:

- Keule: als ganzer Braten oder in Stücken zum Schmoren.
- Rücken (ungespalten): ergibt einen festlichen Braten im Ganzen.
- Kotelett: zum Braten einzelner Koteletts oder als „Lammkrone".

Lammkotelett

- Filet: eignet sich zum Kurzbraten, Grillen oder für Geschnetzeltes.
- Brust: ist das beste Schmorstück.
- Nacken: eignet sich für Gulasch oder Ragout.

Kurzbraten

Fett in einer Pfanne schmelzen lassen.

Fleisch in die Pfanne legen.

Fleisch wenden.

Steak ist nicht gleich Steak

Ein Steak besteht in der Regel aus einem Stück Rindfleisch, das kurz gebraten oder gegrillt wird. Je nachdem, wie und aus welchem Fleischstück vom Rind es geschnitten ist, trägt das Rindersteak einen anderen Namen.

In unserem Steak-ABC können Sie sich einen Überblick über die verschiedenen Steaks verschaffen.

Steak-ABC

Beefsteak wird meistens aus der Keule geschnitten. Es wiegt zwischen 200 und 300 g und ist 2 bis 3 cm dick.
Chateaubriand ist ein doppeltes Filetsteak und etwa 5 cm dick.
Entrecôte ist 150 bis 200 g schwer. Es handelt sich um eine dicke Scheibe aus dem Roastbeef.
Filetsteak stammt aus dem Filet. Es ist etwa 3 bis 4 cm dick und 150 bis 200 g schwer.
Filet mignon ist ein kleines, rundes Steak aus der Filetspitze.
Hüftsteak wird aus der Hüfte geschnitten. Es ist etwa 2 bis 3 cm dick und wiegt etwa 180 g.
Porterhouse-Steak stammt aus dem Roastbeef. Es ist mit 1000 g ein Schwergewicht und ist 4 bis 5 cm dick.
Rumpsteak ist eine 2 bis 3 cm dicke Scheibe aus dem Roastbeef oder der Hüfte mit einem Fettrand, der vor dem Braten leicht eingeschnitten werden sollte. Es wiegt zwischen 150 und 200 g
T-Bone-Steak ist ein ungefähr 4 cm dickes und etwa 800 g schweres Steak. In der Mitte befindet sind ein Knochen.
Tournedos stammen aus dem Filet. Sie wiegen etwa 150 g und sind 3 bis 4 cm dick.

TIPP • TIPP • TIPP

Kurzbraten

- Kurzgebratenes möglichst trocken in die Pfanne geben. Tupfen Sie es vorher stets gut mit Küchenkrepp ab.
- Kurzgebratenes erst beim Braten salzen. Ein zu langer Kontakt mit Salz vor dem Garen entzieht dem Fleisch Bratensaft und macht es später trocken und zäh.
- Kurzgebratenes nicht warmhalten, auch dabei wird das Fleisch trocken und zäh. Erwärmen Sie es lieber erneut. Wer keine Mikrowelle hat, brät es bei mittlerer Temperatur in der beschichteten Pfanne.

Steak blutig

Steak rosa oder medium

Steak durch oder well done

Geschnetzeltes braten

Fleisch in Streifen schneiden.

Fleisch in heißem Fett portionsweise kräftig anbraten.

Dann je nach Rezept Flüssigkeit (Sahne o. ä.) angießen.

Geschnetzeltes

Geschnetzeltes von Rind, Kalb oder Schwein ist vielfältig einsetzbar. In der Pfanne oder dem Wok ist das klein geschnittene Fleisch in Kürze durchgebraten. Dazu geben Sie nur noch klein geschnittenes Gemüse und schmecken es mit Gewürzen, Kräutern und Gewürzsaucen ab. Mit Reis oder Nudeln ist die komplette Mahlzeit schnell auf dem Tisch. Wenn Sie beim Würzen unsicher sind, kaufen Sie beim Fleischer schon fertig gewürztes Geschnetzeltes. So haben Ihre Rezepte nahezu Gelinggarantie.

TIPP • TIPP • TIPP

Größere Mengen Geschnetzeltes am besten in mehreren kleinen Portionen anbraten. Sonst kühlt das Bratfett zu stark ab, das Fleisch verliert Saft und schmort anstatt zu braten.

Kurzgebratenes

Beim „Kurzbraten" sind Fleischstücke in wenigen Minuten fertig gegart. Zunächst wird das Fleisch bei großer Hitze angebraten, damit sich die Poren schließen und kein Saft austritt. An der Oberfläche bilden sich nun die aromatischen Röststoffe. Nicht jedes Fleischstück eignet sich zum Kurzbraten. Die Fleischfaser muss kurz sein. Am besten eignen sich Fleischstücke aus Rücken und Keule wie Koteletts und Filets.

Schmorgerichte

Unter Schmoren versteht man das Anbraten von Fleisch bei hoher Temperatur und dem anschließenden Hinzufügen von Brühe oder Fond. Im geschlossenen Topf gart das Fleisch bei niedriger Temperatur weiter. Die Flüssigkeit sollte leicht köcheln, sonst wird das Fleisch zu trocken. Übrigens: Achten Sie darauf, dass die Flüssigkeit, die Sie angießen, heiß ist, damit der Garprozess nicht unterbrochen wird und das Fleisch zart bleibt.

Ab in den Kochtopf – Siedefleisch & Co.

Tafelspitz oder Zunge mögen ganz viel heißes Wasser. Sie werden in kochender Flüssigkeit bei geschlossenem Topf gegart. Wichtig ist, dass Sie das Fleisch in die kochende Flüssigkeit geben, nicht in das kalte Wasser, damit die Aromastoffe im Fleisch erhalten bleiben.

Schnitzel machen Laune

Erstklassige Schnitzel werden aus der Oberschale geschnitten. Egal, ob vom Schwein oder Kalb, sie sind sehr fettarm und sollten daher „natur", also unpaniert, nur sehr kurz gebraten werden, damit sie nicht austrocknen. In Panade umhüllt dagegen sind sie vor dem Austrocknen geschützt. Dem Fleisch schadet es dann weniger, wenn es ein bisschen länger brät.

Kotelett immer wieder anders

In etwa 5 Minuten ist ein Kotelett „natur" fertig gebraten. Natürlich variiert die Zeit je nach Dicke des Stückes. Klassisch hat das Kotelett einen Knochen. Das Stielkotelett ist aufgrund seines markanten Aussehens fast jedem bekannt. Ein Lendenkotelett ist besonders zart und ein Nackenkotelett besonders saftig. Neben Schweinekotelett sind auch Koteletts von Kalb und Lamm beliebt.

Filet – natürlich „Low Fat"

Das Filet ist das edelste Stück Fleisch vom Tier. Beim Schwein wiegt es gerade einmal 600 g. So hat das beliebte Fleischstück auch seinen Preis. Zu Medaillons aufgeschnitten lässt es sich schnell braten. Sein Fettgehalt liegt bei unter 2 %. Übrigens: Der Fettgehalt von Fleisch, insbesondere von Schweinefleisch, wird oft überschätzt: Wenn Sie auf die Panade verzichten, macht kurzgebratenes Fleisch durchaus eine gute Figur.

Hackfleisch – ein Multitalent

Hack ist ein Tausendsassa ist der Küche und beliebt bei Groß und Klein. Keine andere Fleischsorte lässt sich so vielseitig einsetzen. Mit ihm lassen sich sehr gut schnelle Fleischsaucen zubereiten, Hackbällchen, Buletten oder Frikadellen formen. Hackfleisch eignet sich wunderbar als Füllung für Gemüse oder Fleisch und in vielen leckeren Aufläufen und als Teigbelag ist Hack das Tüpfelchen auf dem i.

Genuss ohne Komplikationen

Aufgrund der stark vergrößerten Oberfläche ist Hackfleisch besonders anfällig für Verderb. In Fleischereien und dem Lebensmitteleinzelhandel wird es daher meist frisch hergestellt und darf nur am Tag der Herstellung verkauft werden. Industriell produziertes und verpacktes Hackfleisch darf auch mit längeren Haltbarkeitsfristen angeboten werden. Bitte ersparen Sie dem Hackfleisch in jedem Fall lange Einkaufswege. An heißen Sommertagen nehmen Sie eine Kühltasche mit, damit sich Ihr Hackfleisch beim Rücktransport in die heimische Küche nicht zu stark erwärmt. Das mögen zwar Lebensmittelkeime, aber dem Magen bekommt das nicht. Wer Mett oder Tatar roh essen möchte, sollte dies noch am gleichen Tag tun. Gut durchgebraten hält sich Hackfleisch 1 bis 2 Tage im Kühlschrank.

TIPP • TIPP • TIPP

Hackfleischbällchen immer wieder anders!

Unter den Hackfleischteig (500 g) kneten Sie:

- fein gewürfelten Speck (50 g)
- mit der Gabel zerdrückten Feta (100 g)
- fein gehackte, entsteinte Oliven (30 g)
- fein geschnittene Sardellen (20 g)
- sehr fein gewürfelte rote Paprika (1/2 Schote)
- grob geraspelte Möhren (1) oder Zucchini (1/2 kleine)
- geröstete und gehackte Pinienkerne (20 g)
- frisch gehackte Kräuter (2 El)
- gekochten Reis (150 g)
- getrocknete, eingeweichte, klein geschnittene Pilze (1 Tasse)

Wild

Zubereitung

Grundsätzlich wird Wildfleisch wie andere fettarme Fleischarten verwendet. Das Spicken mit Speck ist „old-fashioned", denn die Einstiche mit der Spicknadel können die Fleischfasern verletzen und den Braten trocken werden lassen. Auch ein Abdecken mit Speck ist nicht unbedingt nötig, sagen selbst berühmte Sterneköche und bei Wildschwein-Fleisch überflüssig.

Beizen

Früher war das Beizen (Einlegen) von Wild ein Muss, um es länger haltbar zu machen und möglicherweise auftretenden Geruch oder Geschmack zu überdecken. Heute dient es eher dazu, das Fleisch zu aromatisieren, zarter und damit schmackhafter zu machen. Neben der klassischen Beize aus 1 Teil Essig und 1 Teil Wasser ist auch die Rotweinbeize – 1 Teil Rotwein und 1 Teil Wasser – empfehlenswert. Gewürzt wird die Beize mit Zwiebeln, Pfefferkörnern, Wacholderbeeren, Senfkörnern, Lorbeerblättern, Petersilienstängeln, Knoblauchzehen, Nelken, Thymian oder Rosmarin. Auch kann man zur Geschmacksverstärkung zusätzlich zerkleinertes Gemüse wie z. B. Lauch, Sellerie oder Möhren hinzufügen.

Das eingelegte Fleisch sollte vollständig mit der Beizflüssigkeit bedeckt sein und während der Beizdauer kühl stehen und ab und zu gewendet werden. Je nach Größe lässt man das Beizgut 3 bis 5 Tage in der Beize ziehen.

GEFLÜGEL

„Durch den Schornstein mit Vergnügen sehen sie die Hühner liegen, die schon ohne Kopf und Gurgeln lieblich in der Pfanne schmurgeln.“ Dieser Vers stammt aus Wilhelm Buschs „Max und Moritz“ und stimmt uns auf leckeres, knuspriges Geflügel ein.

Rund ums Geflügel

Das Angebot an Geflügel im Handel ist riesig. Neben Frischware ist der Markt der Tiefkühlprodukte bei Geflügel besonders groß. Hähnchen und Pute werden immer beliebter, Ente und Gans sind eher saisonale Produkte und werden bevorzugt im Winter gegessen.

Huhn oder Hähnchen – wo ist der Unterschied?

Als Hähnchen werden sowohl weibliche als auch männliche Tiere bezeichnet, die vor der Geschlechtsreife im Alter

Hähnchen

von 5 bis 6 Wochen geschlachtet werden. Sie wiegen üblicherweise 700 g bis 1,4 kg. Hähnchen, die mehr wiegen, haben meist einen höheren Anteil an hochwertigem Muskelfleisch. „Suppenhühner“ sind Legehennen, die in der Regel nach 12 bis 15 Legemonaten geschlachtet werden. Sie wiegen durchschnittlich zwischen 1 und 1,2 kg und eignen sich besonders gut zum Kochen von Suppen und für Ragouts.

Pute oder Truthahn?

Der eine spricht von Pute, der andere von Truthahn. Zwei Bezeichnungen, die aber eigentlich das gleiche Geflügel bezeichnen: In Norddeutschland sagt man Pute, in Süddeutschland Truthahn. Das Besondere an diesem Geflügel ist, dass es helles und dunkleres Fleisch besitzt. Entsprechend unterscheiden sich auch die einzelnen Fleischteile in ihrem Geschmack. Das Brustfleisch sowie das

Putenschnitzel

Fleisch der Flügel ist hell und besonders zart und erinnert an Kalbfleisch. Das dunklere Fleisch von Unter- und Oberkeulen hat einen deftigeren, kräftigen Geschmack, der eher an Wild erinnert.

Ente

Zart-rosa Entenbrust, knusprige Entenkeule oder feines Entengeschnetzeltes – es gibt genug Möglichkeiten, Ente zu probieren. In Deutschland sind Enten ganzjährig frisch im Angebot. Im Handel wird hauptsächlich die Pekingente angeboten, nicht zu verwechseln mit dem chinesischen Gericht. Die Barbarieente holt aber auf. Sie stammt ursprünglich aus Südamerika und gehört

Ente

zur Gattung der Flugenten. Sie hat einen geringeren Fett- und einen größeren Brustfleischanteil und eignet sich am besten für einen knusprigen Braten. Die Moulardente ist eine Kreuzung aus Peking- und Barbarieente.

Gans

Gänsefleisch ist das fettreichste Geflügelfleisch, aber auch das würzigste. Das Alter einer Gans lässt sich am Brustbein erkennen: Bei Frühmastgänsen oder jungen Gänsen ist es noch biegsam. Frühmastgänse sind zwischen 10 und 12 Wochen alt und wiegen ca. 2 bis 3,4 kg.

Gans

Junge Gänse sind ca. 9 Monate alt und wiegen etwa 4 bis 6 kg. Am besten schmecken Gänse, die jünger als 1 Jahr sind. Heimische Gänse werden ab April in bäuerlichen Betrieben aufgezogen und kommen ab Spätherbst und vor Weihnachten meist frisch auf den Markt. Ausländische Gänse werden überwiegend tiefgefroren angeboten.

Ganzes Geflügel füllen

Füllung vorbereiten.

Mischung in die Bauchhöhle füllen.

Mit Gewürzmarinade einstreichen.

Füllungen – immer ein Hochgenuss!

Mit einer leckeren Füllung wird ganzes Geflügel zu einem ganz besonderen Genuss. Zum Füllen eignen sich Äpfel, Trockenfrüchte oder Maronen genauso wie gewürztes Hackfleisch oder eine Mischung aus Fleisch und Brötchen. Die Füllung darf nicht zu fest in den Hohlraum gedrückt werden, da das Geflügel sonst beim Braten platzen kann.

Tranchieren – perfekt Servieren

Vor dem Servieren kommt das Tranchieren: Größere Teile sollten Sie vor dem Anschneiden 10 Minuten ruhen lassen, damit sich der Bratensaft gut verteilen kann und nicht direkt ausläuft. Decken Sie den Braten dabei am besten mit einer Schüssel oder einem Teller ab, damit er nicht zu sehr abkühlt. Dann wird das Geflügel – im Idealfall mit dem Tranchierbesteck, bestehend aus einem scharfen Küchenmesser (Siehe S. 8) und einer Gabel, – in 8 Teile zerlegt. Zunächst werden die Flügel und Keulen abgetrennt. Dann die Rippen am Rückgrat entlang und am Brustbein durchtrennen und an beiden Hälften die Brustteile vom Knochen lösen. Beim Aufschneiden gilt stets: Das Messer parallel zum Knochen führen. Die Brustfilets werden quer zur Fleischfaser aufgeschnitten, so bleibt das Fleisch zart und voller Geschmack.

Dressieren – auf Deutsch: Ausrichten

Damit die abstehenden Teile wie Flügel und Schenkel bei ganzen Tieren nicht schneller als der Rest bräunen, sollte man das Geflügel „dressieren". Dabei verschränkt man die Flügel unter dem Rücken und bindet die Schenkel dicht an den Körper. Ganz einfach geht das Dressieren mit einer Dressiernadel, hierbei wird ein Faden von einem Keulenende zum gegenüberliegenden Flügel, dann durch die Brust zum anderen Flügel und von dort zurück zum anderen Keulenende gezogen. Sie können die Flügel und Schenkel aber auch einfach mit Küchengarn an den Körper binden.

Der richtige Umgang mit Geflügel

Die Zubereitung von Geflügel ist heute einfacher denn je, denn es wird küchenfertig gekauft und muss weder gerupft noch ausgenommen werden. Doch wegen der potentiellen Salmonellengefahr sind einige Grundregeln zu beachten:

- Entfernen Sie die Verpackung bei Geflügel vollständig und werfen Sie diese direkt in den Müll.
- Tiefgefrorenes Geflügel legen Sie in ein großes Gefäß mit Gittereinsatz, damit die beim Auftauen austretende Flüssigkeit abtropfen kann. Abdecken und langsam im Kühlschrank auftauen lassen.
- Frisches und aufgetautes Geflügel spülen Sie unter fließendem kalten Wasser ab und tupfen es anschließend mit Küchenkrepp trocken.
- Nach der Zubereitung waschen Sie alle benutzten Küchenutensilien gründlich ab und selbstverständlich auch Ihre Hände, damit Sie nicht Gefahr laufen, eine Salmonellenvergiftung zu bekommen.
- Legen Sie gegartes Geflügel und andere Lebensmittel nie auf das Brett, auf dem zuvor frisches Geflügel lag. Das Brett muss vorher gründlich mit heißem Wasser abgewaschen werden.
- Essen Sie niemals Geflügelfleisch roh.

FISCH & MEERESFRÜCHTE

Frischfisch landet heute innerhalb von wenigen Tagen aus den fernsten Regionen der Welt in unserer heimischen Fischtheke. Das Angebot ist vielfältig und somit haben Sie die Wahl.

Einkauf

- Fisch darf niemals nach Fisch riechen, eher frisch und angenehm nach Meer.

Scholle

- Ganzer Fisch ist frisch, wenn seine Haut feucht und silbrig glänzt.
- Die Augen müssen klar und prall sein und sollten glänzen.
- Die Kiemen müssen hellrot sein und fest anliegen.
- Die Schleimhaut soll glatt sein und nicht schmierig riechen.
- Ein Eindruck mit dem Finger ist bei frischen, ganzen Fischen nur sehr kurz zu sehen.
- Fischfilets müssen glatte, nicht angetrocknete oder verfärbte Ränder und glänzendes Fleisch haben.

Vom Fischer oder vom Farmer?

Fisch wird heute nicht nur im Meer gefangen und in Seen und Bächen geangelt, sondern kommt zu einem großen Teil aus Aquakulturen. Wild gefangener Fisch schmeckt besser und aromatischer, denn die Tiere bewegen sich mehr und entwickeln dadurch ein festeres Muskelfleisch. Doch hat sich die Aquakultur weiterentwickelt und in vielen Fischfarmen hat sich die Qualität der Fischzucht verbessert, sodass selbst Feinschmecker die Unterschiede nicht mehr unbedingt erkennen. Fisch aus Aquakultur ist deutlich preiswerter und kann bei der Überfischung der Meere auch als ein Beitrag zum aktiven Umweltschutz verstanden werden.

Lachs

Frisch oder tiefgekühlt?

Wer küstennah lebt, der stellt diese Frage nicht, denn er schmeckt die Frische des Meeres bei Frischfisch. Doch sobald Sie etwa 200 km im Landesinneren wohnen, kommt der Frischfisch in der Kühltheke als Kühl- und als Tiefkühlware an. Da für Tiefkühlware der Fisch direkt auf dem Fangschiff tiefgefroren wird, ist tiefgefrorener Fisch unter Umständen frischer als Frischfisch, der lange Transportwege hinter sich hat.

Rotbarsch

Lagerung

Frischer Fisch sollte nach Möglichkeit in einer Thermotasche bzw. Tiefkühlproduktetasche transportiert werden und auf dem schnellsten Weg in den Kühlschrank gelangen. In guten Fischgeschäften wird er in Spezialpapier eingeschweißt. Ganz unten im Kühlschrank ist es am kühlsten, daher ist der Fisch dort am besten aufgehoben. Fisch sollte am Einkaufstag selbst oder spätestens am nächsten Tag gegessen werden.

Lachsfilet

TIPP • TIPP • TIPP

Wer nicht fragt, bleibt dumm!
Scheuen Sie sich nicht, den Fischhändler zu fragen, wie frisch der Fisch ist. Denn es ist insbesondere dem Filet nicht anzusehen, ob es 1 oder 3 Tage auf Eis liegt. In der Regel berät Sie der Fischhändler gut, denn er lebt von zufriedenen Kunden. Außerdem wird er wissen, welche Fischsorte empfehlenswert ist, wenn der Fisch, den Sie ursprünglich kaufen wollten, ausverkauft sein sollte.

Gegarten Fisch filetieren

Die Haut des Fisches entfernen.

Das Fleisch mit dem Messer von den Gräten lösen.

Die Hauptgräte entfernen.

Ganzer Fisch auf dem Teller

Das Filetieren von Frischfisch überlassen wir dem Fischhändler. Wir beschränken uns hier darauf, den gegarten Fisch auseinanderzunehmen, und zwar so:

- Der Fisch liegt im Ganzen auf dem Teller. Zuerst lösen Sie nur die Haut oben ab.
- Dann lösen Sie das Fischfleisch von den Gräten. Dafür fahren Sie mit dem Fischmesser oder dem normalen Essbesteckmesser vorsichtig längs über die Gräten. Ist der Fisch gar, löst sich das Fleisch ganz leicht; ansonsten muss er noch etwas weitergaren.
- Sehen Sie oben nur noch Gräten, wird die Gräte entfernt. Dann wird der Fisch gedreht. Jetzt wiederholen sich die beiden Schritte: Haut lösen und dann das Fischfleisch von den Gräten trennen.

Aus dem Meer

Kabeljau	Thunfisch	Rotbarsch
Das dicke Mittelstück gilt als Delikatesse. Fischliebhaber schätzen seine blättrige Struktur und sein saftiges Fleisch. Als Filet lässt er sich besonders gut braten, dünsten oder im Ofen backen. Übrigens wird der junge Kabeljau auch Dorsch genannt. Selten wird er als ganzer Fisch angeboten.	Gefangen wird er heute vor allem im Pazifik und Indischen Ozean. Je nach Art wird er 70 bis 300 cm lang und bringt zwischen 5 und 300 kg auf die Waage. Sein Fleisch ist rot, fest und absolut grätenfrei. Frisches Thunfischfilet wird eher kurz gebraten oder gegrillt.	Er trägt ein rotes Schuppenkleid, und auch sein Fleisch hat einen rötlichen Ton. Sein festes Fleisch lässt sich ausgesprochen vielseitig zubereiten. Braten, Dünsten, Kochen oder Backen – klappt wunderbar und schmeckt hervorragend.
Seelachs	**Scholle**	**Hering**
Wird auch Köhler genannt. Und mit dem Lachs hat er nichts zu tun! Seelachs fühlt sich im nördlichen Atlantik zu Hause. Er ist mit dem Kabeljau verwandt und liefert uns ebenfalls ein festes Fleisch. Er wird als Filet angeboten und ist im Vergleich mit anderen Fischen relativ preiswert. Das Filet lässt sich braten, dünsten und frittieren.	Die Fanggebiete der Scholle liegen in der Nord- und Ostsee. Am besten schmeckt der Fisch von Juni bis Oktober. Dieser Plattfisch ist für Anfänger ideal, die erstmals versuchen möchten, einen Fisch im Ganzen zu braten. Neben dem Braten lässt sich das Filet besonders gut dünsten. Das magere Fleisch ist sehr weich und zart.	Trägt auch den Beinamen „Silber der Meere". Heringe ziehen in großen Schwärmen durch das Meer. Kein anderer Fisch wird in so vielen Varianten angeboten: Grün, als Matjes, geräuchert oder eingelegt erfreut sich dieser Fisch großer Beliebtheit.

Aus Fluss, See und Bach

Aal	Lachs	Forelle
Das Wandern bestimmt das Leben eines Aals. Mit dem Golfstrom treiben die Larven von der Sargassosee über den Atlantik zurück nach Europa und steigen als Fische dann die Flüsse auf. Das Fleisch ist fest und grätenarm, allerdings auch sehr fett. Vor allem als Räucherware ist Aal eine Delikatesse.	Der Lachs beginnt sein Leben im Fluss, wandert ins Meer und zieht zum Laichen wieder in seine Heimat. Besonders beliebt sind Lachsfilet oder Lachskotelett. In der Küche ist Lachs vielseitig einsetzbar. Ob gegrillt, gebraten oder gekocht, er schmeckt immer.	Unter den Süßwasserfischen ist sie die unumstrittene Nummer eins. Das Fleisch ist hell und zart sowie grätenarm. Die Forelle lässt sich als ganzer Fisch braten oder kochen, aber auch zum Grillen und Backen eignet sich das Fleisch hervorragend.
Zander	**Tilapia**	**Pangasius**
Das zarte und weiße Fleisch des Zanders gehört zum Besten, was das Süßwasser zu bieten hat. Zander lässt sich braten oder auch dünsten. Heute wird er nicht nur im Ganzen, sondern auch als Filet angeboten.	Er ist der Aufsteiger im neuen Jahrtausend und findet weltweit immer mehr Fans. Der Zuchtfisch liebt warmes Wasser und wird daher aus Afrika importiert. Sein weiches, etwas süßliches Fleisch lässt sich fantastisch grillen, braten und dünsten.	Eigentlich stammt dieser Fisch aus Vietnam, doch vor einigen Jahren trat er seinen Siegeszug um die ganze Welt an. Sein Fleisch ist saftig und im Geschmack mild. Sein Filet schmeckt immer: ob gegrillt, gebraten oder gedünstet.

Fisch easy zubereiten

Fangen Sie mit der Zubereitung von Fischfilet an. Steigern Sie sich dann und kaufen ganze Fische, die aber bereits ausgenommen und geschuppt sein sollten.

So klappt die Zubereitung von Fisch:

- Salzen ist ein Muss vor dem Erhitzen von Fisch – Zitronensaft kann, muss aber nicht sein.
- Braten Sie Fisch in Olivenöl oder Butter. Viele Fische vertragen es gut, wenn zum Schluss etwas Sahne angegossen wird.
- Dill, Petersilie, Schnittlauch, Kerbel und Estragon passen gut zu Fisch, doch erst am Ende der Zubereitung, denn die Kräuter verlieren unter Hitze ihr Aroma.
- Fische lassen sich auch gut marinieren: Dazu eignen sich Senf, Sojasauce, Asiasaucen jeder Art und grünes oder rotes Pesto.
- Curry und Kokos harmonieren sehr gut mit vielen Fischen.
- Als Beilage passen je nach Gewürzen, Sauce und persönlicher Vorliebe Kartoffeln, Nudeln oder Reis.

Fischfilet braten

Fischfilet in Mehl wenden.

In eine Pfanne mit heißem Fett geben.

Nach 5 Minuten vorsichtig wenden.

Krabben, Garnelen & Co.

Das Angebot an Garnelen, Scampi & Co. ist heute riesig. Die meisten stammen aus der Zucht. Tradition haben bei uns die kleinen Nordsee-Krabben, sie werden noch an Bord der Kutter gekocht.

Garnelen

Ihre Bestände sind sehr stark rückläufig und ihr Preis ist daher sehr hoch. Sie werden in Marokko gepult und ihr Kauf sollte Ihr Ökogewissen streifen. Die etwas größeren Tiefseegarnelen, die oft Shrimps genannt werden, und die noch größeren Scampi oder Kaisergranaten bzw. Langusten kommen heute in der Regel aus der Zucht. Ist die Farbe von Garnelen rosa, dann sind sie gegart, im rohen frischen Zustand sind sie eher gräulich.

Umgang in der Küche:

- In der Regel kaufen nur echte „Fischköppe" ungekochte Garnelen, alle anderen kaufen vorgegarte. Wir beschränken uns hier daher auf die Verwendung von vorgegarten Garnelen.
- Die Schalen lösen Sie, indem Sie das Krustentier an Kopf und Schwanzteil fassen und in einer Drehbewegung den Kopf bei den großen Tierchen entfernen und bei den kleinen Exemplaren den Panzer vom Fleisch lösen.
- Bei den Tieren, bei denen das leckere Fleisch noch vom Panzer umgeben ist, drücken Sie den Panzer zusammen, sodass er aufbricht. Angefangen am Bauch lösen Sie den Panzer vom Fleisch.
- Bei größeren Exemplaren muss der Darm entfernt werden. Dafür nehmen Sie ein kleines spitzes Messer, schneiden das Garnelenfleisch ein und entfernen dabei den Darm mit der Messerspitze oder den Fingern.

Muscheln

Muscheln werden hauptsächlich in den Monaten, die mit „r" enden, angeboten und sind in dieser Zeit von September bis Februar auch besonders fleischig. Sie stammen heute überwiegend aus der Zucht. Die bevorzugte Zubereitung von Miesmuscheln ist das Dünsten. Da in diesem Buch keine Rezepte mit rohen oder gebackenen Muscheln vorkommen, beschränken wir uns hier auf das Säubern und Entbarten. Das ist bei allen Muscheln ähnlich:

- Die Muscheln in kaltem Wasser gründlich waschen. Geöffnete Muschelschalen, die sich bei Berührung nicht selbständig schließen oder deren Schalen beschädigt sind, werden aussortiert, sie sind ungenießbar.

Miesmuscheln

- Die Muscheln erneut waschen, mit einer Bürste oder den Händen und einem kleinen Küchenmesser Dreck und Ablagerungen abschaben.
- Bei den einzelnen Muscheln den Bart bzw. die Haftfäden mit einem kleinen Messer oder mit den Fingern entfernen.
- Die Muscheln wie in den Rezepten beschrieben garen und nach dem Garen noch geschlossene Muscheln aus dem Gericht entfernen bzw. nicht mitessen, sie sind verdorben.

Tintenfisch

Das Ausnehmen von Kalmaren und die Unterschiede zum Oktopus würden hier zu weit führen.

Oktopus

In unseren Rezepten werden Tintenfischringe verwendet, die schlicht der in Ringe geschnittene Körper des Kalmares sind. Tintenfischringe werden beim Garen schnell zäh, daher sollten sie nicht zu lange, dafür aber bei hoher Temperatur gegart werden. Im Geschmack sind sie relativ neutral. Sie schmecken paniert und frittiert oder/und in kräftigen Marinaden eingelegt bzw. mit fruchtigen oder scharfen Dips und Saucen ausgezeichnet.

EIER, SAHNE & CO.

Ohne Eier, Sahne und Crème fraîche wäre das Kochen nur halb so schön, denn diese Lebensmittel sind wahre Kochkünstler. Sie binden, lockern, verfeinern oder dicken unsere Gerichte ein. In richtiger Menge dosiert, betonen sie die Geschmacksnoten der Hauptzutaten, ohne dabei selbst zu dominant zu sein.

Augen auf beim Eierkauf!

Eier dürfen innerhalb der Europäischen Union nur vermarktet werden, wenn sie bestimmten Normen entsprechen. So ist Güteklasse A kein Qualitätszeichen, sondern eine Mindestanforderung. Auf dem Eier-Karton finden Sie die Gewichtsklasse, Mindesthaltbarkeitsdatum und ein Datum, von dem an die Eier kühl aufzubewahren sind.

In der Regel wird die Gewichtsklasse M (für mittelgroß, ca. 60 g) verkauft. Die Gewichtsklassen S (für klein, mind. 53 g), L (für groß, 63 – 73 g) und XL (für sehr groß, mind. 73 g) sind seltener im Handel zu finden. Alles, was nicht dieser Norm entspricht, wird nicht verkauft, sondern als Frischei in der Lebensmittelindustrie verarbeitet.

Bio-Eier sicher erkennen

Bio-Eier sind im Trend, viele Verbraucher möchten nur Bio-Eier essen und keine aus konventioneller Landwirtschaft. Achtung: „Eier aus Freilandhaltung" sind nicht identisch mit Bio-Eiern. Im Regal lassen sich Bio-Eier durch mehrere Merkmale erkennen:

- Bezeichnungen wie „Bio" oder „Öko" oder der Hinweis „aus ökologischer Erzeugung" sind geschützt und dürfen nur für Bio-Produkte verwendet werden.
- Die meisten Anbieter im Lebensmitteleinzelhandel verwenden zudem das staatliche Biosiegel.
- Bei der vorgeschriebenen Stempelung der Eier mit einem Erzeugercode gibt die erste Ziffer immer die Haltungsform an. „0" steht für „Bio".
- In Bio-Läden und Bio-Supermärkten stammt nahezu das ganze Lebensmittelsortiment aus ökologischem Anbau, auch die Eier.
- Die Zeichen von Anbauverbänden wie Bioland, Naturland oder Demeter garantieren, dass neben der EU-Öko-Verordnung auch die in vielen Punkten strengeren Vorschriften der Verbände eingehalten wurden.
- Achtung: Keine Garantie für Bio bieten Bilder von glücklichen Hühnern auf dem Eierkarton oder die Bezeichnung „aus kontrollierter Haltung".

Was macht ein Bio-Ei so besonders?

Die Käfighaltung ist einem Ökobauern strengstens untersagt. Merkmale der ökologischen Haltung sind Auslauf, Tageslicht und Hähne in den Herden. Pro Quadratmeter Stallfläche, die nur den Legehennen zur Verfügung steht, dürfen maximal sechs Hennen gehalten werden. Zwischenböden bei der Volierenhaltung und Wintergärten dürfen dazugerechnet werden. Bio-Eier sind also nicht von glücklichen Hühnern, die auf einer grünen Wiese frisches Gras zupfen und Körner picken. Aber es geht ihnen natürlich viel besser als den Hühnern auf konventionell geführten Bauernhöfen.

TIPP • TIPP • TIPP

Kühlung

Eier bitte immer im Kühlschrank aufbewahren. Falls mal ein gekochtes Ei übrig bleibt oder schon für den Kartoffelsalat vorgekocht worden ist, bitte immer getrennt von rohen Eiern aufbewahren. Ansonsten könnten sich die in rohen Eiern vorhandenen Salmonellen im gekochten Ei ausbreiten, da sie durch fehlende erneute Erhitzung nicht zerstört würden. Aus diesem Grund sollten auch gekochte Eier nicht in alten Eierkartons aufbewahrt werden.

Eier richtig kochen

In der Regel wird ein „weiches Ei" ca. 3 bis 4 Minuten, ein „wachsweiches Ei" ca. 5 bis 6 Minuten und ein „hart gekochtes" Ei zwischen 8 und 10 Minuten gekocht. Für das „perfekte Ei" sollten Sie aber auch folgendes wissen:

- Die rohen Eier sollten möglichst Zimmertemperatur haben. So wird das Risiko von platzenden Schalen vermindert.
- Piekst man das Loch in das runde Ende vom Ei, kann die Luft kontrolliert entweichen und die Gefahr von geplatzten Eierschalen wird reduziert.

Eier trennen

Das Ei in der Mitte am Schüsselrand aufschlagen und auseinanderbrechen.

Das Eigelb von einer Schale in die andere gießen.

Das Eigelb bleibt in der Schale, das Eiweiß ist in der Schüssel.

- Nach dem Kochen die Eier unter fließendem Wasser abschrecken. So lassen sie sich besser pellen. Wie gut sich die Schale löst, hat allerdings auch etwas mit dem Alter des Eis zu tun: Frische Eier lassen sich viel mühseliger pellen als ältere.

TIPP • TIPP • TIPP

Eier trennen

- Das Ei in der Mitte auf einen Schüsselrand schlagen, es soll dabei einen Riss bekommen.
- Das Ei vorsichtig mit den Fingern auseinanderbrechen, sodass 2 möglichst gleich große Schalenhälften entstehen.
- Ein Teil des Eiweißes tropft dabei ab. Indem man das Eigelb immer wieder von einer Schalenhälfte in die andere gießt, trennt man das Eiweiß vollständig vom Eigelb.

Küchentipps rund ums Ei

- Am besten lassen sich Eiweiß und Eigelb trennen, wenn das Ei noch kalt ist und gerade erst aus dem Kühlschrank genommen wurde.
- Eiweiß lässt sich nicht steif schlagen, wenn die Eier nicht sauber getrennt wurden und sich Spuren von Eigelb im Eiweiß befinden.
- Auch Fettreste in der Schüssel oder am Schneebesen verhindern das Steifschlagen von Eiweiß zu wirklich festem Schnee.
- Der Eischnee ist steif, wenn das Eiweiß bei auf dem Kopf gedrehter Schüssel am Schüsselboden haften bleibt.
- Steifer als steif lässt sich Eischnee nicht schlagen. Schlägt man zu lange, fällt das Eiweiß zusammen und wird im Extremfall sogar wieder klar.

Sahne & Co.

Wer richtig toll und abwechslungsreich kochen will, braucht auch Joghurt, Sahne, Milch, Crème fraîche und Schmand. Diese Produkte spielen zwar nur selten die Hauptrolle, dafür aber meist eine interessante Nebenrolle. Sie geben den Gerichten ganz nebenbei den letzten Schliff, denn sie verstärken den gewünschten Geschmack oder auch die erwartete Konsistenz der Speisen.

Einkauf und Lagerung

Alle diese Milchprodukte finden Sie im Kühlregal des Supermarktes als pasteurisierte Produkte. Je nach Höhe des Wasseranteils sind sie wie bei Milch wenige Tage bis zu 1 Monat haltbar. Das gilt für Sahne und Crème fraîche. Daneben gibt es sterilisierte Produkte wie H-Milch und Sahne. Diese findet man auf ungekühlter Verkaufsfläche. Sie sind je nach Produkt bis zu einem halben Jahr haltbar.
Zuhause angekommen, sollten alle diese Produkte mit Ausnahme von H-Milch im Kühlschrank gelagert werden. Angebrochene H-Milch-Packungen müssen selbstverständlich auch gekühlt werden, sonst wird die Milch sauer.

Tipps zum richtigen Umgang in der Küche:

- Saure Sahne, Joghurt und Buttermilch dürfen nur erwärmt, aber nicht selbst zum Kochen gebracht oder in kochende Gerichte gegeben werden. Sie flocken aus.
- Sahne und Crème fraîche haben einen Mindestgehalt von 30 % Fett. Durch den hohen Fettanteil flockt das Eiweiß nicht mehr aus. Sie können auch höhere Temperaturen ohne geschmackliche Einbußen überstehen.
- Ein Trick: Unter saure Sahne und Schmand mit einem Fettgehalt von 10 oder 20 % kann man Stärke rühren, dann sind sie ebenfalls weniger temperaturempfindlich.

ÖL & BUTTER

Öfter einmal Ölwechsel in der Küche! Denn jedes Öl hat seine besonderen Eigenschaften und Qualitäten beim Kochen. So darf man beispielsweise Distelöl nicht erhitzen, Olivenöl dagegen eignet sich sogar zum Frittieren.

Öl in der Küche

Öl zum Braten: Noch vor 50 Jahren wurde in den deutschen Haushalten nur wenig pflanzliches Öl verwendet. Butterschmalz oder Talg waren die typischen Bratfette. Auch heute besteht oft noch Unsicherheit, welches Öl zum Braten geeignet ist. Prinzipiell sind fast alle Öle hitzebeständig – solange sie nicht über 160 °C und länger als 30 Minuten erhitzt werden. Je höher der Anteil der gesättigten und einfach ungesättigten Fettsäuren ist, desto besser eignet sich ein Öl zum Braten und Kochen. Dass kalt gepresstes Öl nicht erhitzt werden darf, ist eine weit verbreitete Fehleinschätzung.

Öl als Konservierungsmittel: Die in Öl eingelegten Vorspeisen aus den Mittelmeerländern sind ein anschauliches Beispiel dafür, wie Öl ganz traditionell zur Konservierung von Nahrungsmitteln eingesetzt wurde. Als es noch nicht so umfassende Kühlmöglichkeiten und das ganze Jahr über eine breite Angebotspalette von Lebensmitteln gab, wurden leicht verderbliches Gemüse, Fisch oder auch Gewürze auf diese Weise über einen längeren Zeitraum hinweg haltbar gemacht. Olivenöl gab es in diesen Ländern immer reichlich und so konnte man die Schätze des Sommers und des Herbstes bis zum nächsten Frühling aufbewahren. Das Öl, in dem die Lebensmittel aufbewahrt wurden, ließ sich zudem noch zum Kochen zweitverwerten.

Welches Öl wozu

Jedes Öl hat ein besonderes Talent, das in erster Linie von seiner Zusammensetzung abhängt:

Olivenöl ist ideal sowohl für die kalte als auch die warme Küche. Es ist besonders gesund, da es reich an einfach ungesättigten Fettsäuren ist. Als kalt gepresste Variante eignet sich Olivenöl zum Schmoren und Braten. Sein frischer, leicht zitroniger Geschmack passt sehr gut zu Fisch, Pasta, Fleisch und Gemüse. Im Kühlschrank wird Olivenöl fest. Die Haltbarkeit liegt bei ca. 1 Jahr.

Rapsöl ist die heimische Alternative zum Olivenöl. „Das Gold des Norden", wie es manchmal auch genannt wird, hat eine ähnliche Fettsäurenzusammensetzung wie Olivenöl. Sie finden es raffiniert oder kalt gepresst. Es kann ebenfalls wie Olivenöl erhitzt werden. Einige kalt gepresste Rapsöle haben ein feines, nussiges Aroma, was im Salatdressing oder Dip gut mit den anderen Zutaten harmoniert. Andere Rapsöle, insbesondere die bekannten Marken, haben einen neutralen Geschmack. Damit kommt das Eigenaroma der Lebensmittel besonders schön zur Geltung.

Sonnenblumenöl lässt sich ebenfalls erhitzen, jedoch nur kurz und ist daher keinesfalls zum Frittieren geeignet. Da es im Vergleich zu Raps- und Olivenöl mehr mehrfach ungesättigte Fettsäuren enthält, ist es empfindlicher gegenüber Hitze. Kalt gepresstes Sonnenblumenöl hat ein wirklich einmaliges, nussiges Aroma, sollte aber nur in der kalten Küche verwendet werden. Es ist am besten im Kühlschrank aufgehoben und fängt

Essig

Wenn man von Öl spricht, darf man den Essig nicht vergessen. Insbesondere dann, wenn es um Salatsauce geht. Sauer macht lustig und Essig ist ein fester Bestandteil unserer Küche. Wem Essig schnell zu sauer wird, sollte es einmal mit Aceto balsamico probieren. Dieser Essig ist milder, denn ihm wird Zucker oder zumindest Zuckercouleur zugesetzt. Die edelste unter den Essigsorten ist der Aceto balsamico traditionale di Modena. Durch sein spezielles Herstellungsverfahren ist er besonders mild und auf Zuckerzusatz wird verzichtet. Dieser Essig muss mindestens 12 Jahre reifen und hat daher einen stolzen Preis. Welchen Essig Sie bevorzugen, hängt vor allem von Ihrem Geschmack ab: Je nach Salatsorte und weiterer Zusammensetzung der Salatsauce passen Rotwein-, Sherry-, Himbeer- oder Kräuteressig oder eben Aceto balsamico.

ca. 6 Monate nach dem Öffnen der Flasche an, ranzig zu werden.
Raffiniertes Sonnenblumenöl eignet sich insbesondere zum Dünsten und Kurzbraten, wie beispielsweise zum Anbraten eines Steaks.
Sojaöl, das neutral und hitzebeständig ist, muss nicht unbedingt zu Ihrer Ausstattung gehören, da es gegenüber den drei vorher genannten Ölsorten keinen gesundheitlichen oder küchentechnischen Vorteil hat.
Wer viel Rohkost und Salat isst, sollte sich jedoch das ein oder andere Spezialöl zulegen, z. B. Kürbiskernöl, Sesamöl und Leinöl. **Kürbiskernöl** schmeckt einfach unübertrefflich. Die dunkle grüne Farbe und das dezent nussige Aroma sind einmalig. Diesem Öl auf einer Kürbissuppe oder auf einem herbstlichen Salat kann keiner widerstehen. **Sesamöl** wiederum passt gut zu vielen asiatischen Wokgerichten. Wer also gerne wokt, für den lohnt sich die Anschaffung. **Leinöl** ist eine Spezialität Mitteldeutschlands und seine Verbreitung erstreckt sich bis an den Ural. Traditionell wird es in Quark eingerührt oder mit Pellkartoffeln gegessen. Diese Spezialität wird in kleinen Flaschen und nur kalt gepresst verkauft. Da es sehr schnell einen bitteren Geschmack annimmt, ist Leinöl nach dem Öffnen kühl aufzubewahren, hält sich aber auch dann nur wenige Wochen. Es hat einen hohen Anteil an einer Vorstufe der wertvollen Omega-3-Fettsäuren. Der Geschmack des frischen Öls ist leicht herb und es gibt dazu nur 2 Meinungen: Man liebt es oder es schmeckt einem nicht.

„Die gute Butter"

Butter hat in Mitteleuropa traditionell einen hohen Stellenwert. Butter ist ein Mischfett. Sie besteht mindestens zu 82 % aus Milchfett und höchstens zu 16 % aus Wasser. Das macht die Butter beim Braten empfindlich. Zu Anfang spritzt es in der Pfanne, das Wasser entweicht, und bei höheren Temperaturen und einem längeren Zeitraum wird sie braun und verbrennt. Das liegt an den Spuren von Eiweiß und Milchzucker im Milchfett. Für Karamell ist diese Zusammensetzung optimal, beim Braten eines Steaks oder Schmoren von Braten aber ungesund, da dabei gesundheitsschädliche Abbauprodukte, Acrylamide genannt, entstehen. Wenn Sie auf den Buttergeschmack bei Gebratenem trotzdem nicht verzichten möchten, dann nehmen Sie Ihrer Gesundheit zuliebe besser Butterschmalz. Bei der Herstellung von Butterschmalz wird der Butter nämlich Wasser und Eiweiß entzogen, was das **Butterschmalz** geeignet zum Braten bei hohen Temperaturen macht. Gesundheitlich ist es allerdings nicht so wertvoll wie Raps- oder Olivenöl.
Unser Tipp: Verwenden Sie jeweils zur Hälfte Öl und Butterschmalz, dann haben Sie den guten Buttergeschmack und tun gleichzeitig etwas für Ihre Gesundheit.

TIPP • TIPP • TIPP

Öl als Trennmittel

Gelangt zuviel feuchte Luft in den Tiefkühlschrank, frieren die Tiefkühldosen durch das gefrierende Wasser aus der Umgebungsluft aneinander. Dies lässt sich vermeiden, wenn man die Dosen vorher ganz dünn mit Öl bepinselt.

KRÄUTER & GEWÜRZE

Nicht nur in der Küche sind Kräuter und Gewürze heiß begehrt, sie sind auch für ihre vielseitigen Heilkräfte bekannt. Im Mittelalter haben Gewürze die Münzen als Zahlungsmittel ersetzt und gaben Anlass für viele kleine und große Schlachten. Erst der gekonnte Einsatz von Kräutern und Gewürzen macht aus einem guten Essen ein Festmahl.

Kräuter und Gewürze – wo ist der Unterschied?

Bei Gewürzen handelt es sich um frische oder getrocknete Pflanzenteile. Kräuter sind stets Blätter. So ist der Begriff Gewürz der Oberbegriff von Kraut. Umgangssprachlich werden häufig alle heimischen Blatt- und Krautgewürze als Kräuter bezeichnet. Petersilie, Schnittlauch und Dill sind einige der bekanntesten heimischen Vertreter.

Petersilie

Curry – die beliebte Würzmischung aus Indien

Curry ist kein einzelnes Gewürz, sondern eine Mischung aus verschiedenen gemahlenen Gewürzen. Es gibt allerdings auch einen Currybaum und Curryblätter. Seine Heimat ist Indien und die Blätter erinnern von der Form her an Lorbeerblätter. Sie werden zum Würzen eingesetzt, sind jedoch kein standardmäßiger Bestandteil in der Mischung, die gemeinhin als Curry bezeichnet wird. Curry ist zwar ein indisches Produkt, aber genau genommen eine Erfindung der Engländer. Die britischen Kolonialherren fanden Gefallen an der aromatischen Küche Indiens und wollten diese auch zu Hause auf ihrer kalten Insel genießen. Als sie sahen, mit welcher Gewürzvielfalt die indischen Gerichte gekocht werden, schien ihnen das Nachahmen zuerst unmöglich. Dann kamen sie auf die Idee, von ihren indischen Köchen und Gewürzhändlern eine Mischung entwickeln zu lassen, mit der universell alle indischen Gerichte in England abgeschmeckt werden sollten. Diese neue Mischung wurde von den Engländern „Curry" genannt. Die meisten Currymischungen bestehen aus 10 bis 20 einzelnen Gewürzen, ein allgemeingültiges Standardrezept als solches gibt es nicht. Die wichtigsten geschmacksgebenden Zutaten für die Currymischung sind Kurkumawurzel, Chili, Ingwer, Kardamom, Kreuzkümmel, Pfeffer, Koriander, Piment und Bockshornkleesamen. Nelken, Zimt, Muskatblüte, Cayennepfeffer und Paprika sind ebenfalls häufig dabei.

Rosmarin

Kräuter der Provence – ein Küchenklassiker in Europa

Die französische Würzmischung – nicht eingedeutscht „Herbes de provence" – stammt, wie der Name schon sagt, aus der französischen Region „Provence" und setzt sich aus den dort angebauten Kräutern Thymian, Rosmarin, Bohnenkraut, Oregano und Lavendel zusammen. Je nach Mischung wird sie häufig um zerdrückte Lorbeerblätter, Fenchel und etwas geriebene Orangenschale ergänzt. Typisch für diese Gewürzmischung ist das kräftige, würzig-pikante Aroma, welches sehr gut mit der ländlich-einfachen Kost der Region harmoniert. Die Mischung besteht aus getrockneten Kräutern, welche in jedem Fall eine Zeitlang mitgegart werden sollten, damit sie ihr Aroma und ihren Geschmack voll entfalten können. Kräuter der Provence passen ausgezeichnet zu Fleisch- und fruchtigen Gemüsegerichten.

Lorbeer

Frische Kräuter

Auch wenn Sie keinen Garten haben, müssen (und sollten!) Sie nicht auf frische Kräuter verzichten. Auf Balkon oder Terrasse oder auch auf der Fensterbank können Sie selbst frische Kräuter ziehen oder zumindest gekaufte Kräutertöpfe pflegen. Wenn Sie frische Kräuter im Bund kaufen, schlagen Sie sie am besten in feuchtes Küchenkrepp ein und geben sie mit dem Küchenkrepp in eine Plastiktüte ins Gemüsefach. So halten die meisten Kräuter sich bis zu

Kräuter vorbereiten

Kräuter gründlich unter fließendem Wasser waschen.

Blätter von den Stielen trennen.

Kräuter mit einem großen Küchenmesser hacken.

1 Woche frisch, ohne einen großen Qualitätsverlust zu erleiden. Bitte frischen Schnittlauch auf keinen Fall ins Wasser stellen, er fault schnell.

Kräuter richtig zubereiten

Meist werden frische Kräuter gehackt, bevor sie zur Speise gegeben werden. Wie fein oder grob hängt vom jeweiligen Gericht ab. In der Regel lässt sich mit einem großen scharfen Messer jedes Kraut schneiden und hacken. Natürlich können Sie auch ein Wiegemesser oder einen elektrischen Zerhacker nehmen. Ob auf einem Holz-, einem Kunststoffbrett oder einer Steinunterlage geschnitten oder gehackt wird, ist Sache des persönlichen Geschmacks. Holzbretter lassen sich allerdings im Gegensatz zu den anderen etwas schlechter reinigen.
Je kleiner die Kräuter gehackt oder geschnitten werden, desto mehr ätherische Öle werden freigesetzt. Ein Teil bleibt natürlich leider an der Unterlage haften. Sollen die Kräuter oder auch die Gewürze sehr fein zerkleinert werden, ist ein Mörser mit Stößel die richtige Wahl. Um das Aroma so weit wie möglich zu konzentrieren und nicht zu viel des ätherischen Öls verdunsten zu lassen, empfiehlt es sich, etwas Öl dazuzugeben.

Gewürze richtig einkaufen

In der Regel können Sie sich zwischen gemahlenen und ganzen Gewürzen entscheiden. Gewürze im Ganzen haben den großen Vorteil, dass sie ihr Aroma und ihren Geschmack so lange erhalten, bis sie zerkleinert werden. Vor dem Kochen müssen sie in der Regel also leicht gemahlen oder zerdrückt werden, damit sie ihr Aroma optimal entfalten können. Bereits gemahlene Gewürze lassen sich zwar leichter und schneller einsetzen, sollten aber trotzdem nicht in größeren Mengen eingekauft werden, eben weil sie schnell an Aroma verlieren.

Lagerung getrockneter Gewürze

Gewürze und getrocknete Kräuter vertragen kein Licht und sollten dunkel gelagert werden. Durch das Licht bleichen sie aus und verlieren nicht nur an Farbe, sondern auch an Aroma. Auch wenn es praktisch ist, die Kräuter gleich neben dem Herd aufzubewahren – durch die Wärme und Feuchtigkeit verlieren sie an Würzkraft. Idealerweise lagern Gewürze und getrocknete Kräuter dunkel, luftdicht verschlossen, kühl und trocken.
Apropos: Mehrere Gewürze sollten niemals im gleichen Gefäß aufbewahrt werden, denn sie geben leicht Duft- und Aromastoffe ab und nehmen Fremdgerüche schnell auf.
Auch wenn Sie Ihre Gewürze optimal lagern, sollten Sie Ihre Bestände von Zeit zu Zeit auf ihr Aroma hin prüfen. Gewürze werden zwar nicht schlecht, aber mit der Zeit verliert jedes wertvolle Gewürz an Aroma und Geschmack.

Haltbarmachung von Kräutern aus dem Kräutergarten

Trocknen	Einfrieren
Oregano, Rosmarin, Salbei	Basilikum, Dill, Kerbel, Petersilie, Salbei, Schnittlauch, Thymian

Kräuter trocknen

Wer einen Garten oder eine große Terrasse hat und gern und viel kocht, sollte sich einen kleinen Kräutergarten bzw. -kasten anlegen. Viele Kräuter lassen sich gut trocknen. Dafür die Kräuter ungewaschen kopfüber an einem luftigen, warmen Platz aufhängen. Eventuell im Backofen bei max. 40 °C nachtrocknen, dabei die Backofentür einen Spalt auflassen. Dann in verschließbare und lichtgeschützte Behälter füllen. So hält sich das Aroma bis zu 1 Jahr.

Kräuter einfrieren

Wer Küchenkräuter einfrieren möchte, hackt sie, füllt sie in einen Eiswürfelbehälter, gießt Wasser oder Brühe an und stellt die abgedeckten Eiswürfelbehälter in den Gefrierschrank. Ist das Ganze gefroren, kann man die Würfel in einen Gefrierbeutel umfüllen und die Kräuterwürfel portionsweise einsetzen. Selbstverständlich können Sie die gehackten Kräuter auch direkt in ein Gefäß mit Deckel oder in einen Gefrierbeutel geben und einfrieren. Einzeln eingefrorene Kräuter sollten auf dem Beutel beschriftet werden, gefroren sehen sich Kräuter zum Verwechseln ähnlich. Die Haltbarkeit liegt bei 1 Jahr.

Knoblauch – nicht nur türkisch

Vermutlich hat der Knoblauch seinen Ursprung in Westasien. Heute ist er überall auf der Welt zu Hause und wird in allen Erdteilen in den gemäßigten und subtropischen Klimazonen angebaut. Bei den Römern galt Knoblauch als Aphrodisiakum. Der Genuss der Zehen sollte die Potenz des Mannes erhöhen. Im Balkan war man davon überzeugt, dass der Verzehr von Knoblauch vor dem Biss der blutsaugenden Vampire schützt. Heutzutage ist er vor allem eine sehr populäre Gewürzpflanze, deren Einsatzmöglichkeiten in der Küche keine Grenzen kennen.

Tipps zum Einkauf und Umgang mit Knoblauch:

- Knoblauch wird ganzjährig angeboten. Im Frühjahr gibt es frisch den jungen Knoblauch, der im Ganzen als Gemüse gegessen werden kann. Knoblauchzehen sollten dunkel und trocken lagern, dann halten sie mehrere Monate. Knoblauchpaste, im Glas oder in der Tube erhältlich, sollte nach dem Öffnen im Kühlschrank aufbewahrt werden. Knoblauchpulver und auch -salz sind gut verschlossen und dunkel aufzubewahren. Knoblauchpulver ist zwar praktisch, kann in Sachen Aroma und Geschmack den Zehen aber lange nicht das Wasser reichen.
- Frischen Knoblauch erkennen Sie daran, dass sich unter der getrockneten Außenhaut feste, weiße Zehen befinden. Drücken Sie beim Einkauf daher vorsichtig auf die Knolle.
- Vielleicht ist Ihnen aufgefallen, dass es rosafarbene und weiße Knollen gibt. Der geschmackliche Unterschied ist gering. Von Gourmets wird oft der rosafarbene Knoblauch bevorzugt.

- Bevor Sie den Knoblauch schälen und hacken, befeuchten Sie Ihre Hände und das Schneidebrett, dann verliert sich der Geruch schneller.
- Knoblauch entfaltet sein volles Aroma erst, wenn er mit einem Messer fein gehackt oder durch eine Knoblauchpresse gedrückt wird.
- Wenn Knoblauch in Öl angebraten bzw. mitgekocht wird, verliert er an Schärfe.

Ingwer – Grüße aus Asien

Die Ingwerknolle ist im Moment sehr in Mode und auch in diesem Buch finden sich einige Rezepte mit Ingwer. Wie auch im Fall von Knoblauch schmeckt frischer Ingwer ganz anders und viel aromatischer als das Pulver aus dem Döschen.

Frischen Ingwer bekommen Sie in der Gemüseabteilung eines gut sortierten Supermarktes nahezu das ganze Jahr über. Im Gemüsefach des Kühlschranks hält sich der Ingwer 2 bis 3 Wochen, wenn er in einem Gefrierbeutel eingepackt und so vor dem Austrocknen geschützt wird.

Hier noch einige Tipps zur Ingwerknolle:

- Frischer Ingwer wird geschält und dann gehackt, gerieben oder in hauchdünne Scheiben geschnitten.
- Dosieren Sie Ingwer vorsichtig: Je nach Alter der Wurzel ist die Würzkraft unterschiedlich.
- Ingwer harmoniert hervorragend mit Zimt, Nelke, Muskat, Kardamom und Koriander.

Gewürztabelle

	Suppen	Saucen	Salate	Gemüse	Hülsenfrüchte	Kartoffeln	Nudeln	Reis	Rind	Kalb	Schwein	Lamm	Geflügel	Fisch	Meeresfrüchte	Dessert	
Basilikum	X	X	X	X			X										Basilikum
Beifuß	X	X		X							X	X	X	X			Beifuß
Bohnenkraut	X			X	X	X					X	X	X				Bohnenkraut
Cayennepfeffer	X	X		X		X	X	X	X	X	X	X	X	X	X		Cayennepfeffer
Chili	X	X		X			X		X		X	X	X		X	X	Chili
Curry	X	X		X	X				X	X	X	X	X	X			Curryblätter
Dill	X	X	X					X						X	X		Dill
Estragon	X	X	X	X									X	X			Estragon
Gewürznelke	X	X		X				X			X	X	X	X		X	Gewürznelke
Ingwer	X								X		X	X	X			X	Ingwer
Kapern	X	X	X						X	X				X			Kapern
Kardamom	X	X		X				X	X	X	X	X	X	X		X	Kardamom
Knoblauch	X	X	X	X			X		X		X	X	X	X	X		Knoblauch
Koriander	X	X		X	X	X		X	X	X	X		X				Koriander
Kreuzkümmel	X	X		X	X			X				X	X				Kreuzkümmel
Kümmel	X			X	X	X					X	X					Kümmel
Lorbeer	X	X		X	X	X			X		X	X	X	X			Lorbeer
Majoran	X				X	X					X	X	X				Majoran
Meerrettich	X								X	X				X			Meerrettich
Muskatnuss	X	X		X		X	X		X	X	X	X	X	X	X	X	Muskatnuss
Oregano	X	X	X	X	X	X	X		X		X		X				Oregano
Paprika	X	X	X	X		X		X	X		X	X	X	X	X		Paprika
Petersilie	X	X	X	X		X		X					X	X	X		Petersilie
Pfeffer	X	X	X	X	X	X	X	X	X	X	X	X	X	X	X	X	Pfeffer
Rosmarin				X	X	X			X	X	X	X	X				Rosmarin
Safran	X	X					X	X				X	X	X		X	Safran
Salbei							X			X			X	X			Salbei
Salz	X	X	X	X	X	X	X	X	X	X	X	X	X	X	X	X	Salz
Thymian	X	X		X	X	X			X		X	X	X	X	X		Thymian
Vanille										X			X	X	X	X	Vanille
Zimt	X	X		X				X	X	X			X			X	Zimt
Zitronengras	X	X						X		X			X	X		X	Zitronengras

OBST

Ohne die natürliche Süße von Obst würde selbst vielen pikanten Gerichten etwas fehlen. Heute bereitet man mit Obst nicht nur Desserts und Kuchen zu, sondern verleiht mit den süßen Früchten auch herzhaften Fleisch- und Fischgerichten sowie vegetarischen Rezepten eine interessante Note.

Heimisches Obst

Die beliebteste Obstsorte in Europa ist und bleibt der Apfel. Dabei hat die heimische Obstpalette noch viel mehr zu bieten: Neben Äpfeln wachsen bei uns auch Birnen, Pflaumen, Pfirsiche, Aprikosen, Rhabarber, Weintrauben und Kirschen. Im Sommer erweitert sich das Angebot um köstliches Beerenobst.
Am aromatischsten und vitaminreichsten sind die Früchte aus der Region, die gerade Saison haben. Von weither importierte Früchte schmecken nur halb so gut.

Exoten

Nummer eins unter den exotischen Früchten ist bei uns und weltweit die Banane. Den zweiten Platz teilen sich Orangen, Mandarinen und Zitrusfrüchte. Darüber hinaus sind Ananas, Mango, Kiwi und Melonen sehr beliebt. Achten Sie vor allem bei Zitrusfrüchten darauf, dass diese keine schimmeligen Stellen haben. Die Schalen sollten leuchtend farbig sein und nicht matt wirken, denn das weist auf ältere Früchte hin, die beim Transport falsch gelagert worden sind.
Bananen kann man noch grün kaufen und zu Hause nachreifen lassen. Schon bräunliche Bananen müssen schnell verzehrt werden.
Ananas, Mango und Kiwi sollten keine Druckstellen aufweisen, eine leuchtende Farbe haben und beim Kauf noch fest sein. Zu Hause können sie nachreifen.

Zwei Kniffe in der Obstküche

Ananas schälen

Den Boden und das Grün der Frucht abschneiden. Die Ananas senkrecht auf ein Brett stellen und die Schale mit einem großen Küchenmesser seitlich großzügig wegschneiden. Mit schrägen Keilschnitten die spiralförmig verlaufenden dunklen Stellen herausschneiden. Die Frucht längs achteln und den harten Strunk wegschneiden. Das Fruchtfleisch in Stücke schneiden.

Orange filetieren

Die Schale oben und unten großzügig wegschneiden. Die Orange mit einer der Schnittflächen auf ein Brett setzen und die restliche Schale mit einem großen Küchenmesser herunterschneiden. Die weiße Haut muss dabei vollständig entfernt sein. Nun mit einem kleinen Messer von außen nach innen in die Mitte der Frucht neben der Trennhaut schneiden. Mit dem zweiten Schnitt das Filet zwischen Trennhaut und Orangenfleisch herauslösen. Dies am besten über einer Schüssel erledigen und dabei den Orangensaft auffangen.

TIPP • TIPP • TIPP

Wenn es einmal schneller mit dem Reifen gehen soll: Legen Sie einen reifen Apfel zu Banane, Ananas, Mango und Co. Der Apfel strömt einen Botenstoff aus, der die anderen Früchte reifen lässt.

Strunk und Schale der Ananas abschneiden.

Die „Augen" entfernen.

Ananas in Scheiben oder längs in Viertel und dann in Stücke schneiden.

SNACKS & SALATE

BRUSCHETTA MIT TOMATEN

Zubereitungszeit ca. 20 Min.

Pro Portion ca. 190 kcal, 790 kJ, 4 g F, 34 g KH, 6 g E

Bruschette kommen aus Italien und sind geröstete Brotscheiben, die nach dem Rösten mit einer Knoblauchzehe eingerieben und mit etwas kaltgepresstem Olivenöl beträufelt werden. Die weitere Zubereitung ist von Region zu Region verschieden. So werden Bruschette mal mit, mal ohne Tomaten, mal mit Oliven, mit gegrilltem Gemüse oder anderen Aufstrichen zubereitet.

FÜR 4 PORTIONEN

- 4-6 reife, aber feste Tomaten
- 1/2 Bund Basilikum
- Salz
- schwarzer Pfeffer
- 2 Knoblauchzehen
- 8 Scheiben Ciabatta
- 1 El Olivenöl

1 Die Tomaten über Kreuz einritzen, kurz mit kochendem Wasser überbrühen und mit kaltem Wasser abschrecken. Mit einem kleinen Küchenmesser die Haut abziehen, die Tomaten vierteln, entkernen und von den Stielansätzen befreien. Dann in Würfel schneiden und in eine Schüssel geben. (Alternativ können die Tomaten auch mit einem Sparschäler gehäutet werden.)

2 Das Basilikum waschen und mit Küchenkrepp trocken tupfen. Die Blätter von den Stielen zupfen und mit einem großen Küchenmesser in Streifen schneiden. Das Basilikum zu den Tomaten geben und mit Salz und Pfeffer würzen.

3 Die Knoblauchzehen schälen und halbieren. Das Ciabattabrot in ca. 1,5 cm dicke Scheiben schneiden. Auf dem Gitter im Backofen von beiden Seiten bei 250 °C für einige Minuten rösten. Sobald die Brotscheiben leicht gebräunt sind, herausnehmen und mit den halbierten Knoblauchzehen einreiben. Die Tomatenmischung auf den Brotscheiben verteilen, mit wenigen Tropfen Olivenöl beträufeln und sofort servieren.

VARIATIONEN

Bruschetta mit Sardellen und Mozzarella
Ciabattascheiben vor dem Rösten mit Tomatenwürfeln, klein geschnittenen Sardellenfilets und einer Scheibe Mozzarella belegen. Mit wenig Salz, Pfeffer und getrocknetem Oregano würzen und im vorgeheizten Backofen bei 200 °C ca. 10 Minuten überbacken.

Bruschetta ohne Tomaten
Ciabattascheiben wie oben beschrieben im Ofen rösten und danach mit Knoblauch einreiben. Die Brote nun noch mit wenigen Tropfen Olivenöl beträufeln.

Bruschetta mit schwarzen Oliven
Kleingehackte, entsteinte schwarze Oliven, vermischt mit der oben beschriebenen Tomatenmischung, geben ein kräftig-würziges Aroma.

Bruschetta mit gegrillter Paprika
Hierfür eine rote und eine gelbe Paprika halbieren und unter dem Grill im Ofen grillen, bis die Haut Blasen wirft. Die Paprika herausnehmen, ein feuchtes Küchentuch darüberlegen und etwas abkühlen lassen. Dann die Haut abziehen und die Paprika in schmale Streifen schneiden. Ciabatta in Scheiben schneiden, wie oben beschrieben im Ofen rösten, mit Knoblauch einreiben und mit den Paprikastreifen belegen. Anschließend mit Olivenöl beträufeln und mit frischem Thymian garnieren.

VITELLO TONNATO

Zubereitungszeit **ca. 45 Min.**
plus Marinierzeit **ca. 24 Std.**
plus Garzeit **ca. 1 Std.**
plus Kühlzeit **ca. 2 Std.**
fertig in **ca. 28 Std.**

Pro Portion ca. 380 kcal, 1590 kJ, 25 g F, 7 g KH, 26 g E

FÜR 6 PORTIONEN

- 600 g Kalbfleisch aus der Nuss
- 1 Stange Staudensellerie
- 1 Möhre
- 1 Zwiebel
- 1 Lorbeerblatt
- 3 Gewürznelken
- 500 ml Weißwein
- 1 Tl Salz
- schwarzer Pfeffer
- 140 g Thunfisch (aus der Dose)
- 3 Sardellenfilets in Salzlake
- 2 Eigelb
- 3 El eingelegte Kapern
- Saft von 1 Zitrone
- 100 ml Olivenöl

Ein edler Klassiker aus der italienischen Küche: Insbesondere an heißen Sommertagen begeistert diese leichte Vorspeise nicht nur Fleischliebhaber. Und wem das Kalbfleisch-Kochen zu aufwändig ist, der kann auch hauchdünne Scheiben Putenbrustaufschnitt kaufen.

1 Das Kalbfleisch unter kaltem Wasser abbrausen und trocken tupfen, dann in einen Topf legen. Sellerie waschen, das Grün abschneiden und die Stange in 4 große Stücke schneiden. Die Möhre waschen, Wurzel- und Stielansatz abschneiden, schälen und in 3 cm lange Stücke schneiden. Die Zwiebel abziehen und vierteln. Die Nelken auf das Lorbeerblatt pieksen. Die Gewürze und das Gemüse zusammen mit dem Weißwein zum Fleisch geben. Das Fleisch 24 Stunden marinieren, dabei einige Male wenden.

2 Am nächsten Tag soviel Wasser angießen, dass das Fleisch bedeckt ist. Salzen und das Ganze zum Kochen bringen. Das Fleisch bei geringer Hitze offen 1 Stunde gar ziehen, dann im Sud auskühlen lassen.

3 Thunfisch abtropfen lassen. Sardellen mit kaltem Wasser abspülen und grob zerschneiden. Im Mixer Thunfisch mit Sardellen, Eigelb, 2 El Kapern und Zitronensaft fein pürieren. Ein wenig Kalbsbrühe und nach und nach das Olivenöl einrühren, sodass eine sämige Sauce entsteht. Mit Salz und Pfeffer abschmecken.

4 Kalbfleisch möglichst dünn aufschneiden, das geht am besten mit einer Küchenschneidemaschine oder einem elektrischen Messer, und auf einer Platte anrichten. Mit der Thunfischsauce überziehen und mindestens 2 Stunden kalt stellen. Vor dem Servieren die restlichen Kapern darüberstreuen.

Zum Vitello Tonnato wird Weißbrot gereicht, mit dem man die Sauce auftunken kann.

VARIATION

Statt Kapern können Sie auch rosa Pfefferkörner über das Gericht geben.

TOMATEN-MOZZARELLA MIT ASIA-TOUCH

Die besondere Note erhält dieses Rezept durch die Verwendung von frischem Koriandergrün. Dieses sieht der glatten Petersilie sehr ähnlich, hat aber einen ganz eigenen, zitronenähnlichen Geschmack mit einem Hauch von Anis. Koriandergrün ist ursprünglich ein typischer Bestandteil der asiatischen Küche, findet aber auch bei uns inzwischen vielfach Verwendung. So ist er aufgrund seines frischen Geschmacks eine ideale Zutat für sommerliche Salate.

Zubereitungszeit ca. 15 Min.

Pro Portion ca. 430 kcal, 1800 kJ, 36 g F, 12 g KH, 15 g E

1 Die Tomaten waschen, halbieren, Stielansatz entfernen und dann in Scheiben schneiden. Den Mozzarella aus der Verpackung nehmen, abtropfen lassen und ebenfalls in Scheiben schneiden. Die Avocado längs rundum einschneiden, bis das Messer auf den Stein stößt. Die Hälften gegeneinander drehen und trennen. Den Stein herauslösen. Dann mit einem scharfen Messer die Schäle entfernen und die Avocadohälften quer in Scheiben schneiden.

2 Die Zwiebel abziehen und in Ringe schneiden. Das Stück Ingwer ebenfalls schälen und in kleine Würfelchen schneiden. Die Zitronen halbieren und den Saft auspressen. Den Koriander waschen und mit Küchenkrepp trocken tupfen. Die Blätter von den Stielen zupfen und mit einem großen Küchenmesser fein hacken.

3 Für jede Portion auf einem Teller Tomatenscheiben, Mozzarella, Avocadoscheiben und Zwiebelringe aufeinanderschichten. Am Einfachsten gelingt das, indem die einzelnen Zutaten fächerförmig aufeinandergelegt werden.

4 Für das Dressing Sonnenblumenöl mit Honig und Zitronensaft verrühren sowie mit Salz, Pfeffer und Ingwerstückchen würzen. Danach das Dressing über die Tomaten-Fächer träufeln und mit reichlich gehacktem Koriander bestreuen.

FÜR 4 PORTIONEN

4 Fleischtomaten
250 g Mozzarella
1 reife Avocado
1/2 rote Zwiebel
1 Stück Ingwerwurzel (ca. 2 cm lang)
1-2 Zitronen
1 Bund Koriander
4 El Sonnenblumenöl
1Tl flüssiger Kleehonig
Salz
schwarzer Pfeffer

VARIATION

Die klassische Variante dieses Gerichts heißt Insalata Caprese. Hierfür werden die Tomatenscheiben auf einem Teller angerichtet und mit in Scheiben geschnittenem Büffel-Mozzarella belegt, dann mit Salz und Pfeffer gewürzt und mit einigen Tropfen kaltgepresstem Olivenöl beträufelt. Zum Schluss jede Tomaten-Mozzarella-Schicht mit einem Blatt Basilikum garnieren. Wer mag, kann das Ganze noch mit einigen Tropfen Aceto balsamico verfeinern.

GRIECHISCHER BAUERNSALAT

Zubereitungszeit ca. 30 Min.

Pro Portion ca. 420 kcal, 1760 kJ, 36 g F, 12 g KH, 12 g E

Der Feta ist das Markenzeichen des griechischen Bauernsalats. Seit 2007 zählt der Käse in der europäischen Union als im Ursprung geschützt. Das Original darf nur noch in Griechenland hergestellt werden und besteht aus Ziegen- oder Schafsmilch.

FÜR 4 PORTIONEN

1 Salatgurke
2 gelbe Paprikaschoten
500 g Tomaten
2 Frühlingszwiebeln
120 g schwarze Oliven
200 g Feta
1/2 Bund glatte Petersilie
6 Zweige Thymian
1 Knoblauchzehe
4 El Weißweinessig
6 El Olivenöl
Salz
schwarzer Pfeffer

1 Die Gurke waschen, schälen und längs halbieren. In 1/2 cm dicke Stücke schneiden. Die Paprika waschen, halbieren, Trennwände und Kerne herauslösen und das Fruchtfleisch würfeln. Die Tomaten waschen, halbieren, von Stielansätzen befreien und achteln.

2 Die Zwiebeln waschen, Wurzeln und das verwelkte äußere Grün abtrennen und in hauchdünne Ringe schneiden. Die Oliven abtropfen lassen und den Feta mit den Händen zerkrümeln. Petersilie waschen und trocken tupfen. Die Blättchen von den Stielen zupfen und fein hacken. Alle vorbereiteten Zutaten in einer großen Salatschüssel miteinander vermischen.

3 Für das Dressing den Thymian waschen und trocken tupfen. Die Blättchen von den Stielen streifen. Den Knoblauch abziehen und mit einem großen Küchenmesser sehr fein hacken. Essig, Olivenöl, Thymian und Knoblauch verrühren. Mit Salz und Pfeffer abschmecken und über die Salatmischung geben. Dazu passt Fladenbrot.

VARIATION

Sie können das Fladenbrot auch vierteln, jeweils eine Tasche hineinschneiden und das Brot mit dem Salat füllen. Probieren Sie den Salat auch einmal mit 2 Romana-Salatherzen statt der Gurke und der Paprika und lediglich 1 Bund Frühlingszwiebeln. Fügen Sie zum Dressing noch 1 Tl Senf hinzu.

KARTOFFELECKEN MIT GUACAMOLE

Ohne diesen Avocadodip würde der mexikanischen Küche etwas fehlen – wo sonst sollte man die Tortilla-Chips eintauchen? Sind die Avocados noch hart und damit nicht reif, wickeln Sie die Früchte in Zeitungspapier ein und nach 2 bis 4 Tagen sind sie nachgereift.

Zubereitungszeit ca. 20 Min.

Pro Portion ca. 190 kcal, 790 kJ, 18 g F, 5 g KH, 2 g E

1 Die Kartoffeln waschen, trocknen und längs in Viertel schneiden. Mit Öl, Paprikapulver und 1 Tl Salz vermengen. Die Tomaten über Kreuz einritzen, kurz mit kochendem Wasser überbrühen, mit kaltem Wasser abschrecken, mit einem kleinen Küchenmesser häuten, vierteln, entkernen, von den Stielansätzen befreien und würfeln.

2 Auf einem mit Backpapier ausgelegten Blech verteilen und im Backofen bei 200 °C (Umluft 180 °C) etwa 30 bis 40 Minuten garen.

3 Die Zwiebel abziehen und sehr fein hacken. Die Chilischote waschen, trocken tupfen, längs halbieren, Kerne und Scheidewände sowie Stielansatz entfernen. Das Fruchtfleisch sehr fein würfeln. Den Koriander waschen und mit Küchenkrepp trocken tupfen. Die Blättchen von den Stielen zupfen und mit einem großen Küchenmesser fein hacken.

4 Die Avocados längs rundum einschneiden, bis das Messer auf den Stein stößt. Die Hälften gegeneinander drehen und trennen. Den Stein herauslösen und beiseitelegen. Das Fruchtfleisch mit einem Esslöffel aus den Schalen herauslösen und mit einer Gabel zerdrücken.

5 Tomaten, Zwiebel, Chilischote und Koriander unter das Avocadomus mischen. Salzen und pfeffern. Den Avocadokern wieder zum Avocadopüree geben, dann wird es bis zum Verzehr nicht braun. Guacamole zu den Kartoffelecken servieren.

FÜR 4 PORTIONEN

800 g Kartoffeln
4 El Öl
1 Tl Paprikapulver
Salz
3 Strauchtomaten
1 kleine Zwiebel
1 rote Chilischote
6-8 Stängel Koriandergrün
2 Avocados
schwarzer Pfeffer

VARIATION

Statt der Kartoffelecken passen auch Tortilla-Chips oder Gemüsesticks zu der Guacamole.

MEERESFRÜCHTESALAT

Zubereitungszeit **ca. 1 Std.**
plus Marinierzeit **ca. 2-3 Std.**
fertig in **ca. 3-4 Std.**

Pro Portion ca. 350 kcal, 1460 kJ, 18 g F, 7 g KH, 33 g E

Der Geschmack eines Meeresfrüchtesalates hängt entscheidend von der Frische und Qualität der einzelnen Zutaten ab, weniger von ihrer Auswahl. So kann sich hier jeder bei der Wahl der Meeresfrüchte von seinen persönlichen Vorlieben leiten lassen. Allerdings sollten Sie wenigstens 2 Sorten Meeresfrüchte verwenden, damit der Salat nicht langweilig schmeckt.

FÜR 4 PORTIONEN

500 g küchenfertige kleine Tintenfische

250 g rohe Garnelen

125 ml trockener Weißwein

Saft von 3 Zitronen

Salz

2 Knoblauchzehen

1 frische Chilischote

6 El Olivenöl

schwarzer Pfeffer

1 Bund glatte Petersilie

1 Die Tintenfische waschen. Sollten sie noch nicht küchenfertig sein, müssen sie noch gesäubert werden. Dafür muss zunächst ihre dünne Haut abgezogen und der Schulp (sieht aus wie eine lange, breite Gräte) aus dem Körper herausgezogen werden. Im Anschluss daran werden die Innereien nach außen gestülpt und abgeschnitten. Die Garnelen schälen und den Darm entfernen.

2 In einem Topf 750 ml Wasser mit dem Weißwein, dem Saft von 1/2 Zitrone und etwa 1/4 Tl Salz zum Kochen bringen. Die Tintenfische in den Topf geben und zugedeckt ca. 30 Minuten garen, bis sie weich sind. Danach mit einem Schaumlöffel herausheben, in Stücke schneiden und in eine Schüssel geben.

3 Anschließend die Garnelen im selben Sud in ca. 3 Minuten gar ziehen lassen. Sie sind durch, sobald sie sich rosa gefärbt haben. Die Garnelen abgießen und zu den Tintenfischen geben.

4 Inzwischen für die Marinade den Knoblauch abziehen und sehr fein hacken. Die Chili waschen, trocken tupfen, längs halbieren, Kerne und Scheidewände sowie Stielansatz entfernen. Das Fruchtfleisch in feine Streifen schneiden. Olivenöl mit 3 bis 4 El Zitronensaft verrühren. Knoblauch und Chilistreifen zufügen, mit Salz und Pfeffer abschmecken. Die Meeresfrüchte mit der Marinade beträufeln und gut durchmischen. Anschließend im Kühlschrank für mindestens 2 bis 3 Stunden ziehen lassen.

5 Den Meeresfrüchtesalat ca. 10 Minuten vor dem Verzehr aus dem Kühlschrank nehmen, nochmals gut durchmischen und eventuell mit Salz, Pfeffer und Zitrone nachwürzen. Mit frisch gehackter Petersilie bestreuen und mit Zitronenscheiben garniert servieren. Dazu frisches Baguette reichen.

VARIATIONEN

Wer möchte, kann die Zutatenliste mit anderen Meeresfrüchten wie z. B. 400 g gekochten Miesmuscheln (s. Seite 186) oder in Stücke geschnittenen Surimi ergänzen. Darüber hinaus kann der Meeresfrüchtesalat auch mit frischen Gemüsewürfeln angereichert werden. Hierfür eignen sich beispielsweise kleine Tomatenwürfel, in Scheiben geschnittener Staudensellerie sowie rote oder gelbe Paprikawürfel.

OFENZUCCHINI

Zubereitungszeit **ca. 20 Min.**
plus Backzeit **ca. 15 Min.**
fertig in **ca. 35 Min.**

Pro Portion ca. 180 kcal, 750 kJ, 15 g F, 4 g KH, 6 g E

Im Ofen gebackenes Gemüse sieht appetitlich aus und passt zu vielen Anlässen: auf die Antipasti-Platte, das Party-Buffet oder als Grillbeilage. Ein schlechtes Gewissen ist nicht nötig, denn dieser mediterrane Snack ist nebenbei auch noch gesund.

FÜR 4 PORTIONEN
800 g Zucchini
4 El Olivenöl
4 Zweige Thymian
Salz
schwarzer Pfeffer
4 El Pinienkerne
20 g Parmesan

1 Den Backofen auf 200 °C (Umluft 180 °C) vorheizen. Die Zucchini waschen, Stiel- und Blütenansätze entfernen. Die Zucchini mit einem großen Messer oder noch besser mit einer Küchenschneidemaschine in ca. 1/2 cm dicke längliche Scheiben schneiden.

2 Die Zucchinischeiben mit Olivenöl bepinseln und auf ein Backblech legen. Den Thymian waschen und trocken tupfen. Die Blättchen von den Stielen zupfen. Die Zucchini mit Salz und Pfeffer würzen und mit dem Thymian bestreuen. Auf der oberen Schiene im Backofen ca. 15 Minuten backen.

3 Inzwischen die Pinienkerne in einer beschichteten Pfanne ohne Zugabe von Fett rösten. Dabei die Pfanne immer wieder schütteln, damit die Kerne gleichmäßig bräunen. Dann auf einen Teller geben und abkühlen lassen. Von einem Stück Parmesan mit einem großen Messer oder der Küchenmaschine feine Hobel bzw. Späne schneiden.

4 Die Ofenzucchini mit dem restlichen Öl in einer geschlossenen Schale auskühlen lassen. Dann auf einer Platte mit den Pinienkernen und den Parmesanhobeln bestreut anrichten.

VARIATION

Sie können auch die gleiche Menge Auberginen oder Paprika verwenden. Für die Auberginen benötigen Sie allerdings die dreifache Menge an Öl. Die Paprika werden in breite Streifen geschnitten.

KÄSE-KRÄUTER-MUFFINS

Auch in der pikanten Variante sind frisch gebackene Muffins gern gesehen bei Groß und Klein. Schon allein der Duft aus dem Backofen macht Lust auf die beliebten amerikanischen Küchlein. Nicht nur als Snack zwischendurch, auch zu einem Picknick oder für das Frühstücksbuffet sind sie eine tolle Ergänzung.

Zubereitungszeit ca. 35 Min.
plus Backzeit ca. 25 Min.
fertig in ca. 1 Std.

Pro Stück ca. 260 kcal, 1090 kJ, 16 g F, 23 g KH, 8 g E

FÜR 12 STÜCK
125 g Butter
350 g Weizenmehl
3 Tl Backpulver
1 Tl Salz
1/2 Bund Schnittlauch
1/2 Bund glatte Petersilie
1 El frische Thymianblätter
125 g mittelalter Gouda
250 ml Milch
2 Eier
2 El Olivenöl
2 El Paniermehl

1 Den Backofen auf 200 °C vorheizen. Die Butter in einem kleinen Topf zerlassen. Mehl, Backpulver und Salz in einer Schüssel miteinander vermischen. Die Kräuter waschen, mit Küchenkrepp trocken tupfen und fein hacken. Den Gouda auf einer mittelfeinen Küchenreibe reiben. Kräuter und Käse mit den Zutaten in der Schüssel vermengen. Milch und Eier in einer anderen Schüssel verquirlen und dann mit der zerlassenen Butter unter die Mehlmischung rühren.

2 12 Muffinförmchen oder ein Muffinblech mit Olivenöl ausstreichen und mit Paniermehl bestreuen. Alternativ können auch Papierförmchen in die Form gesetzt werden. Den Teig auf die Förmchen verteilen und im Backofen auf der zweiten Schiene von unten 20 bis 30 Minuten backen. Mit einem Holzstäbchen die Garprobe machen: Hierfür einen Schaschlikspieß aus Holz in einen Muffin stechen. Wenn kein Teig am Stäbchen kleben bleibt, sind die Muffins fertig.

3 Die Muffins zunächst einige Minuten in der Form abkühlen lassen, dann an den Rändern entlang vorsichtig mit einem Messer von der Form lösen und auf ein Kuchengitter stürzen. Zum Aufbewahren können sie, sobald sie ganz abgekühlt sind, in Alufolie gewickelt oder in eine Keksdose gesetzt werden.

VARIATION

Köstlich schmecken diese Muffins auch, wenn Sie dem Teig statt der Kräuter kleingeschnittenen rohen Schinken oder eine Mischung aus Parmesan, gehackten schwarzen Oliven und Rosmarin zufügen.

ITALIENISCHER NUDELSALAT

Zubereitungszeit **ca. 40 Min.**
plus Garzeit **ca. 10 Min.**
plus Marinierzeit **ca. 1 Std.**
fertig in **ca. 1 Std. 50 Min.**

Pro Portion ca. 430 kcal, 1800 kJ, 12 g F, 59 g KH, 19 g E

Frischer Spinat im Salat überrascht viele. Dabei schmeckt gerade junger Spinat roh ganz fantastisch: Seine Blätter sind besonders zart und nicht größer als die von Rucola. Doch auch größere Spinatblätter lassen sich roh verzehren, diese müssen nur gründlicher geputzt werden.

FÜR 4 PORTIONEN

- 250 g Spaghetti
- Salz
- 6 El Olivenöl
- 2 Zwiebeln
- 3 Knoblauchzehen
- 1 rote Chilischote
- 2 mittelgroße Zucchini
- 300 g Spinat
- schwarzer Pfeffer
- 100 g in Öl eingelegte getrocknete Tomaten
- 20 g Pinienkerne
- 50 g Parmesan
- 1 Bund glatte Petersilie
- 1/2 Bund Basilikum
- 6 El Tomatenketchup
- 2 El Tomatenmark
- 4 El Weißweinessig

1 Die rohen Spaghetti in ca. 5 cm lange Stücke brechen. Dann nach Packungsanleitung in ausreichend Salzwasser etwa 10 Minuten al dente kochen, abschrecken und mit 1 El Olivenöl beträufeln, damit sie nicht aneinanderkleben.

2 Die Zwiebeln und den Knoblauch abziehen und mit einem großen Küchenmesser fein hacken. Die Chilischote waschen, längs halbieren, Stielansatz, Scheidewände und Kerne entfernen. Die Schote ganz fein hacken. (Tragen Sie dabei am besten Küchenhandschuhe; wenn Sie mit Spuren von Chili an Nasen- oder Augenschleimhäute kommen, kann das schmerzhaft sein.)

3 Zucchini waschen, Stiel- und Blütenansätze abschneiden und in Scheiben schneiden. Spinat gründlich waschen, die Blätter dafür in ein Waschbecken mit Wasser geben, denn Spinat kann sehr sandig sein. Dicke Stiele und welke Blätter entfernen und den Spinat in mundgerechte Stücke zupfen. Diese in einer Salatschleuder trocken schleudern.

4 Etwa 2 El Olivenöl in einer Pfanne erhitzen, Zwiebel, Knoblauch und Chilischote darin andünsten, Zucchinischeiben hinzufügen und von beiden Seiten goldgelb braten. Mit Salz und Pfeffer würzen. Die getrockneten Tomaten aus dem Öl nehmen, überschüssiges Öl mit Küchenkrepp abtupfen und die Tomaten in feine Würfel schneiden.

5 Die Pinienkerne ohne Zugabe von Fett in einer beschichteten Pfanne unter Rühren rösten, dann auf einen Teller geben und auskühlen lassen. Den Parmesan eventuell entrinden und in große Späne hobeln.

6 Für das Dressing Petersilie und Basilikum waschen, trocken tupfen, die Blättchen von den Stielen zupfen und fein hacken. Das restliche Olivenöl mit Ketchup, Tomatenmark und Weißweinessig verrühren. Die Kräuter hinzufügen. Mit Salz und Pfeffer abschmecken.

7 Alle Zutaten in eine große Salatschüssel geben. Das Dressing darüber verteilen und alles vermengen. Den Salat etwa 1 Stunde durchziehen lassen. Vor dem Servieren mit den Pinienkernen und den Parmesanspänen garnieren.

SALADE NIÇOISE

Probieren Sie diesen Salat auch mal als „pan bagnat", „durchweichtes Brötchen". Dazu schneiden Sie ein Baguettebrötchen längs auf, beträufeln es mit etwas Rotweinessig und Olivenöl und füllen es mit dem Salat.

Zubereitungszeit **ca. 50 Min.**
plus Garzeit **ca. 10 Min.**
fertig in **ca. 1 Std.**

Pro Portion ca. 430 kcal, 1800 kJ, 30 g F, 15 g KH, 21 g E

1 Die Eier am flachen Ende einpieksen, in kochendes Wasser geben und bei reduzierter Hitze etwa 10 Minuten hart kochen. Das Wasser abgießen, die Eier abschrecken, pellen und auskühlen lassen. Dann in Scheiben schneiden.

2 Das Gemüse waschen und trocken tupfen. Die Tomaten halbieren, Stielansätze entfernen und achteln. Die Salatgurke mit einem Sparschäler schälen und in dünne Scheiben schneiden. Die Paprika halbieren, Stielansatz, Scheidewände und Kerne entfernen. Das Fruchtfleisch in schmale Streifen schneiden. Die Frühlingszwiebeln waschen, Wurzeln und das verwelkte äußere Grün abtrennen und in hauchdünne Ringe schneiden. Den Knoblauch abziehen und mit einem großen Messer fein hacken.

3 Die Artischocken aus dem Glas nehmen, gut abtropfen lassen und halbieren. Den Thunfisch abtropfen lassen und mit einer Gabel zerpflücken. Die Sardellenfilets unter kaltem Wasser abspülen, mit Küchenkrepp trocken tupfen und halbieren.

4 Die Kräuter waschen und trocken tupfen. Die Thymianblättchen von den Stielen zupfen. Die Basilikumblättchen ebenfalls von den Stielen zupfen und in feine Streifen schneiden.

5 Das Öl mit dem Rotweinessig zu einer Marinade verrühren. Mit Salz und Pfeffer abschmecken.

6 Die vorbereiteten Salatzutaten dekorativ auf 4 großen Tellern anrichten. Zum Schluss die Kräuter, Oliven und Kapern darauf verteilen und mit der Salatsauce beträufeln.

FÜR 4 PORTIONEN

4 Eier
600 g Tomaten
1 Salatgurke
2 gelbe Paprika
4 Frühlingszwiebeln
1 Knoblauchzehe
8 kleine Artischocken (aus dem Glas)
140 g Thunfisch (aus der Dose)
8 Sardellenfilets
1 Zweig Zitronenthymian
2 Zweige Basilikum
4 El Olivenöl
2 El Rotweinessig
Salz
schwarzer Pfeffer
80 g schwarze Oliven
1 El Kapern (aus dem Glas)

VARIATION

Anstelle des Dosenthunfischs kaufen Sie pro Person eine Scheibe frischen Thunfisch und braten diesen in etwas Olivenöl an. Würzen Sie ihn mit Salz, Pfeffer und Zitronensaft und reichen Sie ihn zum Salat.

KARTOFFELSALAT

Zubereitungszeit ca. 40 Min.
plus Garzeit ca. 20 Min.
plus Marinierzeit ca. 1 Std.
fertig in ca. 2 Std.

Pro Portion ca. 630 kcal, 2630 kJ, 41 g F, 47 g KH, 16 g E

FÜR 4 PORTIONEN

1 kg festkochende Kartoffeln

Salz

4 Eier

1 Bund Frühlingszwiebeln

330 g Cornichons (aus dem Glas)

250 ml Salatmayonnaise

150 g Joghurt

2 Tl Senf

schwarzer Pfeffer

Der Kartoffelsalat ist für viele fest mit den Erinnerungen an eine gelungene Geburtstagsfeier oder eine schöne Grillparty verbunden. Jedes Familienrezept ist natürlich ein bißchen anders und auch jede Region hat seine ganz bestimmten Rezepturen – den schlichten Klassiker finden Sie hier.

1 Die Kartoffeln gründlich waschen und in leicht gesalzenem Wasser zum Kochen bringen. In etwa 20 Minuten garen, abgießen, auskühlen lassen, pellen und in Scheiben schneiden. Inzwischen für die Eier Wasser zum Kochen bringen. Die Eier am flachen Ende einpieksen, in das kochende Wasser geben und bei reduzierter Hitze etwa 10 Minuten hart kochen. Das Wasser abgießen, die Eier abschrecken, pellen und auskühlen lassen. Dann in Scheiben schneiden.

2 Die Frühlingszwiebeln waschen, Wurzeln und das verwelkte äußere Grün entfernen und die Zwiebeln in hauchdünne Ringe schneiden. Die Cornichons abgießen, dabei das Gurkenwasser auffangen. Die Cornichons in Scheiben schneiden.

3 Für die Sauce die Salatmayonnaise mit Joghurt und Senf verrühren. Mit Salz und Pfeffer würzen. Alle Zutaten in eine große Salatschüssel geben und miteinander vermengen. Den Salat mindestens 1 Stunde durchziehen lassen.

4 Vor dem Servieren den Salat erneut mit Salz und Pfeffer abschmecken. Da die Sauce zum größten Teil von den Kartoffeln aufgesogen wurde, etwas Gurkenwasser angießen, damit der Salat nicht zu trocken ist.

VARIATION

Versuchen Sie einmal die italienische Variante: Nehmen Sie dafür neue Kartoffeln, die nur halbiert werden, hacken 150 g in Öl eingelegte getrocknete Tomaten und schneiden 100 g schwarze Oliven in feine Streifen bzw. Ringe. Mischen Sie 5 El Pesto mit 300 g Joghurt, verrühren alle Zutaten, und fertig ist der Salat.

OMELETT

Das schmeckt nicht nur am Sonntag zum 10:00 Uhr-Frühstück. Und es lässt sich so vielfältig variieren, dass es nie langweilig wird. Frische Kräuter im Frühling, getrocknete Tomaten und Oliven im Sommer, Pilze im Herbst und Lachs im Winter.

Zubereitungszeit ca. 5 Min.
plus Garzeit ca. 20 Min.
fertig in ca. 25 Min.

Pro Portion ca. 260 kcal, 1090 kJ, 22 g F, 1 g KH, 16 g E

FÜR 4 PORTIONEN
8 Eier
Salz
weißer Pfeffer
4 El Butter

1 Den Backofen auf 50 °C (Umluft 30 °C) vorheizen. Die Eier aufschlagen und mit einem Schneebesen verquirlen. Mit Salz und Pfeffer würzen.

2 1 El Butter in eine beschichtete Pfanne geben und bei mittlerer Hitze schmelzen lassen. Wenn die Butter zu schäumen beginnt, etwa 1/4 der Eimasse hineingeben. Die Pfanne hin und her schwenken, sodass der ganze Pfannenboden ausgefüllt ist. Das Ei etwa 3 Minuten stocken lassen. Sobald die Eimasse nur oben noch flüssig oder feucht ist, die Pfanne erneut etwas schwenken, damit sich das Omelett vom Boden löst. Das Omelett mit einem Pfannenwender umdrehen und von der anderen Seite noch 1 bis 2 Minuten braten.

3 Das Omelett zugedeckt im Backofen warm stellen und mit der restlichen Eimasse die übrigen Omeletts backen

Tipp: Wenn Sie Ihr Omelett besonders luftig mögen, trennen Sie die Hälfte der Eier und schlagen das Eiweiß zu Eischnee, das Sie anschließend unter die Eiermasse heben.

VARIATION
So überzeugen Sie Eiermuffel: Geben Sie 4 El frisch geriebenen Parmesan unter die Eimasse. Würfeln Sie 8 in Olivenöl eingelegte getrocknete Tomaten und hacken Sie eine Handvoll schwarze Oliven klein. Dann schneiden Sie noch etwas frisches Basilikum in Streifen. Je 1/4 der Zutaten verteilen Sie nach 2 Minuten Backzeit auf das Omelett.

KICHERERBSENSALAT

Zubereitungszeit **ca. 35 Min.**
plus Garzeit **ca. 15 Min.**
fertig in **ca. 50 Min.**

Pro Portion ca. 490 kcal, 2050 kJ, 25 g F, 29 g KH, 38 g E

Nach dem Verzehr von diesen Hülsenfrüchten darf gekichert werden, denn sie schmecken leicht süßlich und einen Hauch nussig. Ihr hoher Gehalt an B-Vitaminen hebt sicherlich die Laune, doch ihren Namen verdankt die Erbse hanseatischen Kaufleuten, die sie aus Vorder- und Südwestasien einführten. Sie sahen in ihr eine lachende Fratze.

FÜR 4 PORTIONEN

1 Zwiebel
1 Knoblauchzehe
1 kleine Aubergine
400 g Lammlachse
5 El Olivenöl
1 rote Paprikaschote
4 Frühlingszwiebeln
450 g Kichererbsen (aus der Dose)
6 Zweige Zitronenthymian
1 Limette
2 El Weißweinessig
1/2 Tl Harissapaste oder Sambal Oelek
1/2 Tl Zucker
Salz
schwarzer Pfeffer

1 Die Zwiebel und den Knoblauch abziehen und mit einem großen Küchenmesser fein hacken. Die Aubergine waschen, trocken reiben und den Stielansatz entfernen, längs halbieren und in 1/2 cm dicke Scheiben schneiden.

2 Die Lammlachse unter kaltem Wasser abbrausen, trocken tupfen und in 1 cm breite Streifen schneiden. 2 El Olivenöl in einer beschichteten Pfanne erhitzen. Das Lammfleisch hineingeben und von allen Seiten braun braten. Dann Zwiebel, Knoblauch und Aubergine hinzufügen und etwa 2 Minuten dünsten.

3 Inzwischen die Paprika waschen, halbieren, Trennwände und Kerne herauslösen und das Fruchtfleisch würfeln. Die Frühlingszwiebeln waschen, Wurzel und das verwelkte äußere Grün abtrennen und in hauchdünne Ringe schneiden. Die Kichererbsen auf ein Sieb geben, mit kaltem Wasser abspülen und abtropfen lassen.

4 Den Thymian waschen, trocken tupfen und die Blättchen von den Zweigen zupfen. Zum Fleisch in die Pfanne geben, alles einmal gut verrühren und mit den anderen Zutaten in eine große Salatschüssel geben.

5 Für die Marinade die Limette halbieren und auspressen. Den Saft mit dem Weißweinessig, dem restlichen Öl und der Harissapaste verschlagen. Mit Zucker, Salz und schwarzem Pfeffer abschmecken. Die Marinade über den Salat geben und alles ordentlich vermengen. Dazu passt am besten Fladenbrot.

VARIATION

Anstelle des Lammfleisches können Sie auch Geflügelfleisch verwenden und die Aubergine lässt sich leicht durch Zucchini austauschen. Das Ganze geht auch vegetarisch: Dann verwenden Sie Aubergine und Zucchini und das in jeweils vierfacher Menge - letzteres ist ideal im Sommer zum Grillen.

BLATTSALAT MIT PUTENBRUST

Zubereitungszeit **ca. 30 Min.**
plus Marinierzeit **ca. 30 Min.**
plus Garzeit **ca. 10 Min.**
fertig in **ca. 1 Std. 10 Min.**

Pro Portion ca. 330 kcal, 1380 kJ, 18 g F, 11 g KH, 28 g E

Dieser Salat ist ein absolutes Multitalent – als leichtes Abendessen ist er genauso beliebt wie als frischer Snack im Büro (dann das Dressing getrennt transportieren und erst kurz vor dem Servieren unterrühren). Die Salatzutaten und die Zubereitungsweise der Putenbrust lassen sich außerdem vielfältig variieren.

FÜR 4 PORTIONEN

400 g Putenbrustfilet
4 El Sojasauce
2 Tl Honig
1/4 Kopf Friséesalat
1/4 Kopf Eichblattsalat
1/4 Kopf Lollo rosso
4 Tomaten
1 Salatgurke
3 El Sesamsamen
6 El Rapsöl
Saft von 1 Zitrone
1 El Senf
1/4 Tl Zucker
Salz
schwarzer Pfeffer

1 Die Putenbrustfilets unter kaltem Wasser abspülen und trocken tupfen. Dann in 1 cm dicke Streifen schneiden und in eine Schale geben. Die Sojasauce mit dem Honig verrühren und über das Fleisch geben. Das Ganze 30 Minuten im Kühlschrank durchziehen lassen.

2 Inzwischen die Salate waschen. Dafür die Salatblätter aus den Köpfen lösen und in reichlich Wasser waschen. Die Salatblätter in mundgerechte Stücke zupfen und in einer Salatschleuder trocken schleudern. Die Tomaten waschen, halbieren, Stielansätze entfernen und achteln. Die Gurke waschen, schälen und längs halbieren. In 1/2 cm dicke Stücke schneiden. Alle Zutaten in einer großen Schüssel vermischen.

3 Die Sesamsamen auf einen Teller geben und das Hähnchenfleisch darin wälzen. 2 El Öl in einer beschichteten Pfanne erhitzen, die Fleischstreifen dazugeben und unter Wenden etwa 8 Minuten braten.

4 Für das Dressing das restliche Rapsöl mit dem Zitronensaft und dem Senf verschlagen. Mit Zucker, Salz und Pfeffer würzen. Das Dressing unter den Salat mischen. Den Salat auf 4 Teller verteilen und die abgekühlten Putenbruststreifen darauf anrichten. Dazu passt frisches Baguette.

VARIATION

Anstelle der Gurke und der Tomaten können Sie auch 300 g Möhren, 1 Kohlrabiknolle und 1 Bund Radieschen grob raspeln und unter den Salat heben.

MATJESSALAT

Zubereitungszeit ca. 30 Min.
plus Marinierzeit ca. 1,5-2 Std.
fertig in ca. 2-2,5 Std.

Pro Portion ca. 560 kcal, 2340 kJ,
47 g F, 10 g KH, 25 g E

Matjes sind junge Heringe, die mild gesalzen in Eichenfässern gelagert werden und ein unverwechselbares Aroma haben. Ursprünglich gab es frischen Matjes nur von Ende Mai bis Anfang Juli, doch inzwischen ist er, dank moderner Kühltechnik, das ganze Jahr über erhältlich.

FÜR 4 PORTIONEN

8 Matjesfilets
1 Zwiebel
1-2 säuerliche Äpfel
4 Gewürzgurken
1 Bund Dill
250 ml Sahne
1-2 El Zitronensaft
Salz
schwarzer Pfeffer

1 Die Matjesfilets unter fließendem Wasser abspülen und mit Küchenkrepp trocken tupfen. Die Filets in 2 cm lange Stücke schneiden und in eine Schüssel legen. Die Zwiebel abziehen, vierteln und in Scheiben schneiden. Den Apfel schälen, vierteln und das Kerngehäuse entfernen. Den Apfel dann in schmale Scheiben schneiden. Die Gewürzgurken in Scheibchen schneiden und mit den Zwiebelringen und Apfelscheiben zum Matjes geben.

2 Den Dill waschen und mit Küchenkrepp trocken tupfen. Dicke Stiele entfernen und den Dill fein hacken. Die Sahne mit dem Zitronensaft verrühren, den Dill unterheben und mit Salz und Pfeffer würzen. Die Sauce unter die Salatzutaten heben. Die Schüssel abdecken und für 1 bis 2 Stunden zum Durchziehen in den Kühlschrank stellen.

3 Den Matjessalat ca. 20 Minuten vor dem Servieren aus dem Kühlschrank holen, noch einmal durchmischen, eventuell nachwürzen und mit einem Dillzweig garnieren. Dazu passen Pellkartoffeln oder ein kräftiges Roggenbrot.

VARIATION

Matjes-Garnelen-Salat

Hierfür bereiten Sie den Matjes wie oben beschrieben zu. Dann 2 Frühlingszwiebeln waschen, Wurzel und das verwelkte Grün abtrennen und in dünne Röllchen schneiden. 3 Scheiben Ananas in ca. 1 cm große Stücke schneiden. Eine Salatgurke waschen, schälen und längs halbieren. Mit einem Teelöffel die Kerne entfernen und die Gurke in dünne Scheiben schneiden.
Matjes, Frühlingszwiebeln, Ananas, Gurke und 100 g gekochte Garnelen in einer Schale vorsichtig miteinander vermischen und mit einem Dressing aus 4 El Pflanzenöl, 2 El Weißwein, 1 El Aceto balsamico, Salz und weißem Pfeffer beträufeln. Besonders würzig wird das Dressing, wenn eine klein geschnittene, entkernte Chilischote zugefügt wird.

GRÜNER-SPARGEL-SALAT

Grüner Spargel kam bis vor kurzem überwiegend aus Italien, wird inzwischen aber auch in Deutschland angebaut. Er wächst nicht wie sein weißer Bruder im Dunkeln unter der Erde, sondern oberhalb. Daher kommt auch seine grüne Farbe. Der grüne Spargel schmeckt intensiver als der weiße und ist besonders reich an Vitamin C und A.

Zubereitungszeit **ca. 40 Min.**
plus Garzeit **ca. 15 Min.**
plus Marinierzeit **ca. 15 Min.**
fertig in **ca. 1 Std. 10 Min.**

Pro Portion ca. 240 kcal, 1000 kJ, 15 g F, 14 g KH, 11 g E

1 Den grünen Spargel im unteren Drittel schälen und die Enden abschneiden. Anschließend in ausreichend Salzwasser 5 bis 10 Minuten bissfest garen und danach abgießen. Den Spargel in ca. 3 cm lange Stücke schneiden; einige Spitzen auf die Seite legen für die Dekoration.

2 Die getrockneten Tomaten in einem kleinen Topf mit kochendem Wasser, versetzt mit einem Schuss Weißweinessig, ca. 5 Minuten kochen, dann abgießen und in kleine Würfel schneiden. Die Pinienkerne ohne Zugabe von Fett in einer beschichteten Pfanne unter Rühren rösten, dann auf einen Teller geben und auskühlen lassen.

3 Brunnenkresse und Chicoree waschen, in einer Salatschleuder trocken schleudern und in mundgerechte Stücke schneiden. Die Bohnen in einem Sieb unter kaltem Wasser abspülen und abtropfen lassen.

4 Die Zitrone auspressen. Den Saft mit Pesto und Olivenöl verrühren sowie mit Salz und Pfeffer abschmecken. Alle Zutaten in eine Schüssel geben, mit dem Dressing vermischen und 15 Minuten ziehen lassen. Dann den Salat auf 4 Tellern anrichten und mit den Spargelspitzen garnieren. Dazu passt frisch gebackenes Nussbrot.

FÜR 4 PORTIONEN

400 g grüner Spargel
Salz
100 g getrocknete Tomaten
1 El Weißweinessig
40 g Pinienkerne
60 g Brunnenkresse
60 g Chicoree
250 g weiße Bohnen (aus der Dose)
1 Zitrone
1-2 El Pesto (Fertigprodukt oder siehe Rezept S. 123)
3 El Olivenöl
Pfeffer

VARIATION

Mögen Sie es fruchtig, dann geben Sie frische Erdbeeren in den Salat. Hierzu werden grüner Spargel, Brunnenkresse und Pinienkerne wie oben beschrieben vorbereitet. Dazu kommen noch 200 g halbierte Erdbeeren. Die Zutaten vorsichtig miteinander vermischen und mit einem Dressing aus 4 El Olivenöl, 2 El Himbeeressig, Salz, Pfeffer und Schnittlauchröllchen beträufeln.

AUSGEBACKENES GEMÜSE MIT GURKEN-MINZ-DIP

Zubereitungszeit **ca. 40 Min.**
plus Quellzeit **ca. 20 Min.**
fertig in **ca. 1 Std.**

Pro Portion ca. 210 kcal, 880 kJ, 5 g F, 27 g KH, 12 g E

Knusprig gebackenes Gemüse ist ein köstlicher Appetitanreger und passt zudem auf jedes Buffet. Serviert wird das Gemüse am besten mit verschiedenen Dips wie scharfen oder süß-sauren Saucen. Oder aber mit diesem orientalisch-gewürzten Joghurtdip, der dem Gemüse eine erfrischende Note verleiht.

FÜR 4 PORTIONEN

150 g Kichererbsenmehl
1 Msp. Backpulver
Salz
schwarzer Pfeffer
1/2 Tl Kurkumapulver
1/2 Tl gemahlener Koriander
250 g Aubergine
250 g Zucchini
250 g Blumenkohl
Pflanzenöl zum Ausbacken
Salatgurke
250 g Naturjoghurt
1 Stück Ingwerwurzel (ca. 2 cm lang)
1/2 Bund Minze
2 El Zitronensaft

1 Kichererbsenmehl, Backpulver und Gewürze in einer Schüssel mit 250 ml Wasser zu einem glatten Teig verrühren. Diesen dann 20 Minuten quellen lassen.

2 Die Aubergine und Zucchini waschen, trocken reiben, Stiel- und Blütenansatz entfernen und in ca. 1/2 cm dicke Scheiben schneiden. Die Auberginenscheiben mit Salz bestreuen und 15 Minuten stehen lassen. Danach das Salz abwaschen und die Auberginenscheiben mit Küchenpapier trocken tupfen.

3 Den Blumenkohl waschen und in kleine Röschen teilen. In einem Topf 1 l Wasser zum Kochen bringen, 1/2 Tl Salz zufügen und den Blumenkohl ca. 5 Minuten blanchieren. Dann die Röschen abgießen.

4 In einem hohen Topf das Pflanzenöl erhitzen. Die richtige Temperatur ist erreicht, sobald an einem Holzkochlöffel, der ins Öl getaucht wird, kleine Bläschen aufsteigen. (Falls eine Friteuse vorhanden ist, das Öl auf ca. 175 °C erhitzen.)

5 Das Gemüse portionsweise in den Teig tauchen, kurz abtropfen lassen und im Öl goldbraun ausbacken. Mit einem Schaumlöffel herausnehmen und auf Küchenpapier abtropfen lassen.

6 Inzwischen die Salatgurke waschen, schälen, längs halbieren und mit einem Teelöffel die Kerne entfernen. Die Gurke dann auf einer Küchenreibe raspeln und in einer Schüssel mit dem Naturjoghurt verrühren. Den Ingwer schälen und fein hacken. Die frische Minze waschen, trocken schütteln, die Blätter abzupfen und in Streifen schneiden. Den Dip mit Ingwer, Minze, Salz und Pfeffer und ca. 2 El Zitronensaft abschmecken.

VARIATION

Der Dip schmeckt auch zu frischen Gemüsesticks. Hierfür schneiden Sie Möhren, Salatgurke, Kohlrabi und Paprika in kleine Sticks und servieren sie mit dem Dip.

GEFLÜGEL-REIS-SALAT

Reissalat mit Dosenobst ist etwas aus der Mode gekommen. Heute sind frische exotische Früchte das ganze Jahr über zu haben und so ist besonders in der vitaminarmen Winterzeit ein fruchtiger Reissalat eine willkommene Abwechslung.

Zubereitungszeit **ca. 30 Min.**
plus Quellzeit **ca. 20 Min.**
plus Garzeit **ca. 10 Min.**
fertig in **ca. 1 Std.**

Pro Portion ca. 550 kcal, 1650 kJ, 9 g F, 80 g KH, 32 g E

FÜR 4 PORTIONEN

2 El Rapsöl
200 g Langkornreis
3 Tl Curry
400 ml Gemüsebrühe
1 Bund Frühlingszwiebeln
1/2 Netzmelone
1 Mango
2 Bananen
1 Limette
30 g Cashewkerne
400 g Hähnchenbrust
Salz
schwarzer Pfeffer
250 g Joghurt
2 Tl Zucker
40 g Rosinen

1 Zuerst 1 El Öl in einem Topf erhitzen, den Reis zusammen mit 1 Tl Curry hinzufügen und glasig dünsten. Dann mit der Brühe ablöschen, aufkochen lassen, die Hitze reduzieren und ca. 20 Minuten quellen lassen.

2 Die Frühlingszwiebeln waschen, Wurzeln und das verwelkte äußere Grün abtrennen und die Zwiebeln in hauchdünne Ringe schneiden. Aus der Melone mit einem Esslöffel die Kerne entfernen, mit einem großen Messer die Schale wegschneiden und das Melonenfleisch würfeln. Die Mango schälen, das Fruchtfleisch vom Stein schneiden und ebenfalls würfeln. Die Bananen schälen und in Scheiben schneiden. Die Limette halbieren und auspressen. Die Bananenscheiben sofort mit etwas Limettensaft beträufeln, damit sie nicht braun werden. Die Cashewkerne mit einem großen Küchenmesser grob hacken.

3 Die Hähnchenbrust unter kaltem Wasser abspülen und trocken tupfen. Dann in 1 cm breite Streifen schneiden. Das restliche Öl in einer beschichteten Pfanne erhitzen, das Fleisch darin von allen Seiten etwa 10 Minuten goldgelb braten, mit 1 Tl Curry, Salz und Pfeffer würzen. Die Hähnchenstreifen abkühlen lassen.

4 Für die Sauce den Joghurt mit dem restlichen Limettensaft, Curry und Zucker vermengen. Mit Salz und Pfeffer abschmecken. Alle Zutaten in eine große Salatschüssel geben, die Rosinen hinzufügen und vermengen. Die Salatsauce unterrühren.

VARIATION

Auch Ananas, Kiwi oder Orange passen gut in diesen Salat. Wer es gerne scharf mag, gibt wenige Chiliflocken unter den Salat oder würzt ihn mit Sambal Oelek. Vorsicht, ein flach gestrichener Teelöffel gibt dem Ganzen schon ziemliche Schärfe.

TABBOULEH

Zubereitungszeit **ca. 30 Min.**
plus Marinierzeit **ca. 1 Std.**
fertig in **ca. 1 Std. 30 Min.**

Pro Portion ca. 360 kcal, 1500 kJ, 14 g F, 48 g KH, 8 g E

Seinen Ursprung hat dieses Rezept im Libanon, doch auch in anderen arabischen Ländern hat dieser Salat längst einen festen Platz auf dem Speiseplan. Das unkomplizierte Gericht findet auch bei uns immer mehr Anhänger und lässt sich bequem mit ins Büro nehmen. Aber Vorsicht – bei diesem leckeren Salat entsteht schnell Futterneid!

FÜR 4 PORTIONEN
200 g Bulgur
400 ml Gemüsebrühe
1 Bund Frühlingszwiebeln
1 Salatgurke
750 g Tomaten
2 Bund glatte Petersilie
1/2 Bund Minze
1 Zitrone
5 El Olivenöl
Salz
schwarzer Pfeffer

1 Den Bulgur mit der kochenden Brühe übergießen und abgedeckt ca. 15 Minuten quellen lassen, bis er die Flüssigkeit aufgesaugt hat und weich ist.

2 Die Frühlingszwiebeln waschen, Wurzeln und das verwelkte äußere Grün entfernen und die Zwiebeln in hauchdünne Ringe schneiden. Die Gurke waschen, längs halbieren, entkernen und in Stifte schneiden. Die Tomaten waschen, halbieren, von Stielansätzen befreien und würfeln. Das Gemüse in einer Salatschüssel mit dem ausgekühlten Bulgur mischen.

3 Die Kräuter waschen und trocken tupfen, die Blättchen von den Stielen zupfen und grob hacken. Alles unter den Salat mengen. Die Zitrone quer halbieren und auspressen. Den Zitronensaft mit dem Öl verschlagen. Mit Salz und Pfeffer würzen und unter den Salat mischen. Tabbouleh vor dem Servieren etwa 1 Stunde ziehen lassen.

TRAMEZZINI MIT THUNFISCH

Ein Snack aus Italiens Bars, der auch hierzulande immer beliebter wird. Das eindeutige Erkennungsmerkmal ist die dreieckige Form. Die Tramezzini werden nach dem Belegen mit einer zweiten Scheibe Brot bedeckt und diagonal geschnitten.

Zubereitungszeit ca. 20 Min.
plus Garzeit ca. 30 Min.
fertig in ca. 50 Min.

Pro Portion ca. 691 kcal, 2902 kJ, 31 g F, 79 g KH, 17 g E

1 Den Thunfisch abtropfen lassen und mit einer Gabel grob zerpflücken. Die Sardellen und Kapern ebenfalls abtropfen lassen. Die Sardellen unter kaltem Wasser abspülen. Kapern und Sardellen mit einem großen Küchenmesser grob hacken. Alles in eine Schüssel geben, Frischkäse und Zitronensaft hinzufügen und zu einer Creme verrühren. Mit Salz und Pfeffer abschmecken.

2 Von den Toastbrotscheiben die Rinde abschneiden. 8 Scheiben mit der Thunfischpaste bestreichen. Die anderen Toastbrotscheiben darauflegen und leicht andrücken. Die Tramezzini diagonal durchschneiden und auf Tellern anrichten.

FÜR 4 PORTIONEN

- 140 g Thunfisch im eigenen Saft (aus der Dose)
- 2 Sardellenfilets in Salzlake
- 1 El eingelegte Kapern
- 2 El Doppelrahmfrischkäse
- 4 El Zitronensaft
- Salz
- schwarzer Pfeffer
- 16 Scheiben Toastbrot

VARIATIONEN

Tramezzini mit Wurst-Tomaten-Paste

Dazu werden 2 Fleischtomaten gehäutet und gewürfelt und 150 g grobe Streichwurst mit 2 El Schmand, den Tomatenwürfeln und fein gehacktem Basilikum vermengt. Das Ganze wird mit Salz, Pfeffer und Paprika abgeschmeckt und auf die Brotscheiben gestrichen.

In Italien findet man zwischen den Brotscheiben aber auch Tomaten mit Mozzarella und Basilikum, gekochten Schinken mit Provolone oder Parmaschinken, Honigmelone und Rucola – erlaubt ist, was schmeckt!

GRATINIERTER ZIEGENKÄSE MIT SALAT

Zubereitungszeit **ca. 30 Min.**
plus Einweichzeit **ca. 30 Min.**
plus Gratinierzeit **ca. 5 Min.**
fertig in **ca. 1 Std. 5 Min.**

Pro Portion ca. 430 kcal, 1800 kJ, 31 g F, 26 g KH, 10 g E

FÜR 4 PORTIONEN

- 20 getrocknete Tomaten
- 1 Lollo Rosso
- 4 Tomaten
- 3 Frühlingszwiebeln
- 6 Zweige Thymian
- 200 g Ziegenfrischkäse als Rolle, z.B. Crottin de Chavignol
- 4 Scheiben Bauernbrot
- 6 El Olivenöl
- 4 El Aceto balsamico
- Salz
- schwarzer Pfeffer

Dieser Salat braucht nicht viele Zutaten, um sich leicht, frisch und gleichzeitig sättigend seinen Platz in Ihren Top Ten der Lieblingsgerichte zu sichern. Dazu einen leichten Rotwein genießen und der Start in einen perfekten Feierabend ist gelungen.

1 Die getrockneten Tomaten mit heißem Wasser übergießen und darin 30 Minuten einweichen. Dann herausnehmen, trocken tupfen und fein würfeln.

2 Den Grill auf 200 °C (Umluft 180 °C) vorheizen. Inzwischen die Salatblätter aus dem Salatkopf lösen und in reichlich Wasser waschen. Die Salatblätter in mundgerechte Stücke zupfen und in einer Salatschleuder trocken schleudern. Die Tomaten waschen, halbieren, Stielansatz entfernen und achteln. Die Frühlingszwiebeln waschen, Wurzel und das verwelkte äußere Grün abtrennen und in hauchdünne Ringe schneiden. Den Thymian waschen, trocken tupfen und die Blättchen von den Stielen zupfen.

3 Den Ziegenkäse in 8 etwa 1/2 cm dünne Scheiben schneiden. Die Brotscheiben in der Mitte durchschneiden und auf ein Backblech setzen. Mit 2 El Olivenöl beträufeln, dann die fein gewürfelten Tomaten darauf verteilen und mit dem Thymian würzen. Jede Brotscheibenhälfte mit je 1 Scheibe Ziegenkäse belegen. Das Blech auf die oberste Schiene in den Backofen geben und den Ziegenkäse ca. 5 Minuten gratinieren. Behalten Sie dabei das Grillgut im Auge, jeder Ofen heizt leicht anders und bei der Grilleinstellung verbrennt auch schnell mal etwas, wenn man nicht aufpasst.

4 Aus dem restlichen Olivenöl und dem Aceto balsamico ein Dressing rühren und es mit Salz und Pfeffer abschmecken. Den Salat mit dem Dressing mischen und auf 4 Teller verteilen. Den gratinierten Ziegenkäse obenauf setzen.

VARIATION

Wer milden Käse dem würzigen und kräftigen Geschmack von Ziegenkäse vorzieht, kann die Brote auch mit Mozzarella gratinieren.

HERBSTLICHER FELDSALAT

Zubereitungszeit **ca. 40 Min.**
plus Garzeit **ca. 5 Min.**
fertig in **ca. 45 Min.**

Pro Portion ca. 190 kcal, 790 kJ, 12 g F, 13 g KH, 7 g E

Vitamine im Herbst. Rote Bete, Pilze und Feldsalat sind das ideale Trio, um fit durch den Herbst und Winter zu kommen. Mit etwas Speck wird gesündigt, aber so kann bei diesem Salat selbst der größte Salatmuffel nicht „Nein" sagen!

FÜR 4 PORTIONEN
250 g Feldsalat
200 g Champignons
50 g gewürfelter Schinkenspeck
4 Scheiben Toastbrot
2 El Rapsöl
2 gekochte Rote Bete
4 El Kürbiskernöl
2 El Aceto balsamico
Salz
schwarzer Pfeffer

1 Den Feldsalat gründlich waschen, am besten mehrmals, damit später kein Sand zwischen den Zähnen knirscht. Lange und dicke Wurzeln mit den Fingern abkneifen, dabei soll der Feldsalat aber nicht in seine einzelnen Blätter zerfallen. Welke oder gelbe Blätter entfernen.

2 Die Champignons mit Küchenkrepp sauber reiben und in 1/2 cm dünne Scheiben schneiden. Den Schinkenspeck in einer beschichteten Pfanne ausbraten, dafür werden die Speckwürfel in die heiße Pfanne gegeben und unter Wenden kross gebraten.

3 Inzwischen das Toastbrot entrinden und in 1 cm große Würfel schneiden. Die Speckwürfel aus der Pfanne nehmen und auf einem Teller auskühlen lassen. In derselben Pfanne das Rapsöl erhitzen und die Brotwürfel darin anbraten. Die Pilze hinzugeben und kurz darin braten, sodass sie eine leichte Farbe bekommen. Beides abkühlen lassen.

4 Die Rote Bete würfeln, dafür zuerst in Scheiben, dann in Streifen und zum Schluss zu Würfeln schneiden. Nun alle Salatzutaten in eine Schüssel geben. Aus Kürbiskernöl und Aceto balsamico eine Marinade rühren. Diese mit Salz und Pfeffer würzen und unter den Salat mischen. Den Salat sofort auf 4 Teller verteilen. Dazu schmeckt ein kräftiges Bauernbrot.

VARIATION
Wer keine Rote Bete mag, mischt dafür grob geraspelte Möhren unter den Salat.

SUPPEN & EINTÖPFE

SPARGELCREMESUPPE

Zubereitungszeit **ca. 30 Min.**
plus Garzeit **ca. 20 Min.**
fertig in **ca. 50 Min.**

Pro Portion ca. 420 kcal, 1760 kJ, 33 g F, 11 g KH, 8 g E

Spargel ist ein typisches Saisongemüse, das es von Mitte März bis zum 21. Juni gibt. Der weiße Spargel ist bei uns aufgrund seines milden Geschmacks am beliebtesten. Seine Farbe rührt übrigens daher, dass er gestochen (geerntet) wird, bevor seine Spitzen aus der Erde herauswachsen.

FÜR 4 PORTIONEN

1 kg Spargel
1 l Gemüsebrühe
50 g Butter
1/2 Tl Zucker
1/2 Zwiebel
1 El Mehl
250 ml trockener Weißwein
2 Eigelb
250 ml Sahne
Salz
weißer Pfeffer
1/2 Tl geriebene Muskatnuss
1/2 Zitrone
1/2 Bund Schnittlauch

1 Den Spargel waschen und mit einem Sparschäler schälen. Dabei knapp unterhalb der Spargelköpfe beginnen. An den unteren Enden ca. 3 cm abschneiden, da die Spargelstangen hier oft holzig sind. Die Spargelstangen in ca. 4 cm lange Stücke schneiden und in einen großen Topf geben.

2 Die Gemüsebrühe dazugießen, 25 g Butter und den Zucker hinzufügen und das Ganze auf dem Herd zum Kochen bringen. Sobald die Brühe kocht, die Hitze reduzieren und den Spargel auf kleiner Flamme in 15 bis 20 Minuten bissfest garen. Einige Spargelstücke mit dem Schaumlöffel herausnehmen und beiseitestellen. Die Suppe nun mit dem Pürierstab pürieren und anschließend durch ein feines Sieb streichen.

3 Die Zwiebel abziehen und sehr fein hacken. Die restliche Butter in einer Pfanne zerlassen und die Zwiebel darin glasig dünsten. Das Mehl darüberstäuben, unter Rühren goldgelb anschwitzen und mit Weißwein ablöschen. Anschließend die Spargelsuppe unterrühren und erhitzen. Die beiseitegestellten Spargelstücke nun wieder hineingeben.

4 Die Eigelb mit 125 ml Sahne verquirlen, die restliche Sahne steif schlagen. Die Suppe vom Herd nehmen und die Ei-Sahne-Mischung vorsichtig einrühren. Die Suppe darf dabei nicht mehr kochen, da sonst das Eigelb gerinnt. Die Zitrone auspressen. Den Schnittlauch waschen, mit Küchenkrepp trocken tupfen und in feine Röllchen schneiden.

5 Die Suppe mit Salz, Pfeffer, Muskatnuss und etwas Zitronensaft abschmecken und in Suppenschalen füllen. Mit je 1 Klecks geschlagener Sahne und Schnittlauchröllchen garnieren.

VARIATIONEN

Veredeln können Sie die Spargelcremesuppe durch die Einlage von 100 g in feine Streifen geschnittenem gekochtem Schinken oder durch die Zugabe von 120 g gekochten Garnelenschwänzen.

Gemüsecremesuppen lassen sich übrigens leicht auch aus anderen Gemüsesorten oder Kräutern zubereiten. Geeignet sind hierfür beispielsweise Brokkoli, Blumenkohl, Lauch, Champignons, aber auch Kresse, Kerbel oder Sauerampfer.

ORIENTALISCHER KICHERERBSENEINTOPF

Zubereitungszeit **ca. 10 Min.**
plus Garzeit **ca. 35 Min.**
fertig in **ca. 45 Min.**

Pro Portion ca. 430 kcal, 1800 kJ, 10 g F, 51 g KH, 31 g E

Kichererbsen gehören zu den Hülsenfrüchten und enthalten viel Eiweiß und viele Ballaststoffe, Vitamine sowie Mineralstoffe. Sie stammen aus Vorderasien und sind z. B. als Falafel (frittierte Bällchen aus Kichererbsenmehl) und Hummous (ein aus Kichererbsen und Sesammus gemischter Brotaufstrich) mittlerweile auch bei uns beliebt. In diesem Rezept werden sie im Ganzen verwendet.

FÜR 4 PORTIONEN

350 g Hähnchenbrust mit Knochen
2 Möhren
1 Stange Lauch
2 El Olivenöl
1 El Curry
1 1/2 l Geflügelbrühe
1/2 Bund Petersilie
1 rote Paprika
1 gelbe Paprika
450 g Kircherbsen (aus der Dose)
100 g Bulgur
2 El flüssiger Akazienhonig
Salz
schwarzer Pfeffer

1 Die Hähnchenbrust unter kaltem Wasser abbrausen. Die Möhren waschen, Wurzel- und Blattansatz wegschneiden und mit einem Sparschäler schälen. Die Möhren in Scheiben schneiden. Den Lauch von oben längs einschneiden und unter kaltem Wasser abbrausen. Die Wurzel und den oberen Teil des Grüns wegschneiden. Die Lauchstange in feine Ringe schneiden.

2 Das Öl in einem Topf erhitzen. Curry hineingeben und kurz anschwitzen. Mit der Brühe ablöschen. Das Ganze zum Kochen bringen, Hähnchenbrust, Möhren und Lauch hineingeben und ca. 25 Minuten bei reduzierter Hitze köcheln lassen.

3 Die Petersilie waschen und mit Küchenkrepp trocken tupfen. Die Blättchen von den Stielen zupfen und mit einem großen Küchenmesser fein hacken. Die Paprikaschoten waschen, halbieren, Stielansätze herausschneiden, Trennwände und Kerne herauslösen und das Fruchtfleisch in Rauten schneiden. Die Kichererbsen auf einem Sieb abgießen.

4 Die Suppe mit den Möhren und dem Lauch durch ein Sieb streichen. Bulgur, Kichererbsen und Paprikaschoten in der Brühe ca. 10 Minuten köcheln lassen. Inzwischen das Hähnchenfleisch von den Knochen lösen und in Streifen schneiden. Zusammen mit der Petersilie in die Suppe geben. Die Suppe mit Honig, Salz und Pfeffer abschmecken. Den Eintopf auf tiefe Teller verteilen und zusammen mit Fladenbrot servieren.

VARIATION

Anstelle der Kichererbsen können Sie auch getrocknete rote Linsen verwenden. Geben Sie dann etwa 200 g rote Linsen hinzu und lassen die Suppe 15 Minuten garen. Falls Ihnen der Eintopf so zu dick ist, geben Sie noch etwas Brühe dazu.

KARTOFFELSUPPE MIT PETERSILIENPESTO

Zubereitungszeit **ca. 30 Min.**
plus Garzeit **ca. 20 Min.**
fertig in **ca. 50 Min.**

Pro Portion ca. 520 kcal, 2170 kJ, 41 g F, 26 g KH, 8 g E

Hat sich schon mal jemand die Mühe gemacht und alle unterschiedlichen Rezepte für Kartoffelsuppen gezählt? Es werden wohl mehr als tausend sein! Aber gerade diese Variante sollten Sie unbedingt ausprobieren, denn sie schmeckt einfach köstlich und ist mal etwas anderes als Großmutters Hausrezept.

FÜR 4 PORTIONEN
60 g Pinienkerne
1/2 Bund glatte Petersilie
80 ml Olivenöl
Salz
1 Zwiebel
1 Apfel
1 El Butter
40 ml Wermut
1 l Gemüsebrühe
450 g Kartoffeln
150 ml Sahne
schwarzer Pfeffer

1 Die Pinienkerne in einer beschichteten Pfanne ohne Zugabe von Fett rösten. Sobald sie braun werden, mit dem Pfannenwender hin und her wenden. Wenn sie von allen Seiten braun sind, aus der Pfanne auf einen Teller geben und abkühlen lassen.

2 Die Petersilie waschen und mit Küchenkrepp trocken tupfen. Die Blättchen von den Stielen zupfen und mit einem großen Küchenmesser grob hacken. Petersilie mit Olivenöl und Pinienkernen pürieren. Das Pesto mit Salz abschmecken.

3 Die Zwiebel abziehen und fein hacken. Den Apfel waschen, schälen, vierteln, Kerngehäuse, Stiel- und Blütenansatz wegschneiden und würfeln. Die Butter in einem Topf erhitzen, die Zwiebel darin glasig dünsten und die Apfelstückchen hinzufügen. Mit Wermut ablöschen und die Brühe angießen. Das Ganze zum Kochen bringen.

4 Inzwischen die Kartoffeln waschen, schälen und würfeln. Die Kartoffelwürfel in die kochende Brühe geben und alles 15 bis 20 Minuten köcheln lassen. Die Hälfte der Sahne in einem hohen Gefäß mit den Rührbesen eines Handrührgerätes steif schlagen.

5 Die Suppe pürieren, die nicht geschlagene Sahne unter die nicht mehr kochende Suppe rühren und mit Salz und Pfeffer abschmecken. Die Kartoffelsuppe auf Suppentassen verteilen und mit der geschlagenen Sahne und dem Pesto garnieren. Dazu passt ein Mischbrot.

VARIATION

Auch mit Einlage und ohne Pesto schmeckt die Suppe lecker. Geben Sie in jede Suppentasse 2 El Nordseegarnelen und übergießen Sie diese mit der Suppe. Die Suppe wird dann mit geschlagener Sahne und frischer Gartenkresse garniert.

FRANZÖSISCHE ZWIEBELSUPPE

Dieser Klassiker aus der französischen Küche schmeckt nach einem verregneten Tag im Herbst wunderbar. Der Duft nach überbackenem Käse lockt alle an den Esstisch, damit die wärmende Suppe möglichst bald gelöffelt werden kann. Bon appétit!

Zubereitungszeit ca. 20 Min.
plus Garzeit ca. 25 Min.
fertig in ca. 45 Min.

Pro Portion ca. 270 kcal, 1130 kJ,
16 g F, 19 g KH, 10 g E

1 Die Zwiebeln abziehen und in dünne Ringe schneiden. Die Butter in einem Topf schmelzen lassen und die Zwiebelringe darin glasig dünsten. Mit Mehl bestäuben und unter Rühren leicht bräunen. Mit Salz und Pfeffer würzen.

2 Mit dem Wein ablöschen und die Brühe angießen. Etwa 20 Minuten bei geringer Hitze köcheln lassen. Eventuell salzen und pfeffern.

3 Inzwischen den Gruyère entrinden und grob reiben. Den Grill des Backofens auf 220 °C vorheizen.

4 Die Baguettescheiben toasten. Die Zwiebelsuppe in 4 feuerfeste Suppentassen füllen. Jeweils 1 Scheibe Baguette auf die Suppe geben, mit dem Gruyère bestreuen und im Backofen etwa 5 Minuten gratinieren.

FÜR 4 PORTIONEN

250 g Zwiebeln
40 g Butter
2 El Mehl
Salz
schwarzer Pfeffer
100 ml trockener Weißwein
1 l Rinderbrühe
80 g Gruyère
4 große Scheiben Baguette

VARIATION

Wenn Sie den kräftigen Käsegeschmack von Gruyère nicht mögen, können Sie auch einen milden Gouda verwenden.

MINESTRONE

Bella Italia lässt grüßen! Gemüsesuppen aus Italien sind Restesuppen. Gemüse, das im Garten gerade reif ist und geerntet wurde, wird zu einer Suppe verkocht. Oft enthalten Minestronen auch noch Reis oder Nudeln, die ebenfalls Reste vom Vortag sein können und in der Suppe aufgewärmt werden.

Zubereitungszeit **ca. 40 Min.**
plus Garzeit **ca. 20 Min.**
fertig in **ca. 1 Std.**

Pro Portion ca. 210 kcal, 880 kJ, 11 g F, 14 g KH, 14 g E

1 Den Fenchel waschen, die Stiele mit dem Grün wegschneiden. Die Knollen längs halbieren und den Strunk kegelförmig herausschneiden. Die Fenchelblätter in 1 cm dicke Streifen schneiden. Die Möhren waschen, Wurzel- und Blattansätze wegschneiden und mit einem Sparschäler schälen. Die Möhren zuerst längs in Streifen schneiden und dann würfeln.

2 Die Tomaten über Kreuz einritzen, kurz mit kochendem Wasser überbrühen, mit kaltem Wasser abschrecken, mit einem kleinen Küchenmesser häuten, vierteln, entkernen und von den Stielansätzen befreien. Dann in Würfel schneiden. Die Zwiebeln abziehen und fein hacken.

3 Das Öl in einem Topf erhitzen, die Schinkenwürfel darin knusprig braten, dann die Zwiebeln darin glasig dünsten. Den Fenchel und die Möhren dazugeben und alles etwa 5 Minuten dünsten. Die Brühe angießen. Mit Pfeffer, Paprika und getrocknetem Basilikum würzen und etwa 15 Minuten garen. Dann die Tomatenwürfel zur Suppe geben und darin heiß werden lassen.

4 Inzwischen den Parmesan eventuell entrinden und grob reiben. Basilikum waschen, trocken tupfen und die Blättchen von den Stielen zupfen. Die Blätter in dünne Streifen schneiden. Die Minestrone nochmals mit Salz und Gewürzen abschmecken, auf 4 tiefe Teller verteilen. Mit den Parmesanhobeln bestreuen und mit den Basilikumstreifen garnieren.

FÜR 4 PORTIONEN

- 2 Fenchelknollen
- 1 Bund junge Möhren
- 500 g Tomaten
- 2 Zwiebeln
- 2 El Olivenöl
- 100 g Katenschinkenwürfel
- 1 l Gemüsebrühe
- schwarzer Pfeffer
- 1 Tl edelsüßes Paprikapulver
- 2 Tl getrocknetes Basilikum
- 40 g Parmesan
- einige Zweige frisches Basilikum
- Salz

VARIATION

Bis auf die Tomaten lässt sich das Gemüse je nach Jahreszeit austauschen. Zucchini, Paprika und Brokkoli sind ebenfalls typische Vertreter für eine Minestrone.

MÖHREN-INGWER-SUPPE

Zubereitungszeit **ca. 20 Min.**
plus Garzeit **ca. 20 Min.**
fertig in **ca. 40 Min.**

Pro Portion ca. 410 kcal, 1710 kJ, 26 g F, 26 g KH, 6 g E

Möhren haben aufgrund ihres Fruchtzuckergehaltes ein leicht süßliches Aroma. Dieses harmoniert ausgezeichnet mit asiatischen Zutaten wie Ingwer und Kokosmilch. Durch Kreuzkümmel und Koriander bekommt die Möhrensuppe dann ihren besonderen Kick.

FÜR 4 PORTIONEN
- 1 Zwiebel
- 2 Knoblauchzehen
- 1 Stück Ingwerwurzel (ca. 3 cm)
- 1 El Sonnenblumenöl
- 500 g Möhren
- 250 ml Weißwein
- 4 Kartoffeln
- 375 ml Gemüsebrühe
- 500 ml ungesüßte Kokosmilch
- Salz
- schwarzer Pfeffer
- 1/4 Tl gemahlener Kreuzkümmel
- 1/2 Bund Koriander

1 Die Zwiebel und Knoblauchzehen abziehen und sehr fein hacken. Den Ingwer schälen und in kleine Würfel schneiden. Die Möhren waschen, Wurzel- und Blattansatz wegschneiden und mit einem Sparschäler schälen. Die Möhren zuerst längs halbieren und dann in Scheiben schneiden. Die Kartoffeln waschen, schälen und in Würfel schneiden.

2 Das Sonnenblumenöl in einem Topf erhitzen. Die Zwiebel, den Knoblauch und den Ingwer darin andünsten. Dann die Möhren hinzufügen und kurz anbraten. Die Kartoffeln zugeben und das Ganze mit Weißwein und Gemüsebrühe ablöschen. Die Suppe kurz aufkochen und dann zugedeckt bei reduzierter Hitze ca. 20 Minuten köcheln lassen.

3 Die Kokosmilch angießen. Eine Suppenkelle voll Gemüse herausnehmen und beiseitestellen. Die restliche Suppe pürieren und mit Salz, Pfeffer und Kreuzkümmel würzen. Das nicht pürierte Gemüse wieder hinzufügen.

4 Den Koriander waschen und mit Küchenkrepp trocken tupfen. Die Blättchen von den Stielen zupfen und fein hacken. Vor dem Servieren den Koriander über die Suppe streuen. Die Suppe dann nicht mehr aufkochen lassen, da der Koriander ansonsten an Aroma verliert.

VARIATION

Eine **klassische Möhrensuppe** wird ohne Ingwer, Kokosmilch, Kreuzkümmel und Koriander zubereitet. Stattdessen wird die Suppe mit einem klein geschnittenen Bund Suppengrün gekocht und mit Salz, Pfeffer, geriebener Muskatnuss, einem Spritzer Zitronensaft und etwas Sahne abgeschmeckt.

RINDFLEISCH-BOHNEN-EINTOPF

Zubereitungszeit ca. 20 Min.
plus Garzeit ca. 1 Std. 30 Min.
fertig in ca. 1 Std. 50 Min.

Pro Portion ca. 220 kcal, 920 kJ,
4 g F, 22 g KH, 22 g E

FÜR 4 PORTIONEN

2 Beinscheiben vom Rind
1 Lorbeerblatt
Salz
1 Zwiebel
2 Möhren
200 g Sellerie
500 g grüne Stangenbohnen
400 g Kartoffeln
1 Tl Bohnenkraut
schwarzer Pfeffer

Stangenbohnen führen zu Unrecht ein Schattendasein in unseren Küchen, denn sie sind preiswert, in der Zubereitung einfach zu handhaben und außerdem noch gesund. Und das Wichtigste: Sie schmecken auch in diesem Eintopf wunderbar.

1 Die Beinscheiben unter fließend kaltem Wasser abbrausen und mit 1 1/2 l kaltem Wasser in einem Topf zum Kochen bringen. Das Lorbeerblatt und 1 Tl Salz hinzufügen. Die Zwiebel abziehen, achteln und zum Fleisch geben. Das Ganze 1 Stunde auf kleinster Stufe köcheln lassen. Entstehenden Eiweißschaum mit einer Schaumkelle abschöpfen.

2 Inzwischen die Möhren waschen, Wurzel- und Blattansatz wegschneiden und mit einem Sparschäler schälen. Die Möhren zuerst längs in Streifen und dann in 1/2 cm große Würfel schneiden. Den Sellerie waschen, schälen und ebenfalls würfeln. Die Bohnen waschen und den Stielansatz und die Spitze entfernen und in mundgerechte Stücke schneiden. Die Kartoffeln gründlich waschen, schälen und ebenfalls in mundgerechte Stücke schneiden.

3 Nach 1 Stunde Kartoffeln, Möhren und Sellerie hinzufügen und nach weiteren 15 Minuten die Bohnen und das Bohnenkraut hinzufügen und alles mit dem Fleisch gar kochen. Nach 1 1/2 Stunden das Fleisch aus der Brühe nehmen, etwas abkühlen lassen, von den Knochen lösen und in Würfel schneiden.

4 Die Fleischwürfel zurück zum Eintopf geben. Das Ganze mit Salz und Pfeffer abschmecken. Den Eintopf mit kräftigem Bauernbrot servieren.

VARIATION

Anstelle von frischen Stangenbohnen können Sie auch 400 g weiße Bohnen aus der Dose verwenden.

KOKOSSUPPE MIT GARNELEN

Edel, aber auch nicht ganz preiswert ist dieses Süppchen. Die Garnelen kann man auch durch festes Fischfilet austauschen. Mit Steinbeißer, der in wenig Olivenöl angebraten wird, schmeckt die Suppe auch prima.

Zubereitungszeit **ca. 20 Min.**
plus Garzeit **ca. 10 Min.**
fertig in **ca. 30 Min.**

Pro Portion ca. 380 kcal, 1590 kJ, 24 g F, 14 g KH, 26 g E

FÜR 4 PORTIONEN

400 g küchenfertige TK-Garnelen
2 Knoblauchzehen
1 Stück Ingwer (2 cm lang)
1 Stange Lauch
300 g Möhren
1/2 Bund Koriander
2 El Rapsöl
1 Tl rote Currypaste
1 l Hühnerbrühe
330 ml Kokosmilch
2 El Zitronensaft
Salz

1 Die Garnelen auftauen lassen, unter kaltem Wasser abbrausen und trocken tupfen. Jede Garnele am Rücken längs einschneiden und den schwarzen Darm entfernen. Den Knoblauch abziehen und den Ingwer schälen, beides fein hacken.

2 Den Lauch von oben längs einschneiden und unter kaltem Wasser abbrausen. Die Wurzel und den oberen Teil des Grüns wegschneiden. Die Lauchstange in feine Ringe schneiden. Die Möhren waschen, Wurzel- und Blattansätze wegschneiden und mit einem Sparschäler schälen. Die Möhren zuerst längs in Streifen schneiden und dann fein würfeln. Den Koriander waschen und mit Küchenkrepp trocken tupfen. Die Blättchen von den Stielen zupfen und mit einem großen Küchenmesser fein hacken.

3 Das Öl in einem Topf erhitzen. Garnelen, Ingwer und Knoblauch hinzugeben und darin 1 bis 2 Minuten anbraten, dann herausnehmen. Die Currypaste, Möhren und Lauch hineingeben und unter Rühren 1 bis 2 Minuten dünsten. Dann die Brühe und Kokosmilch angießen. Das Ganze aufkochen und etwa 2 Minuten köcheln lassen. Die Suppe mit Zitronensaft, Salz und Koriander kräftig abschmecken. Die Garnelen darin erwärmen. Die Suppe auf Tellern anrichten und mit Koriander dekorieren. Dazu passt Basmatireis.

VARIATION

Mit Mangold anstelle des Lauchs und Hähnchenbrust statt der Garnelen schmeckt die Suppe auch wunderbar. Sie brauchen etwa 200 g Mangold, den Sie wie den Lauch im Rezept verwenden und 300 g Hähnchenbrustfilet, das Sie in Streifen geschnitten in wenig Olivenöl anbraten.

LINSENSUPPE MIT METTWÜRSTCHEN

Zubereitungszeit **ca. 30 Min.**
plus Einweichzeit **ca. 12 Std.**
plus Garzeit **ca. 1 Std.**
fertig in **ca. 13 Std. 30 Min.**

Pro Portion ca. 510 kcal, 2130 kJ, 23 g F, 44 g KH, 32 g E

Früher hatten Hülsenfrüchte als Bestandteil der „Arme-Leute-Küche" keinen besonders guten Ruf. Doch inzwischen liegen sie voll im Trend, denn man hat erkannt, dass sie nicht nur wertvolle Nährstoffe enthalten, sondern sich auch vielfältig und schmackhaft zubereiten lassen. Eine klassische Variante sind dabei Eintöpfe und deftige Suppen, die insbesondere in der kalten Jahreszeit eine Wohltat für Leib und Seele sind.

FÜR 4 PORTIONEN

300 g Linsen
1 Zwiebel
1 Stange Lauch
2 Möhren
1/4 Knolle Sellerie
2-3 Suppenknochen
1 El Sonnenblumenöl
4 Mettwürstchen
1 Tl Liebstöckel (Maggikraut)
1/2 Tl getrockneter Majoran
1 Tl Salz
schwarzer Pfeffer
1 El Weißweinessig

1 Die Linsen in einen Topf geben, mit ca. 500 ml Wasser bedecken und zugedeckt 12 Stunden einweichen.

2 Nach der Einweichzeit die Zwiebel abziehen und sehr fein hacken. Die grünen Blätter des Lauchs und die Wurzel abschneiden. Den Lauch längs halbieren, die Stange auffächern und unter fließendem Wasser auswaschen. Dann den Lauch quer in Streifen schneiden.

3 Die Möhren waschen, Wurzel- und Blattansatz wegschneiden und mit einem Sparschäler schälen. Die Möhren zuerst längs halbieren und dann in Scheiben schneiden. Den Sellerie schälen, den Wurzel- und Blattansatz entfernen und in kleine Würfel schneiden. Die Knochen kalt abspülen und mit Küchenpapier abtupfen.

4 Das Sonnenblumenöl in einem Topf erhitzen und die Zwiebel darin glasig dünsten. Das geschnittene Gemüse dazugeben und kurz andünsten. Dann die Suppenknochen, Linsen und das Einweichwasser dazugeben und aufkochen lassen. Nun die Hitze reduzieren und die Suppe zugedeckt ca. 1 Stunde auf kleiner Flamme köcheln lassen. Inzwischen die Mettwürstchen in Scheiben schneiden und nach 30 Minuten in die Suppe legen.

5 Liebstöckel waschen, mit Küchenkrepp trocken tupfen und mit einem großen Küchenmesser fein hacken. Die Suppenknochen herausnehmen. Die Suppe mit Liebstöckel, Majoran, Salz, Pfeffer und Weißweinessig würzen.

VARIATION

Gehaltvoller wird die Linsensuppe, wenn mit den Zwiebeln kleine Speckwürfel ausgelassen werden. Wer möchte, kann auch in Würfel geschnittene Kartoffelstückchen mitgaren.

ASIA-NUDELSUPPE

Früher gab es Mungobohnensprossen nur in der Dose, heute bekommt man sie auch frisch oder zieht sie aus den Samen selbst. Sie sind reich an B-Vitaminen und Mineralstoffen, sodass diese Suppe Ihre Nerven stärkt.

Zubereitungszeit **ca. 15 Min.**
plus Garzeit **ca. 10 Min.**
fertig in **ca. 25 Min.**

Pro Portion ca. 240 kcal, 1000 kJ, 11 g F, 23 g KH, 16 g E

FÜR 4 PORTIONEN

- 100 g Glasnudeln
- 125 g Mungobohnensprossen
- 2 Zwiebeln
- 1 Knoblauchzehe
- 1/2 Bund Koriander
- 1 frische Chilischote
- 500 g Shiitakepilze
- 400 g Tofu
- 2 El Rapsöl
- 1 1/2 l Gemüsebrühe
- 2 El Sojasauce

1 Die Glasnudeln mit kochendem Wasser übergießen und ca. 2 Minuten ziehen lassen, dann das Wasser abgießen und die Glasnudeln mit einer Küchenschere klein schneiden.

2 Die Mungobohnensprossen verlesen, in einem Sieb abbrausen und abtropfen lassen. Zwiebeln und Knoblauch abziehen und fein hacken. Den Koriander waschen und mit Küchenkrepp trocken tupfen. Die Blättchen von den Stielen zupfen und mit einem großen Küchenmesser fein hacken. Die Chilischote waschen, trocken tupfen, längs halbieren, Kerne und Scheidewände sowie Stielansatz entfernen. Das Fruchtfleisch sehr fein würfeln.

3 Die Shiitakepilze mit Küchenkrepp sauber reiben und in Streifen schneiden. Den Tofu abtropfen lassen und grob würfeln.

4 Das Öl in einem Topf erhitzen, die Zwiebeln darin glasig dünsten. Pilze, Knoblauch sowie Chilischote hinzufügen und 2 Minuten darin dünsten. Dann die Mungobohnensprossen und den Tofu hinzufügen und 1 Minute dünsten. Danach die Brühe angießen, alles zum Kochen bringen und etwa 2 Minuten köcheln lassen. Die Glasnudeln darin erwärmen und das Ganze mit Sojasauce und Koriander abschmecken.

5 Die Suppe auf 4 Teller verteilen, mit Koriander oder auch Chilischoten garnieren. Wer mag, kann dazu Weißbrot essen, Reis passt natürlich auch.

VARIATION

Wer kein Fan von vegetarischen Suppen ist, tauscht den Tofu gegen Fleisch aus. Egal, ob Pute, Hähnchen, Lamm, Rind oder Schwein – sie passen alle. Alle Fleischsorten sollten zuvor in Streifen geschnitten, in etwas Sojasauce mariniert und dann in der Pfanne gebraten werden, bevor sie in die Suppe wandern.

BASILIKUM-SPINAT-SUPPE

Zubereitungszeit ca. 30 Min.
plus Garzeit ca. 10 Min.
fertig in ca. 40 Min.

Pro Portion ca. 190 kcal, 790 kJ, 16 g F, 8 g KH, 4 g E

Diese grüne Suppe schmeckt an heißen Sommertagen durchaus auch gut gekühlt. Dafür kochen Sie die Suppe am besten am Vortag, lassen sie auskühlen und stellen sie dann in den Kühlschrank, sodass sie schön kalt wird. Wer es eiskalt mag, gibt vor dem Servieren 2 Esslöffel gecrashtes Eis in die Suppentasse oder den -teller.

FÜR 4 PORTIONEN
1 Kartoffel
200 g frischer Spinat
1 Bund Basilikum
1 Bund Kerbel
50 g Rucola
2 Zwiebeln
2 Knoblauchzehen
2 El Butter
750 ml Gemüsebrühe
150 ml Sahne
Salz
schwarzer Pfeffer
2 El Zitronensaft

1 Die Kartoffel waschen, schälen und fein würfeln. Den Spinat gründlich waschen, dicke Stiele auslösen und welke Blätter entfernen. In eine Salatschleuder geben und trocken schleudern. Den Spinat grob hacken.

2 Basilikum und Kerbel waschen und mit Küchenkrepp trocken tupfen. Die Blättchen von den Stielen zupfen und mit einem großen Küchenmesser grob hacken. Den Rucola waschen, die Stielansätze entfernen und ebenfalls in einer Salatschleuder trocken schleudern.

3 Die Zwiebeln und den Knoblauch abziehen und fein hacken. Die Butter in einem Topf erhitzen und die Zwiebeln darin glasig dünsten. Spinat, Knoblauch und Kartoffel hinzufügen kurz andünsten und mit der Brühe ablöschen. Das Ganze zum Kochen bringen und 10 Minuten gar köcheln.

4 Inzwischen Basilikum, Kerbel und Rucola zusammen mit der Sahne in ein hohes Gefäß geben und pürieren. Die Suppe ebenfalls pürieren und die Kräutersahne unter die nicht mehr kochende Suppe rühren. Mit Salz, Pfeffer und Zitronensaft abschmecken. Die Suppe auf Teller verteilen und Baguette dazu reichen.

VARIATION

Anstelle des Spinats können Sie auch 300 g Zucchini verwenden. Die Zucchini in Scheiben schneiden und ebenfalls mit Kartoffel und Knoblauch andünsten.

KÜRBISSUPPE

Herbstzeit ist Kürbiszeit. Seit Halloween auch bei uns immer beliebter wird, feiert der Kürbis nicht nur als ausgehöhlte Maske, sondern auch als delikate Zutat in der Küche sein Comeback. Kürbissuppen sind heute somit wieder ein fester Bestandteil auf den Speisekarten der Restaurants.

Zubereitungszeit ca. 25 Min.
plus Garzeit ca. 20 Min.
fertig in ca. 45 Min.

Pro Portion ca. 270 kcal, 1130 kJ, 19 g F, 18 g KH, 5 g E

FÜR 4 PORTIONEN

1 Kartoffel
1 Zwiebel
600 g Hokkaido-Kürbis
2 El Rapsöl
2 El Anisschnaps
700 ml Brühe
3 Zweige Thymian
3 Zweige Zitronenthymian
Salz
schwarzer Pfeffer
125 g Crème fraîche

1 Die Kartoffel waschen, schälen und würfeln. Die Zwiebel abziehen und fein hacken. Den Hokkaido-Kürbis nicht schälen, denn die Schale kann man mitessen und sie ist auch nur sehr schwer vom Fleisch zu lösen. Den Kürbis also lediglich gut waschen, dann aufschneiden. Kerne und weiches, faseriges Fruchtfleisch entfernen. Das feste Fruchtfleisch in Stücke schneiden.

2 Das Öl in einem Topf erhitzen. Die Zwiebel darin glasig dünsten. Kartoffel- und Kürbisstücke hinzugeben. Mit Anisschnaps ablöschen und die Brühe angießen. Die beiden Thymiansorten waschen und die Zweige zur Suppe geben. Die Suppe ca. 20 Minuten köcheln lassen.

3 Die Thymianzweige aus der Suppe entfernen und die Suppe pürieren. Mit Salz und Pfeffer abschmecken, dann die Hälfte der Crème fraîche unter die Suppe rühren.

4 Die Suppe auf Teller verteilen und mit je 1 Klecks Crème fraîche garnieren. Dazu schmeckt Nussbrot besonders gut.

VARIATIONEN

Statt des Anisschnaps können Sie auch 1 El Currypulver zum Kürbis geben und dieses kurz anschwitzen lassen.

Als Topping passen zur Kürbissuppe auch je 1 El gehackte Kürbiskerne, Walnüsse und Sesam, die Sie zuvor ohne Fett in einer Pfanne anrösten.

FLÄDLESUPPE

Zubereitungszeit ca. 40 Min.
plus Garzeit ca. 1 Std. 30 Min.
fertig in ca. 2 Std. 10 Min.

Pro Portion ca. 280 kcal, 1170 kJ,
12 g F, 14 g KH, 29 g E

Flädle sind eine schwäbische Spezialität. Es handelt sich dabei um dünne, knusprig ausgebackene Pfannkuchen. Eine Flädlesuppe war früher ein typisches Reste-Essen, für das die übrig gebliebenen Pfannkuchen vom Vortag am nächsten Tag in die Suppe kamen.

FÜR 4 PORTIONEN

- 1 Zwiebel
- 1 Stange Lauch
- 2 Möhren
- 1/4 Knolle Sellerie
- 400 g Suppenfleisch vom Rind
- 1 El Sonnenblumenöl
- 1 1/2 l Gemüsebrühe
- Salz
- schwarzer Pfeffer
- 1 Lorbeerblatt
- 2 Eier
- 4 gehäufte El Mehl
- 100 ml Milch
- 1-2 El Butter
- 1 Bund Schnittlauch

1 Die Zwiebel abziehen und sehr fein hacken. Die äußeren Blätter vom Lauch und den Wurzelansatz abschneiden. Den Lauch längs halbieren, die Stange auffächern und unter fließendem Wasser auswaschen. Dann den Lauch quer in Streifen schneiden.

2 Die Möhren waschen, Wurzel- und Blattansätze wegschneiden und mit einem Sparschäler schälen. Die Möhren zuerst längs halbieren und dann in Scheiben schneiden. Den Sellerie schälen, den Wurzel- und Blattansatz entfernen und in kleine Würfel schneiden. Das Fleisch unter kaltem Wasser abbrausen und mit Küchenkrepp trocken tupfen.

3 Das Sonnenblumenöl in einem großen Topf erhitzen und die Zwiebel darin anschwitzen. Sobald die Zwiebel glasig wird, das klein geschnittene Gemüse hinzufügen und kurz anbraten. Das Fleisch dazugeben und mit 1 1/2 l Gemüsebrühe ablöschen. 1 El Salz sowie die Gewürze hinzufügen und die Suppe aufkochen lassen. Dann die Hitze reduzieren und die Suppe zugedeckt ca. 1 1/2 Stunden köcheln lassen.

4 Für die Flädle die Eier in eine Schüssel schlagen und verquirlen. Nach und nach Mehl, 1 Prise Salz und die Milch unterrühren. Dabei darauf achten, dass keine Klumpen entstehen und der Teig nicht zu flüssig wird.

5 In einer Pfanne etwas Butter schmelzen. Eine kleine Suppenkelle Teig hineingießen, dabei die Pfanne kurz schwenken, sodass sich der Teig in der ganzen Pfanne verteilt. Die Pfannkuchen von beiden Seiten goldgelb backen, noch heiß aufrollen und in dünne Streifen schneiden.

6 Schnittlauch waschen, mit Küchenkrepp trocken tupfen und fein hacken. Die Suppe durch ein Sieb geben, die Brühe dabei auffangen, das Gemüse und Fleisch anderweitig verwenden. Die Brühe mit Salz und Pfeffer abschmecken. Die geschnittenen Flädle in Suppenteller oder eine Suppenterrine geben und mit Brühe aufgießen. Die Suppe mit Schnittlauch bestreut servieren.

VARIATION

Bereiten Sie die Flädlesuppe doch einmal mit Kräuteromelett zu. Hierfür fügen Sie dem Pfannkuchenteig je 1 El gehackte Petersilie und Schnittlauch zu. Lecker schmeckt die Fleischbrühe auch, wenn Sie statt der Flädle das klein geschnittene Suppenfleisch oder frische Markklößchen als Einlage hineingeben.

CHILI CON CARNE

Zubereitungszeit **ca. 30 Min.**
plus Garzeit **ca. 20 Min.**
fertig in **ca. 50 Min.**

Pro Portion ca. 450 kcal, 1880 kJ, 24 g F, 24 g KH, 35 g E

Chili con Carne, das scharfe Gericht mit Kidneybohnen und Fleisch, kennt jeder. Und doch wird über dieses Gericht, seinen Ursprung, aber auch seine korrekte Zubereitung viel gestritten. Doch egal, ob ursprünglich aus Mexiko oder den USA, ob mit Hackfleisch oder Fleischstücken zubereitet, in einem Punkt sind sich seine Fans alle einig: Aufgewärmt schmeckt es am besten!

FÜR 4 PORTIONEN

- 500 g Kidneybohnen (aus der Dose)
- 500 g Tomaten
- 1 große Zwiebel
- 2 Knoblauchzehen
- 1-2 rote Chilischoten
- je 1 rote und grüne Paprikaschote
- 2 El Olivenöl
- 500 g Rinderhackfleisch
- 1 El Tomatenmark
- 350 ml Gemüsebrühe
- Salz
- schwarzer Pfeffer
- 1 Tl edelsüßes Paprika
- 1/2 Tl gemahlener Kreuzkümmel

1 Die Kidneybohnen in ein Sieb geben und abtropfen lassen. Die Tomaten über Kreuz einritzen, kurz mit kochendem Wasser überbrühen, mit kaltem Wasser abschrecken, mit einem kleinen Küchenmesser häuten, vierteln, entkernen und von den Stielansätzen befreien. Dann in Würfel schneiden.

2 Die Zwiebel und den Knoblauch abziehen und fein hacken. Die Chilischoten waschen, trocken tupfen, längs halbieren, Kerne und Scheidewände sowie Stielansätze entfernen. Das Fruchtfleisch schräg in Ringe schneiden. Die Paprika waschen, halbieren, Stielansätze herausschneiden, Trennwände und Kerne herauslösen und das Fruchtfleisch würfeln.

3 Das Olivenöl in einem Topf erhitzen und das Hackfleisch darin anbraten, bis es grau und krümelig wird. Dann das Fleisch auf eine Seite des Topfes schieben und Zwiebel, Knoblauch und Chili auf der anderen Seite anschwitzen.

4 Anschließend die Tomaten- und Paprikawürfel, die Bohnen und das Tomatenmark unterrühren. Mit der Brühe aufgießen und das Chili zugedeckt ca. 20 Minuten auf kleiner Flamme schmoren lassen. Das Chili mit Salz, Pfeffer, Paprikapulver und Kreuzkümmel würzen und mit frischem Baguette servieren.

VARIATIONEN

Für ein **Chili mit Fleischstücken** schneiden Sie anstelle des Hackfleisches 700 g Rinderschulter in mundgerechte Stücke und braten diese an. Das Chili con Carne dann wie oben beschrieben zubereiten; die Garzeit liegt dann bei 1 Stunde.

Für ein **vegetarisches Chili** wird das Fleisch durch weitere Gemüsesorten ersetzt. Geeignet sind hierfür 1 Dose Mais, 250 g in dünne Scheiben geschnittene Möhren, 400 g gewürfelte Kartoffeln und 1 Stange Lauch, die in Ringe geschnitten wird.

FISCHSUPPE

Fischsuppen werden meist aus Meeresfischen und -früchten zusammen mit Gemüse gekocht. Sie sind daher vor allem in den Küchen der Küstenregionen verbreitet. Die Zutaten können dabei durchaus variieren – je nach Region und Land. Entscheidend für ihren Geschmack ist aber bei allen Rezepten, dass sie mit verschiedenen Fischsorten zubereitet werden.

Zubereitungszeit **ca. 50 Min.**
plus Garzeit **ca. 15 Min.**
fertig in **ca. 1 Std. 5 Min.**

Pro Portion ca. 430 kcal, 1800 kJ, 13 g F, 12 g KH, 41 g E

FÜR 4 PORTIONEN

600 g gemischte Fischfilets (z.B. Rotbarsch, Seeteufel, Kabeljau, Scholle, Seehecht)
2 Zitronen
Salz
300 g Miesmuscheln
150 g rohe Garnelen
1 Zwiebel
2 Knoblauchzehen
2 Möhren
1 Stange Lauch
2 Stangen Staudensellerie
500 g Tomaten
4 El Olivenöl
600 ml Weißwein
schwarzer Pfeffer
1 Lorbeerblatt

1 Die Fischfilets unter kaltem Wasser abspülen und mit Küchenkrepp trocken tupfen. In mundgerechte Stücke schneiden und auf einen Teller legen. Eine Zitrone auspressen, die Fischfilets mit dem Saft beträufeln und leicht salzen. Die Filets abgedeckt kühl stellen.

2 Die Miesmuscheln putzen, waschen, die Barthaare entfernen und die bereits geöffneten Muscheln aussortieren (sie sind nicht mehr gut). Die Garnelen schälen, am Rücken aufritzen, den Darm entfernen und kühl stellen.

3 Die Zwiebel und den Knoblauch abziehen und sehr fein hacken. Die Möhren waschen, Wurzel- und Blattansätze wegschneiden und mit einem Sparschäler schälen. Die Möhren zuerst längs in Streifen schneiden und dann würfeln. Die äußeren Blätter vom Lauch und den Wurzelansatz abschneiden. Den Lauch längs halbieren, die Stange auffächern und unter fließendem Wasser auswaschen. Dann den Lauch quer in Streifen schneiden.

4 Den Staudensellerie waschen, die Blätter und den Strunk entfernen und die Stangen quer in Scheiben schneiden. Die Tomaten über Kreuz einritzen, kurz mit kochendem Wasser überbrühen, mit kaltem Wasser abschrecken, mit einem kleinen Küchenmesser häuten, vierteln, entkernen und von den Stielansätzen befreien. Dann in Würfel schneiden und beiseitestellen.

5 In einem großen Topf das Olivenöl erhitzen und die Zwiebel mit dem Knoblauch anschwitzen. Das Gemüse zufügen und kurz andünsten. Mit 350 ml Weißwein ablöschen, mit Salz und Pfeffer kräftig würzen und kurz aufkochen. Nun die Fischfilets und das Lorbeerblatt hineingeben und zugedeckt ca. 10 Minuten auf kleiner Flamme köcheln lassen. Dann die Garnelen hinzufügen und weitere 5 Minuten köcheln lassen.

6 Gleichzeitig die Muscheln in einen großen Topf geben, 250 ml Weißwein angießen und zum Kochen bringen. Die Muscheln in ca. 5 bis 10 Minuten garen, bis sie sich öffnen. Muscheln, die sich nicht geöffnet haben, aussortieren (sie sind ebenfalls nicht gut). Die Muscheln aus dem Sud herausnehmen und zur Seite stellen.

7 Das Lorbeerblatt aus der Fischsuppe entfernen. Diese mit Salz, Pfeffer und dem Saft der zweiten Zitrone abschmecken. Die Miesmuscheln hinzufügen und die Suppe mit frischem Baguette servieren.

GAZPACHO

Zubereitungszeit **ca. 20 Min.**

Pro Portion ca. 170 kcal, 710 kJ, 11 g F, 14 g KH, 4 g E

Diese kalte Gemüsesuppe kommt aus Spanien. Und ist nicht nur dort, sondern auch bei uns an heißen Sommertagen eine wohltuende Abkühlung. Damit sie schön fruchtig und aromatisch schmeckt, sollten die Tomaten sonnengereift sein. Alternativ können Sie auch 300 ml Tomatensaft aus der Flasche verwenden.

FÜR 4 PORTIONEN

400 g vollreife Tomaten
1 Zwiebel
1 Knoblauchzehe
1/2 Salatgurke
1 grüne Paprikaschote
1 rote Paprikaschote
2 Scheiben Weißbrot
4 El Olivenöl
2 El Sherryessig
Salz
schwarzer Pfeffer aus der Mühle

1 Die Tomaten über Kreuz einritzen, kurz überbrühen, abschrecken und häuten. Dann vierteln, entkernen und von den Stielansätzen befreien. Das Fruchtfleisch in Würfel schneiden.

2 Die Zwiebel und den Knoblauch abziehen. Die Gurke waschen, schälen und längs halbieren. Gurke in 6 cm dicke Stücke schneiden. Die Paprika waschen, halbieren, Stielansätze herausschneiden, Trennwände und Kerne herauslösen und das Fruchtfleisch in mundgerechte Stücke schneiden.

3 Eine Spalte Zwiebel und 1/4 Paprikaschote sowie ein klein wenig Gurke in feine Würfel schneiden. Das Gemüse getrennt in Schälchen beiseitestellen.

4 Das restliche Gemüse mit den Zwiebeln und dem Knoblauch sowie dem Weißbrot im Mixer fein pürieren. Das Olivenöl und den Essig unter das pürierte Gemüse rühren. Mit Salz und Pfeffer pikant abschmecken.

5 Die Suppe im Kühlschrank mindestens 1 Stunde zugedeckt durchziehen lassen. Die Gazpacho in Teller geben. Das fein gewürfelte Gemüse dazu reichen.

TIPP

Wenn die kalte Suppe zu dick ist, rühren Sie einfach noch etwas eiskaltes Wasser unter die Gazpacho.

PASTA, REIS & CO.

PENNE ALL' ARRABBIATA

Zubereitungszeit **ca. 15 Min.**
plus Garzeit **ca. 15 Min.**
fertig in **ca. 30 Min.**

Pro Portion ca. 610 kcal, 2550 kJ, 24 g F, 79 g KH, 18 g E

FÜR 4 PORTIONEN

500 g reife Tomaten
75 g durchwachsener Speck
1 Zwiebel
2 Knoblauchzehen
1 frische kleine rote Chilischote
1 rote Paprikaschote
10 große Basilikumblätter
2 El Butter
Salz
schwarzer Pfeffer
400 g Penne
50 g frisch geriebener Parmesan

Übersetzt bedeutet „arrabbiata" „die Zornige" – das bezieht sich sicherlich auf die feurige Schärfe dieses traditionellen Nudelgerichtes aus dem Latium, das man genauso gut mit Spaghetti, Makkaroni oder anderen Nudelsorten zubereiten kann.

1 Die Tomaten über Kreuz einritzen, kurz mit kochendem Wasser überbrühen, mit kaltem Wasser abschrecken, mit einem kleinen Küchenmesser häuten, vierteln, entkernen und von den Stielansätzen befreien. Dann in Würfel schneiden und diese durch ein feines Sieb streichen.

2 Den Speck fein würfeln. Die Zwiebel und die Knoblauchzehen abziehen. Die Zwiebel fein hacken, den Knoblauch in dünne Scheiben schneiden. Die Chilischote längs aufschneiden und die Kerne entfernen. Die Paprika waschen, halbieren, Stielansatz herausschneiden, Trennwände und Kerne herauslösen und das Fruchtfleisch würfeln.

3 Die Basilikumblätter waschen, trocken tupfen und in feine Streifen schneiden. Die Butter in einem Topf zerlassen. Den Speck und die Zwiebelwürfel hineingeben und darin anbraten. Die Knoblauchscheiben, die Paprikawürfel, das Tomatenpüree, die Chilischote und die Basilikumblättchen dazugeben. Alles mit Salz und Pfeffer abschmecken. Die Sauce bei mittlerer Hitze etwa 15 Minuten offen köcheln lassen, bis sie sämig ist.

4 Inzwischen für die Penne 4 l Salzwasser in einem großen Topf zum Kochen bringen. Die Penne hineingeben und nach Packungsanleitung in ca. 9 Minuten bissfest kochen.

5 Die Nudeln in einem Sieb gut abtropfen lassen. Die Chilischoten aus der Sauce nehmen. Die Nudeln mit der Sauce auf Tellern anrichten und mit dem Parmesan bestreuen. Zu den pikanten Nudeln schmeckt ein grüner Salat mit einem leichten Joghurtdressing am besten.

VARIATION

Auch ohne Speck schmeckt die Sauce ausgezeichnet und wer mag, gibt kurz vor Ende der Kochzeit noch einen Schuss Weißwein hinzu.

ASIA-MANGOLD-REIS-AUFLAUF

Das Garen von Reis im Ofen hat eine lange Tradition in der Gegend rund um Singapur. Der Reis wird in der Regel stets in der doppelten Menge kalten Wassers eingeweicht und gart anschließend mit den anderen Zutaten des Auflaufs im Ofen.

Zubereitungszeit **ca. 40 Min.**
plus Einweichzeit **ca. 1 Std.**
plus Garzeit **ca. 30 Min.**
fertig in **ca. 2 Std. 10 Min.**

Pro Portion ca. 360 kcal, 1500 kJ, 9 g F, 59 g KH, 11 g E

FÜR 4 PORTIONEN

200 g Jasminreis
400 ml Gemüsebrühe
40 g getrocknete Mu-Err-Pilze
2 kleine Auberginen
3 Knoblauchzehen
2 Köpfe Mangold
3 El Sojaöl
1 Tl Shrimpspaste
100 g Maiskörner (aus der Dose)
2 El Asiatische Bohnensauce
2 El Sojasauce
Salz
weißer Pfeffer
1/4 Bund Petersilie

1 Den Jasminreis in der Gemüsebrühe einweichen. Die getrockneten Mu-Err-Pilze etwa 1 Stunde in lauwarmem Wasser einweichen, abtropfen lassen und die Pilze in Streifen schneiden.

2 Die Auberginen waschen, vom Stielansatz befreien, vierteln und in Stücke schneiden. Die Knoblauchzehen abziehen und fein hacken. Den Mangold waschen, putzen, die weißen Stiele herausschneiden und die Blätter in mundgerechte Streifen schneiden. Den Backofen auf 180 °C (Umluft 150 °C) vorheizen.

3 Das Öl in einer Pfanne erhitzen, den Knoblauch darin glasig dünsten. Die Shrimpspaste einrühren. Das Gemüse und die Pilze kurz anbraten. Mit Bohnensauce, Sojasauce, Salz und Pfeffer würzen. Den Reis mit der Gemüsebrühe hinzufügen und alles einmal aufkochen lassen.

4 Das Ganze in eine Auflaufform mit Deckel (etwa 30 cm lang) geben und verschließen. Die Reis-Gemüse-Mischung 25 bis 30 Minuten auf mittlerer Schiene im Ofen garen. Inzwischen die Petersilie waschen und mit Küchenkrepp trocken tupfen. Die Blättchen von den Stielen zupfen und mit einem großen Küchenmesser fein hacken.

5 Die Auflaufform aus dem Ofen nehmen, den Auflauf mit der fein gehackten Petersilie bestreuen und in der Auflaufform servieren.

VARIATION

Mu-Err-Pilze finden Sie im Asialaden oder in der Asiaecke eines großen Supermarktes. Anstelle dieser getrockneten, chinesischen Pilze können Sie auch andere Pilze, wie z. B. 400 g frische Champignons, verwenden.

PAELLA

Zubereitungszeit **ca. 30 Min.**
plus Auftauzeit **ca. 1 Std.**
plus Garzeit **ca. 30 Min.**
fertig in **ca. 2 Std.**

Pro Portion ca. 850 kcal, 3550 kJ, 43 g F, 59 g KH, 51 g E

Wer mit frischen Chilischoten kocht, sollte sich nach dem Feinhacken der Schoten gründlich die Hände waschen. Wenn man sich nämlich einmal unachtsam mit den Fingern die Augen reibt, ist der Schmerz groß, denn der Inhaltsstoff Capsaicin in der Chilischote verursacht ein höllisches Brennen in den Augen.

FÜR 4 PORTIONEN

- 200 g TK-Tintenfischringe
- 1 Zwiebel
- 2 Knoblauchzehen
- 2 kleine rote Chilischoten
- je 1 grüne und rote Paprika
- 4 Hähnchenschenkel
- Salz
- schwarzer Pfeffer
- 1 Msp. Paprikapulver
- 200 g Chorizo (ersatzweise scharfe Dauerwürstchen)
- 4 El Olivenöl
- 250 g Parboiled Reis
- 100 ml Weißwein
- 1 Döschen Safran (à 0,2 g)
- ca. 500 ml Fleischbrühe
- 1 unbehandelte Zitrone

1 Die Tintenfischringe auftauen lassen. Die Zwiebel und die Knoblauchzehen abziehen und fein hacken. Die Chili- und Paprikaschoten waschen, trocken tupfen, längs halbieren, Kerne und Scheidewände sowie Stielansätze entfernen. Die Chilischoten fein würfeln, die Paprikaschoten in etwa 1 cm große Stücke schneiden.

2 Die Hähnchenschenkel unter kaltem Wasser abbrausen, trocken tupfen und mit Salz, Pfeffer und Paprikapulver einreiben. Die Würste pellen und in Scheiben schneiden.

3 Etwas Öl in einer großen und hohen Pfanne erhitzen. Die Hähnchenschenkel hineingeben, auf beiden Seiten etwa 3 Minuten scharf anbraten und wieder herausnehmen. Das restliche Öl in den Bratensatz gießen. Zwiebel-, Knoblauch-, Chili- und Paprikastücke dazugeben und unter ständigem Rühren darin anbraten. Den Reis einstreuen und glasig dünsten.

4 Den Gemüsereis mit dem Weißwein ablöschen. Den Safran einrühren. Alles salzen und pfeffern, mit etwa 500 ml Fleischbrühe aufgießen und aufkochen. Die Hähnchenschenkel dazugeben. Das Ganze bei geschlossener Pfanne etwa 15 Minuten garen.

5 Eventuell etwas Brühe nachgießen, damit der Reis nicht anbrennt. Die aufgetauten Tintenfischringe und Wurstscheiben zur Paella geben und alles weitere 15 Minuten garen.

6 Das Ganze noch einmal mit Salz, Pfeffer und Paprika abschmecken. Die Zitrone waschen, in Achtel schneiden und zur Paella servieren.

VARIATION

Die für uns Mitteleuropäer seltsame Kombination von Fisch und Fleisch ist für Katalonien typisch und wird dort liebevoll „Mar i muntanya" genannt, was „Meer und Berg" heißt. Wenn Sie das nicht mögen, dann lassen Sie entweder die Tintenfische weg oder Sie ersetzen das Fleisch durch Seelachs und Garnelen. Falls Sie keine große Paellapfanne haben, können Sie die Paella auch in 2 normalen Pfannen garen.

MAKKARONI CARBONARA

Zubereitungszeit ca. 30 Min.
plus Garzeit ca. 10 Min.
fertig in ca. 40 Min.

Pro Portion ca. 890 kcal, 3720 kJ,
53 g F, 77 g KH, 27 g E

Die Carbonara-Sauce gehört zu den beliebtesten italienischen Nudelsaucen – sicher auch deshalb, weil sie sich schnell und einfach zubereiten lässt. Allerdings sollten Sie bei diesem Rezept darauf achten, nur ganz frische Eier zu verwenden, da die Eier nicht durchgegart, sondern noch fast roh serviert werden.

FÜR 4 PORTIONEN

- 2 Knoblauchzehen
- 150 g Frühstücksspeck in Scheiben
- 400 g Makkaroni
- Salz
- 3 Eier
- 150 ml Sahne
- 80 g Parmesan
- schwarzer Pfeffer
- geriebene Muskatnuss

1 Den Knoblauch abziehen und sehr fein hacken. Den Frühstücksspeck in kleine Stücke schneiden und in einer beschichteten Pfanne bei niedriger Hitze ausbraten. Sobald der Speck knusprig ist, herausnehmen und auf Küchenkrepp abtropfen lassen. Den Knoblauch ins Speckfett geben und kurz anbraten.

2 Die Makkaroni nach Packungsanleitung in ausreichend Salzwasser etwa 10 Minuten al dente kochen, in ein Sieb abgießen und abtropfen lassen. Dann die Makkaroni und die Speckwürfel in die Pfanne mit dem Speckfett geben und gut durchmischen.

3 Die Eier mit der Sahne und 40 g geriebenem Parmesan mit dem Schneebesen in einer Schüssel schaumig rühren. Die Eimasse mit Salz, Pfeffer und etwas geriebener Muskatnuss kräftig würzen und unter die Nudeln heben. Die Makkaroni mit den Eiern kurz in der Pfanne erwärmen, ohne dass die Masse zu stocken beginnt. Nochmals mit Salz, Pfeffer und Muskatnuss abschmecken und mit dem restlichen Parmesan bestreut servieren.

VARIATION

Die Sauce harmoniert auch gut mit frischen Champignons. Hierfür 250 g Champignons sauber reiben und in Scheiben schneiden. Nach dem Ausbraten der Speckwürfel die Champignons mit dem Knoblauch im Speckfett andünsten und dann mit den gegarten Makkaroni vermischen.

THAI-WOK

Reis lässt sich vorkochen oder Sie können auch Reste vom Vortag verwenden. Falls Sie keine Lust auf Reis haben, probieren Sie das Rezept doch einmal mit Glasnudeln aus. So ist es ruck zuck gekocht und schmeckt auch prima!

Zubereitungszeit **ca. 15 Min.**
plus Garzeit **ca. 15 Min.**
fertig in **ca. 30 Min.**

Pro Portion ca. 380 kcal, 1590 kJ, 5 g F, 53 g KH, 31 g E

1 Den Reis in der doppelten Menge Wasser (400 ml) aufkochen, salzen und nach Packungsangabe in etwa 15 Minuten bissfest garen. Das Wasser sollte nach dem Garen komplett vom Reis aufgesogen sein.

2 Inzwischen den Ingwer und den Knoblauch schälen und beides fein hacken. Die Hähnchenbrustfilets unter kaltem Wasser abbrausen und trocken tupfen. Das Fleisch in dünne Streifen schneiden und mit Ingwer, Knoblauch, Zitronensaft und Sojasauce vermengen.

3 Die Zuckerschoten waschen und trocken tupfen. Die Enden entfernen und die Schoten halbieren oder dritteln. Etwas gesalzenes Wasser zum Kochen bringen und die Schoten darin 3 Minuten garen, auf ein Sieb geben und mit kaltem Wasser kurz abschrecken.

4 Die Paprika waschen, halbieren, Stielansätze herausschneiden, Trennwände und Kerne herauslösen und das Fruchtfleisch in mundgerechte Stücke schneiden. Den Koriander waschen und mit Küchenkrepp trocken tupfen. Die Blättchen von den Stielen zupfen und mit einem großen Küchenmesser fein hacken.

5 Das Öl in einem Wok oder einer großen beschichteten Pfanne erhitzen, das Fleisch mit der Marinade unter Rühren darin von allen Seiten goldbraun braten. Zuckerschoten und Paprika hinzugeben und alles weitere 3 Minuten braten. Zum Schluss den Reis unterheben und das Ganze mit Salz, Pfeffer und Koriander abschmecken.

FÜR 4 PORTIONEN

200 g Basmatireis
Salz
1 Stück Ingwer (2 cm lang)
2 Knoblauchzehen
400 g Hähnchenbrustfilet
3 El Zitronensaft
3 El Sojasauce
200 g Zuckerschoten
2 rote Paprikaschoten
6 Zweige Koriander
1 El Rapsöl
schwarzer Pfeffer

VARIATION

Versuchen Sie das Gericht auch einmal mit eingelegtem Tofu statt des Hähnchens. Da kommen nicht nur Vegetarier zum Zug, sondern auch Feinschmecker der asiatischen Küche.

BANDNUDELN MIT MEERESFRÜCHTEN

Zubereitungszeit **ca. 20 Min.**
plus Auftauzeit **ca. 1 Std.**
plus Garzeit **ca. 20 Min.**
fertig in **ca. 1 Std. 40 Min.**

Pro Portion ca. 790 kcal, 3300 kJ, 16 g F, 92 g KH, 62 g E

Haben Sie sich auch schon einmal gefragt, woher der Name „Meeresfrüchte" kommt? Denn eigentlich handelt es sich dabei um essbare, wirbellose Meerestiere. Der Begriff soll von den Römern abzuleiten sein, die diese Nahrung als Segen der Meere und ihrer Götter verstanden.

FÜR 4 PORTIONEN

- 250 g tiefgekühlte kleine Tintenfische (Sepia)
- 500 g möglichst kleine Miesmuscheln
- 500 g Venusmuscheln
- 100 ml trockener Weißwein
- 2 El Wermut
- 1/2 getrocknete rote Chilischote
- 1 Knoblauchzehe
- 2 reife Fleischtomaten
- 4 El Olivenöl
- Salz
- 400 g Bandnudeln
- 250 g geschälte Tiefseegarnelen (frisch oder TK)
- schwarzer Pfeffer
- 2 El gehackte Petersilie

1 Die Tintenfische auftauen lassen. Inzwischen die Muscheln unter fließend kaltem Wasser gründlich abbürsten und dabei bereits geöffnete Exemplare wegwerfen (sie sind nicht genießbar). Die geschlossenen Muscheln zusammen mit dem Wein und dem Wermut in einen großen Topf geben und etwa 10 Minuten kochen, bis sie sich geöffnet haben. Den Sud durch ein Sieb gießen und beiseitestellen. Ungeöffnete Muscheln wegwerfen, denn sie sind verdorben.

2 Die Chilischote zerbröseln, den Knoblauch abziehen und fein würfeln. Die Tomaten über Kreuz einritzen, kurz mit kochendem Wasser überbrühen, mit kaltem Wasser abschrecken, mit einem kleinen Küchenmesser häuten, vierteln, entkernen und von den Stielansätzen befreien. Dann in Würfel schneiden.

3 Das Öl in einem großen Topf erhitzen. Die Chilischote mit den Knoblauchwürfeln darin anbraten. Die Tomatenwürfel dazugeben und alles etwa 5 Minuten zugedeckt schmoren lassen.

4 In der Zwischenzeit 4 l Salzwasser in einem großen Topf zum Kochen bringen. Die Bandnudeln hineingeben und nach Packungsanleitung in ca. 11 Minuten bissfest kochen.

5 Die Garnelen und die Tintenfische zu den Tomaten geben und alles nochmal 5 Minuten schmoren lassen. Nun die Muscheln hinzufügen, den Kochsud dazugießen, alles umrühren und mit Salz und Pfeffer abschmecken. Die Sauce warm halten.

6 Die Nudeln in ein Sieb schütten und gut abtropfen lassen. Dann mit der Sauce mischen, auf Tellern anrichten und mit Petersilie bestreuen.

VARIATIONEN

Je nach Angebot können Sie natürlich auch andere Meeresfrüchte verwenden, z. B. Jakobsmuschelfleisch, Herzmuscheln oder Scampi. Generell gilt: Je bunter die Auswahl an Meeresfrüchten, desto besser schmeckt das Gericht.

Soll es einmal ganz schnell gehen, dann braten Sie gegartes Jakobsmuschelfleisch, gegarte Tintenfischringe und frische Garnelen in einer Pfanne in Olivenöl an, und mischen Sie anschließend alles mit einer Sauce aus 200 ml Sahne, 100 g gewürfeltem Gorgonzola, Salz und Pfeffer.

NASI GORENG

Zubereitungszeit **ca. 45 Min.**
plus Garzeit **ca. 30 Min.**
fertig in **ca. 1 Std. 15 Min.**

Pro Portion ca. 490 kcal, 2050 kJ,
14 g F, 51 g KH, 39 g E

Nasi Goreng ist ein Reisgericht aus Indonesien, dessen Grundzutat gebratener Reis ist. Daher auch der Name, denn auf Indonesisch heißt „nasi" gekochter Reis und „goreng" gebraten. Bei der Wahl der restlichen Zutaten sind Ihrer Fantasie keine Grenzen gesetzt. Meist jedoch wird es mit Fleisch, unterschiedlichen Gemüsesorten, Gewürzen, Meeresfrüchten und mit verquirltem Ei zubereitet.

FÜR 4 PORTIONEN

200 g Reis
Salz
1 Zwiebel
2 Knoblauchzehen
3 Stangen Staudensellerie
200 g Möhren
1 Stange Lauch
200 g Champignons
je 1 rote und grüne Paprikaschote
1-2 frische Chilischoten
100 g Pak Choi
300 g Hähnchenbrustfilet
150 g Garnelenschwänze
3 El Sonnenblumenöl
4 El Sojasauce
1 El Fischsauce
1 Msp. Sambal Oelek
1 Tl Kurkuma
1-2 El Limettensaft
2 Eier
4 El frisch gehacktes Koriandergrün

1 Den Reis in ausreichend Salzwasser garen und abkühlen lassen. Die Zwiebel und den Knoblauch abziehen und sehr fein hacken. Den Staudensellerie waschen, die Blätter und den Strunk entfernen und die Stangen quer in Scheiben schneiden. Die Möhren waschen, Wurzel- und Blattansätze wegschneiden und mit einem Sparschäler schälen. Die Möhren zuerst längs in Streifen schneiden und dann würfeln.

2 Die äußeren Blätter des Lauchs und den Wurzelansatz abschneiden. Den Lauch längs halbieren, die Stange auffächern und unter fließendem Wasser auswaschen. Dann quer in Streifen schneiden. Die Champignons säubern, putzen und in Scheiben schneiden. Die Paprika waschen, halbieren, Stielansätze herausschneiden, Trennwände und Kerne herauslösen und das Fruchtfleisch würfeln. Die Chili waschen, trocken tupfen, längs halbieren, Kerne und Scheidewände sowie Stielansatz entfernen. Das Fruchtfleisch sehr fein würfeln. Pak Choi putzen, waschen und in ca. 3 cm breite Streifen schneiden.

3 Das Hähnchenfleisch unter kaltem Wasser abbrausen, trocken tupfen und in schmale Streifen schneiden. Die Garnelen schälen und den Darm entfernen. In einem Wok oder einer tiefen Pfanne das Sonnenblumenöl erhitzen und das Fleisch darin unter Rühren von allen Seiten anbraten. Zwiebel, Knoblauch und Chili zufügen und ebenfalls anbraten. Nun das Gemüse und die Garnelen unter Rühren hinzufügen. Mit Sojasauce, Fischsauce, Sambal Oelek und Kurkuma würzen und mit Limettensaft abschmecken.

4 Die Eier in eine Schüssel aufschlagen und verquirlen. Den Reis in den Wok geben und kurz anbraten. Die Eier unter ständigem Rühren über das Reisgericht gießen und so lange weiterbraten, bis die Masse stockt.

5 Den Koriander waschen und mit Küchenkrepp trocken tupfen. Die Blättchen von den Stielen zupfen und mit einem großen Küchenmesser fein hacken. Den Koriander vor dem Servieren über das Nasi Goreng streuen und kurz unterheben (nicht mitgaren!).

VARIATION

Das Hähnchenbrustfilet können Sie auch durch Rind- oder Schweinefleisch ersetzen, Pak Choi durch Weißkohl und die Paprika durch Brokkoli und/oder Blumenkohl.

FUSILLI MIT BOLOGNESE-SAUCE

Die Bolognese-Sauce stammt ursprünglich aus der Stadt Bologna in Norditalien. Traditionell wird sie mit klein geschnittener Geflügelleber zubereitet. Bekannt ist sie in erster Linie als Sauce für Pastagerichte, aber auch für die Zubereitung von Lasagne wird sie häufig verwendet. Wenn Sie Zeit haben und die Sauce länger köcheln lassen, wird sie noch kräftiger und aromatischer.

Zubereitungszeit **ca. 30 Min.**
plus Garzeit **ca. 20 Min.**
fertig in **ca. 50 Min.**

Pro Portion ca. 580 kcal, 2420 kJ, 49 g F, 84 g KH, 41 g E

1 Die Zwiebel und den Knoblauch abziehen und sehr fein hacken. Die Möhre waschen, Wurzel- und Blattansatz weg schneiden und mit einem Sparschäler schälen. Die Möhre zuerst längs in Streifen schneiden und dann würfeln. Die äußeren Blätter des Lauchs und den Wurzelansatz abschneiden. Den Lauch längs halbieren, die Stange auffächern und unter fließendem Wasser auswaschen. Dann den Lauch quer in Streifen schneiden.

2 Den Staudensellerie waschen, die Blätter und den Strunk entfernen und die Stange in kleine Würfel schneiden. Den Speck mit einem großen Küchenmesser in kleine Würfel schneiden.

3 Das Olivenöl in einer großen Pfanne erhitzen und den Speck darin auslassen. Die Zwiebel und den Knoblauch zufügen und anschwitzen, bis sie glasig werden. Nun das klein geschnittene Gemüse zufügen und kurz anbraten.

4 Das Hackfleisch hinzufügen und unter Rühren anbraten. Das Tomatenmark einrühren, das Mehl darüberstäuben und mit dem Rotwein und der Brühe ablöschen. Mit Salz, Pfeffer, Muskatnuss und Oregano kräftig würzen. Die Sauce zugedeckt ca. 20 Minuten auf kleiner Flamme köcheln lassen, bis sie dickflüssig wird.

5 Die Fusilli nach Packungsanleitung in ausreichend Salzwasser etwa 10 Minuten al dente kochen, in ein Sieb abgießen und abtropfen lassen. Die Fusilli unter die Sauce heben, auf Teller verteilen und mit reichlich frisch geriebenem Parmesan bestreuen.

FÜR 4 PORTIONEN

1 Zwiebel
2 Knoblauchzehen
1 Möhre
1 Stange Lauch
1 Stange Staudensellerie
100 g durchwachsener Speck
3 El Olivenöl
350 g Rinderhackfleisch
2 El Tomatenmark
1 El Mehl
150 ml Rotwein
150 ml Fleischbrühe
Salz
schwarzer Pfeffer
geriebene Muskatnuss
1 El getrockneter Oregano
400 g Fusilli
100 g frisch geriebener Parmesan

VARIATION

Statt des Tomatenmarks können Sie auch frische Tomaten verwenden. Hierfür 500 g Tomaten über Kreuz einritzen, kurz mit kochendem Wasser überbrühen, mit kaltem Wasser abschrecken, mit einem kleinen Küchenmesser häuten, vierteln, entkernen und von den Stielansätzen befreien. Dann in Würfel schneiden und anstelle des Tomatenmarks in die Sauce geben, das Mehl darüberstäuben und mit Rotwein ablöschen. Sollte die Sauce jetzt bereits sehr dickflüssig werden, etwas Brühe angießen.

VEGETARISCHE COUSCOUSPFANNE

Zubereitungszeit **ca. 30 Min.**
plus Garzeit **ca. 20 Min.**
fertig in **ca. 50 Min.**

Pro Portion ca. 590 kcal, 2470 kJ, 17 g F, 88 g KH, 19 g E

Couscous ist ein Grundnahrungsmittel der Nordafrikaner und wird traditionell in der Couscoussière zubereitet. Diese besteht aus einem hohen Topf und einem Siebaufsatz. Im Topf wird das Gemüse oder Fleisch gegart und im Sieb darüber befindet sich das Couscous, das durch den aufsteigenden Dampf langsam gegart wird. Der Vorteil dieser Methode ist, dass das Couscous nicht verklebt und schön körnig bleibt. Das heute erhältliche Instant-Couscous muss nicht mehr gedämpft werden.

FÜR 4 PORTIONEN

450 g Kichererbsen (aus der Dose)
1 Zwiebel
1 Knoblauchzehe
2 Möhren
1 Zucchini
1 Aubergine
Salz
300 g Tomaten
3 El Olivenöl
250 ml Gemüsebrühe
schwarzer Pfeffer
Kreuzkümmel
350 g Couscous (Instant)
2 El Butter
1 Bund Minze
1 Bund glatte Petersilie oder Koriander
Saft von 1 Zitrone

1 Die Kichererbsen durch ein Sieb abgießen und mit kaltem Wasser abbrausen. Die Zwiebel und den Knoblauch abziehen und sehr fein hacken. Die Möhren waschen, Wurzel- und Blattansätze wegschneiden und mit einem Sparschäler schälen. Die Möhren zuerst längs in Streifen schneiden und dann würfeln.

2 Die Zucchini waschen, Stiel- und Blütenansatz entfernen. Die Zucchini zunächst längs in ca. 1/2 cm dicke Streifen und dann in kleine Würfel schneiden. Die Aubergine waschen, trocken reiben und den Stielansatz entfernen, längs halbieren und in 1/2 cm dicke Scheiben schneiden. Die Auberginenscheiben mit Salz bestreuen und 15 Minuten ziehen lassen. Danach das Salz abwaschen, mit Küchenpapier trocken tupfen und die Auberginenscheiben in ca. 1 cm große Stücke schneiden.

3 Die Tomaten über Kreuz einritzen, kurz mit kochendem Wasser überbrühen, mit kaltem Wasser abschrecken, mit einem kleinen Küchenmesser häuten, vierteln, entkernen und von den Stielansätzen befreien. Dann in Würfel schneiden.

4 Das Olivenöl in einer großen Pfanne erhitzen. Die Zwiebel mit dem Knoblauch zufügen und kurz andünsten. Danach die Möhren, Zucchini, Auberginen und Kichererbsen zufügen und unter Rühren kräftig anbraten. Mit 250 ml Gemüsebrühe ablöschen, mit Salz, Pfeffer und Kreuzkümmel kräftig würzen und zugedeckt ca. 30 Minuten köcheln lassen.

5 In einem großen Topf 350 ml Wasser mit einem 1/4 Tl Salz zum Kochen bringen, danach vom Herd nehmen. Das Couscous langsam einrühren und ca. 3 Minuten quellen lassen. Danach ein kleines Stück Butter unterrühren und auf kleiner Flamme weitere 3 Minuten garen. Dabei das Couscous mit der Gabel auflockern.

6 Die Minze und die Petersilie (oder den Koriander) waschen, mit Küchenkrepp trocken tupfen und die Blätter von den Stielen zupfen. Mit einem großen Küchenmesser fein hacken. Das Couscous mit den Kräutern unter das Gemüse heben und mit Zitronensaft abschmecken.

VARIATION

Zu Couscousgerichten wird häufig Naturjoghurt serviert. Passend hierfür ist auch der Gurken-Minz-Dip von S. 70. Die Gemüsesorten können natürlich nach Geschmack variiert werden. So können Weißkohl und Paprikawürfel beispielsweise Kichererbsen und Zucchini ersetzen.

BULGUR-LINSEN-FRIKADELLEN

Zubereitungszeit **ca. 30 Min.**
plus Garzeit **ca. 25 Min.**
fertig in **ca. 55 Min.**

Pro Portion ca. 460 kcal, 1920 kJ, 23 g F, 40 g KH, 22 g E

Es muss nicht immer Fleisch sein. Veggi-Klopse können ebenfalls köstlich schmecken. Die Kombination von Linsen, Bulgur und Ei bietet Ihrem Körper auch all das, was ein Stück Fleisch zu bieten hat: hochwertiges Eiweiß und viel Eisen und Magnesium. Und diese Frikadellen schmecken nicht nur warm, sondern auch kalt superlecker.

FÜR 4 PORTIONEN
100 g rote Linsen
100 g Bulgur
8 getrocknete Tomaten
1/2 Bund glatte Petersilie
200 g Schafskäse (Feta)
2 Eier
50 g Mehl
1/2 Tl Salz
schwarzer Pfeffer
1/2 Tl Kreuzkümmel
4 El Olivenöl

1 Die roten Linsen in etwa 200 ml Wasser aufkochen und bei niedriger Temperatur ca. 10 Minuten quellen lassen. Den Bulgur in eine Schüssel geben und mit so viel kochend heißem Wasser übergießen, dass es etwa 2 cm hoch über dem Bulgur steht. Ebenfalls quellen lassen. Auch die getrockneten Tomaten mit heißem Wasser übergießen und quellen lassen.

2 Inzwischen die Petersilie waschen und mit Küchenkrepp trocken tupfen. Die Blättchen von den Stielen zupfen und mit einem großen Küchenmesser fein hacken. Den Schafskäse abtropfen lassen und in Würfel schneiden. Die Tomaten aus dem Wasser nehmen, trocken tupfen und mit einem großen Küchenmesser würfeln.

3 Linsen und Bulgur in eine Schüssel geben. Petersilie, Schafskäse und Tomaten hinzufügen. Eier aufschlagen und zusammen mit dem Mehl unterrühren. Die Teigmasse kräftig mit Salz, Pfeffer und Kreuzkümmel würzen.

4 Die Hälfte des Öls in einer beschichteten Pfanne erhitzen und aus der Teigmasse 16 flache, im Durchmesser etwa 8 cm große Frikadellen formen. Diese portionsweise in der Pfanne von beiden Seiten etwa 5 Minuten braten. Die fertigen Frikadellen im Ofen bei 50 °C warm halten und mit dem restlichen Öl weitere Frikadellen braten. Dazu passen sehr gut der Minz-Dip (S. 70) oder auch die Guacamole (S. 53).

VARIATION

Anstelle des Schafskäses und der getrockneten Tomaten können Sie auch 50 g geriebenen Parmesan und 1 gehobelte Zucchini unter den Teig mischen. Die Frikadellen sollten dann zusätzlich kräftig mit Thymian gewürzt werden.

SPAGHETTI MIT PESTO

In seiner Heimat Italien streckt man das Pesto noch mit einigen Löffeln Nudelwasser und rührt es dann unter die Spaghetti. Pesto lässt sich auch ideal auf Vorrat herstellen. In einem Glas – mit etwas Olivenöl bedeckt – hält es sich im Kühlschrank mindestens 1 Woche.

Zubereitungszeit ca. 15 Min.
plus Garzeit ca. 10 Min.
fertig in ca. 25 Min.

Pro Portion ca. 730 kcal, 3050 kJ, 40 g F, 77 g KH, 18 g E

1 Basilikumzweige waschen und mit Küchenkrepp trocken tupfen. Die Blättchen von den Stielen zupfen und mit einem großen Küchenmesser in Streifen schneiden. Die Pinienkerne in einer Pfanne ohne Fettzugabe ganz schwach rösten. Danach auf einem Teller abkühlen lassen.

2 Den Knoblauch abziehen und fein würfeln. Das Basilikum, die Pinienkerne und den Knoblauch zusammen mit 1 Prise Salz im Mörser zu einer Paste zerreiben oder im Mixer fein pürieren.

3 Dann nach und nach 50 g Parmesan und das Öl zur Basilikummischung geben und alles so lange rühren, bis das Pesto schön cremig ist.

4 Für die Spaghetti reichlich Salzwasser in einem großen Topf zum Kochen bringen. Die Spaghetti hineingeben und nach Packungsanleitung in 8 bis 11 Minuten bissfest kochen. Die Spaghetti in ein Sieb schütten und gut abtropfen lassen. Das Pesto unter die heißen Nudeln rühren, nach Wunsch etwas von dem Nudelkochwasser unterrühren und sofort mit dem restlichen Parmesan servieren.

FÜR 4 PORTIONEN

2 Töpfchen oder 2 Bund Basilikum (ca. 40 g)
2 El Pinienkerne
3 Knoblauchzehen
Salz
100 g frisch geriebener Parmesan
125 ml Olivenöl
400 g Spaghetti

VARIATION

Anstelle des Basilikums können Sie auch glatte Petersilie verwenden und statt der Pinienkerne abgezogene gemahlene Mandeln.

GRATINIERTE POLENTASCHNITTEN

Seinen Ursprung hat der Maisbrei in Mexiko, denn die Heimat der Maispflanze ist Mittelamerika. Doch in der Küche Norditaliens ist die Polenta nach der Entdeckung Amerikas durch Christopher Kolumbus verwurzelt. Der Brei wird erst gerührt und dann – ausgekühlt und in Scheiben geschnitten – gebraten oder gratiniert.

Zubereitungszeit **ca. 20 Min.**
plus Garzeit **ca. 1 Std. 10 Min.**
fertig in **ca. 1 Std. 30 Min.**

Pro Portion ca. 500 kcal, 2090 kJ, 27 g F, 41 g KH, 24 g E

FÜR 4 PORTIONEN

Salz
200 g Maisgrieß (Polenta)
1 Zwiebel
2 Zucchini
2 El Olivenöl
300 g Rinderhack
30 g Schinkenwürfel
schwarzer Pfeffer
4 El Tomatenmark
40 g Butter
20 g Parmesan

1 In einem Topf 1 l leicht gesalzenes Wasser zum Kochen bringen. Den Maisgrieß einrieseln lassen, dabei ständig mit einem Holzlöffel rühren. Die Wassertemperatur währenddessen immer über dem Siedepunkt halten, damit sich keine Klümpchen bilden. Danach die Temperatur verringern und die Polenta ca. 30 Minuten köcheln lassen, zwischendurch immer wieder kräftig rühren. Dabei bildet sich eine Kruste im Topf, und der Maisbrei beginnt, sich vom Topfboden und der Wand zu lösen. Wird der Brei beim Rühren zu fest, löffelweise kochendes Wasser nachgießen, ist er zu weich, noch etwas Maisgrieß unterrühren.

2 Den fertigen Maisbrei auf ein großes Holzbrett oder auf ein mit Grieß bestreutes Tuch stürzen, etwa 5 cm hoch glatt streichen und auskühlen lassen.

3 Die Zwiebel abziehen und fein hacken. Die Zucchini waschen, Stiel- und Blütenansätze entfernen. Dann eventuell längs halbieren und in 1/2 cm dicke Scheiben schneiden. In einer Pfanne das Öl erhitzen, Zwiebel glasig dünsten. Das Rinderhack und die Schinkenwürfel hinzufügen und krümelig braten. Salzen und pfeffern, Tomatenmark und 4 El Wasser einrühren. Dann die Zucchinischeiben hinzugeben und das Ganze etwa 5 Minuten köcheln. Backofen auf 150 °C (Umluft 120 °C) vorheizen.

4 Die Butter schmelzen. Eine große, flache Auflaufform mit der Butter ausstreichen. Den abgekühlten und fest gewordenen Maisbrei mit einem großen Küchenmesser in 1 cm breite Scheiben schneiden. Die Polentascheiben in die gefettete Form legen. Mit der zerlassenen Butter beträufeln und einigen Esslöffeln frisch geriebenem Parmesan bestreuen und mit der Hackfleischsauce bedecken. Im vorgeheizten Backofen auf mittlerer Schiene etwa 30 Minuten backen.

5 Die Polentascheiben in der Auflaufform servieren und zuvor mit dem restlichen Parmesan bestreuen. Dazu passt ein Tomatensalat besonders gut.

VARIATION

Anstelle des Fleisches können Sie eine Gemüsemischung aus Möhren, Kürbisfleisch und/oder Zucchini verwenden.

GNOCCHI ALLA PIEMONTESE

Zubereitungszeit **ca. 30 Min.**
plus Garzeit **ca. 40 Min.**
fertig in **ca. 1 Std. 10 Min.**

Pro Portion ca. 560 kcal, 2340 kJ, 21 g F, 71 g KH, 19 g E

Gnocchi ist die italienische Bezeichnung für kleine Klößchen, die aus Kartoffeln und Mehl zubereitet werden. Sie werden in Salzwasser gegart und ähnlich wie Nudeln mit unterschiedlichen Saucen oder auch gratiniert serviert. Die Gnocchi sind verwandt mit den Nocken aus der süddeutschen, österreichischen und ungarischen Küche.

FÜR 4 PORTIONEN

800 g mehlig kochende Kartoffel
Salz
200 g Mehl
800 g Tomaten
1 Bund Salbei
1 Zwiebel
1 Knoblauchzehe
3 El Olivenöl
schwarzer Pfeffer
2 El Butter
100 g Parmesan

1 Die Kartoffeln waschen und in einen Topf geben. Mit Wasser bedecken und mit 1/4 Tl Salz würzen. Das Ganze zugedeckt zum Kochen bringen und in ca. 20 Minuten auf kleiner Flamme garen. Die Kartoffeln sind gar, wenn sie sich mit einem spitzen Messer leicht durchstechen lassen. Die Kartoffeln abgießen, kurz abkühlen lassen und mit einem scharfen Messer vorsichtig pellen.

2 In der Zwischenzeit die Tomaten über Kreuz einritzen, kurz mit kochendem Wasser überbrühen, mit kaltem Wasser abschrecken, mit einem kleinen Küchenmesser häuten, vierteln, entkernen und von den Stielansätzen befreien. Dann in Würfel schneiden. Den Salbei waschen, mit Küchenkrepp trocken tupfen und die Blätter von den Stielen zupfen.

3 Die Zwiebel und den Knoblauch abziehen und sehr fein hacken. In einer Pfanne das Olivenöl erhitzen und die Zwiebel mit dem Knoblauch darin glasig dünsten. Anschließend die Tomatenwürfel dazugeben und auf kleiner Flamme einköcheln lassen. Kräftig mit Salz und Pfeffer würzen.

4 Die Kartoffeln durch eine Kartoffelpresse drücken und mit wenig Salz würzen. Auf einer bemehlten Arbeitsfläche mit den Händen das Mehl unter die Kartoffelmasse kneten, bis ein glatter Teig entsteht. Sobald dieser nicht mehr an den Händen klebt, kein Mehl mehr zufügen. Aus dem Teig portionsweise kleine Rollen mit ca. 2 cm Durchmesser formen und diese dann in 3 cm lange Stücke schneiden.

5 In einem großen Topf 2 l Wasser mit 1/2 Tl Salz zum Kochen bringen. Sobald das Wasser kocht, die Gnocchi mit einem Schaumlöffel hineingeben und die Hitze reduzieren. Die Gnocchi im offenen Topf in 4 bis 5 Minuten gar ziehen lassen. Sobald sie an der Wasseroberfläche schwimmen, mit dem Schaumlöffel herausheben und abtropfen lassen.

6 In einer großen Pfanne die Butter schmelzen und die Salbeiblätter kurz anbraten. Die Gnocchi zufügen und gut durchschwenken. Mit der Tomatensauce servieren und mit reichlich frisch geriebenem Parmesan bestreuen.

VARIATION

Möchten Sie dieses Rezept einmal schnell und unkompliziert zubereiten, verwenden Sie einfach frische Gnocchi aus dem Kühlregal.

PILZRISOTTO

Zubereitungszeit **ca. 20 Min.**
plus Garzeit **ca. 30 Min.**
fertig in **ca. 50 Min.**

Pro Portion ca. 720 kcal, 3010 kJ, 33 g F, 80 g KH, 19 g E

Für dieses Pilzrisotto können Sie anstelle von nur einer Pilzart auch eine bunte Mischung aus Steinpilzen, Pfifferlingen und Champignons verwenden. Für ein perfektes Ergebnis ist es wichtig, die Pilze nicht zu waschen. Sie saugen sich sonst mit Wasser voll, verlieren an Geschmack und lassen sich nicht mehr scharf anbraten. Besser ist es, sie mit trockenem oder feuchtem Küchenkrepp abzureiben.

FÜR 4 PORTIONEN

250 g Pilze
5 Zweige Thymian
4 Stängel Petersilie
4 El Olivenöl
3 Knoblauchzehen
Salz
1 Prise Chilipulver
etwas Zitronensaft
1 l Hühner- oder Gemüsebrühe
1 Schalotte
400 g Risottoreis
150 ml trockener Weißwein
Pfeffer
60 g Butter
90 g frisch geriebener Parmesan

1 Die Pilze säubern, putzen und in Scheiben schneiden, kleine Pilze halbieren. Thymian und Petersilie waschen, trocken tupfen und die Blättchen abzupfen. Petersilie hacken. 3 El Olivenöl in einer großen Pfanne stark erhitzen und die Pilze mit dem Thymian ca. 1 Minute scharf darin anbraten. Dann wenden und 1 Knoblauchzehe dazupressen. Die Temperatur herunterschalten. 1 Prise Salz zugeben und alles ca. 5 Minuten weiterdünsten, bis die Pilze gar sind. Die Petersilie zusammen mit 1 Prise Salz, Chili und einem Spritzer Zitronensaft unterrühren. Die Pilze aus der Pfanne nehmen, beiseitestellen und die Hälfte fein hacken.

2 In einem Topf die Brühe aufkochen. Währenddessen die Schalotte schälen und fein würfeln. 2 Knoblauchzehen schälen und hacken. In der Pilzpfanne 1 El Olivenöl erhitzen, die Schalotte hineingeben, mit 1 Prise Salz würzen und ca. 3 Minuten bei sanfter Hitze weich dünsten. Nun den Knoblauch hineingeben, weitere 2 Minuten dünsten, dann den Reis dazugeben und die Temperatur leicht erhöhen. Damit das Gericht perfekt gelingt, sollte von jetzt an ständig gerührt werden, denn der Reis darf auf keinen Fall Farbe annehmen oder gar anbrennen. Nach 2 Minuten ist der Reis glasig, dann mit dem Weißwein ablöschen.

3 Wenn der Weißwein vom Reis aufgenommen wurde, den ersten Schöpflöffel kochende Brühe und die gehackten Pilze hinzugeben. Die Brühe muss kochen, damit der Garvorgang des Reises nicht unterbrochen und dieser außen nicht pampig wird. Der Reis darf während des Kochvorgangs aber auch nicht zu stark kochen, sonst ist er außen schon gar, innen aber noch hart. Sobald die erste Schöpfkelle Brühe vom Reis aufgenommen wurde, die zweite Kelle Brühe hinzugeben. Diesen Vorgang so lange wiederholen – und dabei ständig rühren –, bis der Reis gar ist, aber noch leichten Biss hat. Das dauert ca. 20 Minuten. Dann mit Pfeffer abschmecken und den Topf von der Kochstelle nehmen.

4 Die restlichen Pilze, die Butter und den Parmesan in den Reis rühren, bis der Käse und die Butter geschmolzen sind. Nochmals abschmecken. Zu diesem Gericht passt sehr gut ein etwas herberer Blattsalat wie Salat mit Rucola oder Radicchio, angemacht mit dem Senfdressing von S. 14.

SPAGHETTI MIT RUCOLA UND TOMATEN

Der würzige Rucola, oder auch Rauke genannt, mit dem ganz eigenen, leicht bitteren Geschmack, ist in aller Munde. Er findet vor allem in der kalten Küche Verwendung, setzt aber auch bei Pasta-Gerichten mit seinem intensiv-würzigen Geschmack außergewöhnliche Akzente.

Zubereitungszeit **ca. 30 Min.**
plus Garzeit **ca. 15 Min.**
fertig in **ca. 45 Min.**

Pro Portion ca. 580 kcal, 2420 kJ, 15 g F, 86 g KH, 24 g E

1 In einem Topf 250 ml Wasser zum Kochen bringen. Sobald das Wasser kocht, die getrockneten Tomaten und den Weißweinessig hineingeben und für ca. 5 Minuten kochen lassen. Danach die Tomaten in einem Sieb abgießen und abkühlen lassen. Anschließend in kleine Würfel schneiden.

2 Den Knoblauch abziehen und in feine Scheiben schneiden. Die Frühlingszwiebeln waschen, Wurzeln und das verwelkte äußere Grün abtrennen. Das Grüne der Zwiebeln in schmale Röllchen, die Knolle in Scheiben schneiden. Den Rucola waschen, trocken tupfen, welke Blätter entfernen, Stielenden wegschneiden und in ca. 4 cm lange Stücke schneiden.

3 Die Spaghetti nach Packungsanleitung in ausreichend Salzwasser etwa 10 Minuten al dente kochen, dann in einem Sieb abgießen. Während die Spaghetti kochen, in einer tiefen Pfanne das Olivenöl erhitzen und den Knoblauch mit den Frühlingszwiebeln und den Tomatenstücken für ca. 5 Minuten dünsten. Nicht zu heiß braten, damit der Knoblauch nicht schwarz und somit bitter wird. Das Ganze mit Salz und Pfeffer kräftig würzen.

4 Die Spaghetti unter die Tomatensauce heben, gut durchmischen und mit Salz und Pfeffer abschmecken. Zum Schluss den Parmesan hobeln und mit dem Rucola über die Spaghetti streuen.

FÜR 4 PORTIONEN

200 g getrocknete Tomaten (ohne Öl)
1 El Weißweinessig
2 Knoblauchzehen
1 Bund Frühlingszwiebeln
125 g Rucola
400 g Spaghetti
Salz
2 El Olivenöl
schwarzer Pfeffer
100 g Parmesan (am Stück)

VARIATION

Statt Rucola können Sie auch einen Bund Brunnenkresse verwenden. Dazu rösten Sie dann noch 80 g Pinienkerne ohne Fett in einer Pfanne an und mischen diese unter die Spaghetti.

BROKKOLI-PENNE

Zubereitungszeit **ca. 30 Min.**
plus Garzeit **ca. 12 Min.**
fertig in **ca. 45 Min.**

Pro Portion ca. 580 kcal, 2420 kJ, 19 g F, 83 g KH, 19 g E

Eine grüne Sauce, die uns im ersten Moment überrascht. Denn sie schmeckt vor allem scharf und im Abgang kommt das Aroma von Brokkoli durch. Diese Sauce haut Ihre Geschmacksnerven um. Also, Vorsicht beim Würzen!

FÜR 4 PORTIONEN

750 g Brokkoli
Salz
2 Knoblauchzehen
1/2 Bund glatte Petersilie
400 g Penne
50 g gemahlene Mandeln
3 El Zitronensaft
4 El Olivenöl
1 El Harissa oder Sambal Oelek

1 Brokkoli waschen, trocknen und den unteren Teil vom Stiel und eventuell vorhandene Blättchen entfernen. Den Stiel schälen und in mundgerechte Stücke schneiden. Die Röschen zerteilen. Den Brokkoli in kochendem Salzwasser bei geschlossenem Deckel in etwa 8 Minuten bissfest garen.

2 Inzwischen den Knoblauch abziehen und hacken. Die Petersilie waschen, trocken tupfen, die Blättchen von den Stielen zupfen und grob hacken. Die Penne nach Packungsanleitung in ausreichend Salzwasser etwa 10 Minuten al dente kochen, in ein Sieb abgießen und abtropfen lassen. Etwa 4 bis 6 El Kochwasser zurückbehalten.

3 Den Brokkoli abgießen, mit kaltem Wasser abschrecken, etwa 1/3 des Brokkolis (die kleinen Röschen) beiseitelegen. Den Rest mit Knoblauch, Petersilie, Mandeln, Zitronensaft, etwas Nudelwasser und Öl zu einer homogenen, sämigen Sauce pürieren. Die Sauce mit Salz, Harissa oder Sambal Oelek abschmecken.

4 Die sehr dicke Sauce mit den Nudeln und Brokkoliröschen vermischen und auf 4 Teller verteilen.

VARIATION

Wer es nicht scharf mag, lässt das Harissa weg, verwendet statt gemahlener Mandeln Walnüsse und reicht zusätzlich dazu Parmesan. So bekommt die Sauce eine nussige Note.

FLEISCH & GEFLÜGEL

RINDERFILETSTEAK MIT GRÜNER PFEFFERSAUCE

Zubereitungszeit **ca. 5 Min.**
plus Garzeit **ca. 12 Min.**
fertig in **ca. 20 Min.**

Pro Portion ca. 350 kcal, 1460 kJ, 23 g F, 3 g KH, 32 g E

Steakfans diskutieren gerne und ausführlich über die richtige Zubereitung des Fleisches. Davon sollten sich Kochneulinge nicht irritieren lassen – es gibt zwar einige wenige Punkte, die bei der Zubereitung entscheidend sind, der Rest ist aber Geschmackssache. Damit das Fleisch beim Braten keinen Temperaturschock erlebt und dadurch zäh wird, nehmen Sie die Steaks am besten rechtzeitig aus dem Kühlschrank. Vor dem Braten nicht salzen (das entzieht Wasser) und richtig heiß in der Pfanne anbraten, damit sich die Poren schließen.

FÜR 4 PORTIONEN

4 Rinderfiletsteaks (à 150 g)
2 El Olivenöl
1 Tl Butter
Salz
schwarzer Pfeffer
150 ml Fleischbrühe oder Rinderfond
2 El eingelegter grüner Pfeffer
1 El Stärke
100 g Crème fraîche
2 EL Cognac

1 Die Filetsteaks mit Küchenkrepp trocken tupfen. Das Öl in einer großen Pfanne sehr heiß werden lassen. Die Steaks in die Pfanne geben und bei starker Hitze von beiden Seiten ca. 1 Minute anbraten, damit sich die Poren schließen und eine dünne Kruste entsteht. Zum Wenden einen Pfannenwender benutzen und keine Gabel, damit das Fleisch nicht verletzt wird.

2 Die Temperatur auf mittlere Hitze herunterregeln, so wird die anfängliche Kruste nicht wesentlich verstärkt und das Innere der Steaks wird langsam gar. Nun die Butter hinzugeben und die Steaks von beiden Seiten mit Salz und Pfeffer würzen.

3 Für ein blutiges Steak ist eine Bratzeit von ca. 2 Minuten pro Seite nötig. Soll das Fleisch rosa sein, bedarf es einer weiteren Bratzeit von je 3 Minuten. Wer sein Steak durchgebraten haben möchte, lässt es von beiden Seiten insgesamt 6 bis 7 Minuten auf jeder Seite in der Pfanne. Danach die Steaks aus der Pfanne nehmen und in Alufolie einwickeln. Durch das Ruhen der Steaks verteilt sich der Fleischsaft gleichmäßig.

4 Den Bratensatz mit der Fleischbrühe oder dem Fond ablöschen. Die Pfefferkörner aus der Lake nehmen und leicht zerdrücken. Die Stärke mit der Crème fraîche verrühren und in den Bratensatz einrühren. Die Sauce mit Pfefferkörnern und Cognac würzen und alles einmal aufkochen lassen. Zum Schluss mit Salz abschmecken.

5 Die Steaks auf vorgewärmten Tellern anrichten und mit der Sauce überziehen. Als Beilage passen Reis oder Baguette. Ein sommerlicher Blattsalat macht das Gericht zu einer vollständigen Mahlzeit.

VARIATION

Kräuterbutter ist ein Klassiker zum Steak. Wer Sie selbst machen will, sollte sie am Vortag zubereiten, denn sie muss nach der Zubereitung kühlen.
Für die Kräuterbutter werden 100 g zimmerwarme Butter mit den Schneebesen des Handrührgerätes schaumig geschlagen. Dann 2 bis 3 El fein gehackte Kräuter (z. B. Petersilie und Schnittlauch) unterheben und die Butter salzen. Die fertige Kräuterbutter zu einem Block oder einer Rolle formen und in Folie eingewickelt in den Kühlschrank legen.

RHEINISCHER SAUERBRATEN

Zubereitungszeit **ca. 40 Min.**
plus Marinierzeit **ca. 48 Std.**
plus Garzeit **ca. 1 Std. 30 Min.**
fertig in **ca. 2 Tagen**

Pro Portion ca. 650 kcal, 2720 kJ, 32 g F, 53 g KH, 32 g E

FÜR 4 PORTIONEN

250 ml Rotwein
250 ml Rotweinessig
2 Lorbeerblätter
8 Wacholderbeeren
4 Pimentkörner
1 Tl Pfefferkörner
1 kg Rindfleisch vom Bug
Salz
schwarzer Pfeffer
1 Bund Suppengrün
20 g Butterschmalz
60 g Lebkuchenbrösel
1 El Apfelkraut
1 Apfel
4 El Sahne
1 Tl Zucker
100 g Rosinen

Er ist nicht nur in Köln und Düsseldorf beliebt. Im Original wird er übrigens aus Pferdefleisch zubereitet, doch auch die Rheinländer essen ihn viel häufiger mit Rindfleisch. Anstelle des Lebkuchens wird oft Schwarzbrot verwendet.

1 Für die Marinade Rotwein, Weinessig und 500 ml Wasser mit Lorbeerblättern, Wacholderbeeren, Piment- und Pfefferkörnern aufkochen, abkühlen lassen und über das Rindfleisch gießen. Fleisch an einem kühlen Ort mindestens 2 Tage ziehen lassen, dabei mehrmals wenden.

2 Vor dem Braten das Fleisch aus der Marinade heben, trocken tupfen und mit Salz und Pfeffer einreiben. Das Suppengrün putzen und würfeln. Butterschmalz in einem Bräter erhitzen, den Sauerbraten von allen Seiten scharf anbraten, zum Schluss das Suppengrün hinzufügen und kurz mitbraten. Die Marinade angießen, Lebkuchenbrösel und Apfelkraut einrühren. Bei mittlerer Hitze zugedeckt 1 1/2 Stunden schmoren.

3 Inzwischen den Apfel schälen und fein würfeln. Den fertigen Braten aus der Sauce nehmen und warm stellen. Sauce abseihen, Sahne unterrühren und mit Salz, Pfeffer und Zucker süß-sauer abschmecken. Die Sauce noch einmal aufkochen. Die Apfelstückchen hinzufügen und noch etwa 10 Minuten kochen. Die Rosinen in lauwarmem Wasser waschen und 2 Minuten vor Ende der Garzeit dazugeben. Den Braten in Scheiben aufschneiden, auf einer vorgewärmten Platte anrichten und mit der Sauce überziehen.

4 Zum Rheinischen Sauerbraten werden Salzkartoffeln gereicht, aber auch Kartoffelknödel oder Spätzle schmecken sehr gut. Und als Gemüsebeilage passt am besten Rotkohl.

VARIATION

Auch ohne Apfelstücke und Rosinen schmeckt die Sauce sehr gut. Und wer kein Apfelkraut zur Hand hat, kann auch Honig, Ahornsirup oder Zucker zum Braten geben.
Falls Sie keinen Lebkuchen bekommen, verwenden Sie die gleiche Menge Misch- oder Schwarzbrot und 1 El Lebkuchengewürz.

ZÜRICHER KALBSGESCHNETZELTES

Zubereitungszeit ca. 20 Min.
plus Garzeit ca. 20 Min.
fertig in ca. 40 Min.

Pro Portion ca. 530 kcal, 2220 kJ,
34 g F, 6 g KH, 42 g E

Züricher Kalbsgeschnetzeltes gehört zu den bekanntesten Gerichten aus der Schweiz. Für seine Zubereitung gibt es viele unterschiedliche Rezepte. Aber unabhängig davon, welche Variante Sie bevorzugen, in einem Punkt stimmen sie alle überein: Sie werden mit frisch zubereiteten Rösti serviert!

FÜR 4 PORTIONEN

1 Zwiebel
1 Knoblauchzehe
800 g Kalbfleisch (z.B. Schnitzel oder aus der Oberschale)
60 g Butter
2 El Mehl
200 ml trockener Weißwein
200 ml Sahne
Salz
schwarzer Pfeffer

1 Die Zwiebel und den Knoblauch abziehen und sehr fein hacken. Das Kalbfleisch unter kaltem Wasser abbrausen und trocken tupfen. Das Fleisch mit einem großen Küchenmesser erst in dünne Scheiben, dann in schmale Streifen schneiden.

2 Die Butter in einer großen Pfanne erhitzen und das Fleisch portionsweise unter häufigem Wenden von allen Seiten anbraten, bis es rundherum braun ist. Das Fleisch herausnehmen und beiseitestellen. Mit dem restlichen Fleisch ebenso verfahren. Das portionsweise Anbraten ist wichtig, damit alle Fleischstücke in der Pfanne scharf angebräunt werden und nicht nur „in zweiter Reihe" vor sich hinschmoren.

3 Die Zwiebeln mit dem Knoblauch im Bratfett glasig dünsten, das Mehl darüberstäuben, kurz bräunen, mit Weißwein und Sahne ablöschen. Das Fleisch nun wieder hinzufügen und mit Salz und Pfeffer würzen. Das Geschnetzelte in 5 Minuten bei kleiner Flamme erwärmen.

BEILAGE

Traditionell wird Züricher Kalbsgeschnetzeltes mit **Rösti** serviert. Hierfür am Vortag 800 g festkochende Kartoffeln in ausreichend Salzwasser garen, abgießen, mit einem spitzen Küchenmesser schälen und abgedeckt in den Kühlschrank stellen. Zum Zubereiten des Rösti die Kartoffeln auf der groben Seite der Küchenreibe raspeln, mit einer abgezogenen und sehr fein gehackten Zwiebel vermischen und mit Salz und Pfeffer kräftig würzen. In einer Pfanne 60 g Butter zerlassen, den Kartoffelteig darin verteilen und glatt streichen. Das Rösti so lange braten, bis es auf der unteren Seite eine braune Kruste bekommt. Dann einen großen Teller auflegen, die Pfanne wenden und das Rösti auf dem Teller halten. Erneut 60 g Butter in der Pfanne zerlassen, das Rösti vorsichtig vom Teller in die Pfanne hineingleiten lassen und auch von der zweiten Seite braten. In Stücke geschnitten servieren.

CORDON BLEU

Zubereitungszeit **ca. 20 Min.**
plus Garzeit **ca. 20 Min.**
fertig in **ca. 40 Min.**

Pro Portion ca. 400 kcal, 1670 kJ, 22 g F, 4 g KH, 46 g E

Wie der Name dieses gefüllten Schnitzels entstand, darüber gibt es keine einheitliche Auskunft. Vermutlich entstand er aber in der Schweiz. Ganz leicht wird die Zubereitung, wenn Sie keine Tasche zum Befüllen in die Schnitzel schneiden, sondern die flachen Schnitzel einfach über der Füllung zusammenklappen und mit Zahnstochern feststecken.

FÜR 4 PORTIONEN

4 Schweine- oder Kalbsschnitzel (à 150 g)
Salz
schwarzer Pfeffer
4 Scheiben gekochter Schinken
4 kleine Scheiben Emmentaler
2 El Mehl
2 Eier
100 g Paniermehl
3 El Butterschmalz

1 Die Schnitzel unter kaltem Wasser abbrausen und trocken tupfen. Das Fleisch nacheinander zwischen Frischhaltefolie legen und flach klopfen. Das geht übrigens auch sehr gut mit dem Boden eines Stieltopfes, denn ein Fleischklopfer gehört ja nicht unbedingt zu jeder Küchen-Grundausstattung.

2 Die Schnitzel salzen, pfeffern und mit je 1 Scheibe Schinken und Käse belegen. Falls der Schinken über den Schnitzelrand ragt, so viel wegschneiden, dass das Schnitzelfleisch noch zu sehen ist. Die Schnitzel zusammenklappen und mit je 1 Zahnstocher feststecken.

3 Das Mehl auf einen Teller geben, die Eier in einem tiefen Teller verquirlen und das Paniermehl auf einen dritten Teller geben. Die gefüllten Schnitzel zuerst im Mehl wenden, überschüssiges Mehl abklopfen, dann durch die Eiermasse ziehen und zum Schluss im Paniermehl wenden.

4 Das Butterschmalz in einer beschichteten Pfanne erhitzen und die Cordon bleus bei reduzierter Hitze auf jeder Seite ca. 10 Minuten braten. Die Cordon bleus mit knusprigen Backofen-Pommes frites und einem frischen Blattsalat servieren.

VARIATION

Für Fortgeschrittene: Mixen Sie 100 g Kokosflocken mit Curry im Mixer oder mit einem Pürierstab und verwenden Sie diese Mischung statt des Paniermehls. Zusätzlich legen Sie noch 1/2 Scheibe Ananas in jedes Schnitzel.

GESCHMORTE LAMMSCHULTER

Zubereitungszeit **ca. 20 Min.**
plus Marinierzeit **ca. 12 Std.**
plus Garzeit **ca. 1 Std. 30 Min.**
fertig in **ca. 13 Std. 50 Min.**

Pro Portion ca. 650 kcal, 2720 kJ, 44 g F, 8 g KH, 49 g E

Lammschulter in Rotwein geschmort und mit Knoblauch, Thymian und Rosmarin gewürzt ist sowohl in Südfrankreich wie auch in Griechenland beliebt. Mit diesem Gericht können Sie sich ein Stück Mittelmeer ins heimische Esszimmer holen und dabei Urlaubserinnerungen auffrischen.

FÜR 4 PORTIONEN

1 kg Lammschulter mit Knochen

250 ml Rotwein

1/2 Bund frischer Thymian

2 Zweige Rosmarin

2 Knoblauchzehen

1 Zwiebel

2 Möhren

Salz

schwarzer Pfeffer

2 El Olivenöl

2 Lorbeerblätter

1-2 El Stärke

1 Die Lammschulter unter kaltem Wasser abbrausen und trocken tupfen. Eventuell von überschüssigem Fett, Sehnen und Haut befreien. Das Fleisch in eine flache Schüssel geben, den Rotwein angießen. Die Kräuter waschen und mit Küchenkrepp trocken tupfen. Den Knoblauch abziehen, halbieren und in Stifte schneiden. Kräuterzweige und Knoblauch zum Fleisch geben. Die Schüssel abdecken und im Kühlschrank über Nacht durchziehen lassen. Das Fleisch währenddessen mehrmals in der Marinade wenden.

2 Am nächsten Tag die Zwiebel abziehen und in Achtel schneiden. Die Möhren waschen, Wurzel- und Blattansätze wegschneiden und mit einem Sparschäler schälen. Die Möhren in 2 cm große Stücke schneiden.

3 Das Fleisch aus der Marinade nehmen, abtropfen lassen und kräftig salzen und pfeffern. Das Öl in einem Bräter, einem Topf mit dickem Boden oder einer Pfanne mit Deckel erhitzen und das Fleisch darin von allen Seiten anbraten, sodass sich die Poren schließen und das Fleisch außen braun ist. Die Hitze dabei reduzieren, zum Schluss die Zwiebelstreifen und Möhrenstücke anbraten. Dann die Rotweinmarinade mit den Kräutern hinzufügen und die Lorbeerblätter hineingeben.

4 Den Deckel auf den Bräter setzen und die Lammschulter bei niedriger Temperatur ca. 1 1/2 Stunden schmoren. Den Braten zwei- bis dreimal umdrehen und hin und wieder mit dem Rotweinsud übergießen.

5 Den Backofen auf 50 °C vorheizen und eine Servierplatte darin erwärmen. Die Lammschulter aus dem Bräter auf ein Brett legen, mit einem Fleischmesser das Fleisch in Scheiben vom Knochen schneiden und auf die vorgewärmte Servierplatte legen. Diese mit Alufolie abdecken und das Fleisch wieder kurz warm stellen.

6 Nun den Bratensatz durch ein Haarsieb gießen. Die Sauce dabei in einem kleinen Topf auffangen. Die Sauce zum Kochen bringen. Die Stärke mit wenig Wasser anrühren und dann unter Rühren in den Bratensatz geben, so wird die Sauce gebunden. Die Sauce mit Salz, Pfeffer und eventuell einem Schuss Rotwein abschmecken. Zur Lammschulter passen Polentaschnitten (Rezept S. 125) oder auch Salzkartoffeln oder Nudeln.

VARIATION

Anstelle des Rotweins können Sie auch eine Sauce auf der Basis von 100 ml Sherry und 150 ml Brühe machen. Zusätzlich können Sie in den letzten 30 Minuten 200 g halbierte Weintrauben mitgaren. So erhalten Sie eine sehr süße Sauce, die aufgrund des hohen Zuckeranteils der Trauben dunkel und sämig ist, sodass sie gar nicht mehr gebunden werden muss.

COQ AU VIN

„Coq au vin“ kommt aus dem Französischen und bedeutet „Hahn an Wein“. Welcher Wein bei der Zubereitung verwendet wird, hängt davon ab, aus welcher Weinregion das Rezept bzw. der Koch stammt. Doch egal, ob Sie Rot- oder Weißwein bevorzugen, für das Aroma des Gerichtes ist es wichtig, dass Sie auf keinen Fall einen minderwertigen Wein zum Kochen verwenden.

Zubereitungszeit **ca. 20 Min.**
plus Garzeit **ca. 1 Std. 15 Min.**
fertig in **ca. 1 Std. 35 Min.**

Pro Portion ca. 700 kcal, 2930 kJ, 41 g F, 15 g KH, 48 g E

1 Den Innereienbeutel aus dem Hähnchen entfernen, es unter kaltem Wasser abbrausen und trocken tupfen. Mit einer Geflügelschere in 6 bis 8 Portionen zerlegen. Innen und außen mit Salz, Pfeffer und etwas Paprikapulver einreiben. Den Speck in kleine Würfel schneiden.

2 Die Schalotten und den Knoblauch abziehen und sehr fein hacken. Die Möhren waschen, Wurzel- und Blattansätze wegschneiden und mit einem Sparschäler schälen. Die Möhren zuerst längs in Streifen schneiden und dann würfeln. Die Tomaten über Kreuz einritzen, kurz mit kochendem Wasser überbrühen, mit kaltem Wasser abschrecken, mit einem kleinen Küchenmesser häuten, vierteln, entkernen und von den Stielansätzen befreien. Dann in Würfel schneiden. Die Champignons mit einem Küchenkrepp sauber reiben.

3 Die Butter in einem Schmortopf zerlassen, die Speckwürfel zufügen und ausbraten. Dann die Champignons darin von allen Seiten braten, beides aus dem Bräter nehmen und beiseitestellen.

4 Die Hähnchenteile in denselben Bräter geben und von allen Seiten anbraten. Dann den Cognac angießen und mit einem Streichholz entzünden. (Wenn das zu schwierig ist, lässt das weg!) Wenn die Flamme erloschen ist, das Gemüse hinzufügen, mit Mehl bestäuben und mit dem Rotwein ablöschen. Das Hähnchen zugedeckt 1 Stunde auf kleiner Flamme schmoren lassen.

5 Petersilie waschen und mit Küchenkrepp trocken tupfen. Die Blättchen von den Stielen zupfen und mit einem großen Küchenmesser fein hacken. Die letzten 5 Minuten die beiseitegestellten Pilze und den ausgelassenen Speck im Coq au vin erwärmen. Das Ganze mit Salz, Pfeffer und Paprika abschmecken und die Petersilie darüberstreuen. Den Coq au vin mit frischem Baguette oder auch Kartoffelknödeln servieren.

FÜR 4 PORTIONEN

1 küchenfertiges Hähnchen (à ca. 1,3 kg)
Salz
schwarzer Pfeffer
1 Tl edelsüßes Paprikapulver
80 g durchwachsener Speck
3 Schalotten
2 Knoblauchzehen
3 Möhren
4 Tomaten
300 g kleine Champignons
2 El Butter
5 cl Cognac
1 El Mehl
600 ml trockener Rotwein
1/2 Bund glatte Petersilie

VARIATION

Mögen Sie Riesling? Dann probieren Sie das Rezept ruhig einmal mit einem trockenen Riesling aus. Seine dezenten Aromen geben dem gleichen Gericht eine ganz andere Note.

SALTIMBOCCA

Zubereitungszeit **ca. 15 Min.**
plus Garzeit **ca. 10 Min.**
fertig in **ca. 25 Min.**

Pro Portion ca. 260 kcal, 1090 kJ, 13 g F, 2 g KH, 27 g E

„Spring in den Mund!" bedeutet Saltimbocca wörtlich übersetzt. Damit die hauchdünnen Kalbsschnitzel auch saftig und zart sind, dürfen Sie nur kurz gebraten werden. Dieser leckere italienische Klassiker lässt sich auch von Anfängern mühelos und schnell zaubern.

FÜR 4 PORTIONEN

8 dünne Kalbsschnitzel (insgesamt 500 g)
1 El Mehl
Salz
schwarzer Pfeffer
8 Salbeiblätter
8 Scheiben hauchdünn geschnittener Parmaschinken
2 El Olivenöl
2 El Butter
125 ml Weißwein

1 Die Schnitzel zwischen 2 Lagen Klarsichtfolie mit einem Fleischklopfer oder einem Nudelholz flach klopfen. Das Mehl mit Salz und Pfeffer mischen und die Schnitzel damit leicht bestäuben.

2 Die Salbeiblätter waschen und mit Küchenkrepp trocken tupfen. Auf jedes Schnitzel 1 Salbeiblatt und 1 Scheibe Schinken legen. Beides mit einem Holzspieß am Schnitzel feststecken.

3 Das Öl mit der Butter in einer Pfanne erhitzen und die Schnitzel von beiden Seiten 2 bis 3 Minuten braten. Dann mit Alufolie abgedeckt im Backofen bei 50 °C warm stellen. Mit dem Wein den Bratensatz ablöschen und kräftig aufkochen lassen. Mit Salz und Pfeffer abschmecken.

4 Saltimbocca auf vorgewärmten Tellern anrichten. Am besten passen dazu Spaghetti, über die die Sauce geträufelt wird. Dazu einen bunten Blattsalat servieren.

VARIATION

Probieren Sie einmal **Scaloppine al limone**. Dafür werden die Kalbsschnitzel 1 Stunde in einer Marinade aus dem Saft von 1 Zitrone und 2 El Olivenöl eingelegt. Dann braten Sie die Schnitzel in der Pfanne und löschen den Bratensatz statt mit Wein mit der Marinade und dem Saft einer weiteren Zitrone ab.

Wer auf seinen Geldbeutel zu achten hat, kann statt der Kalbs- auch Putenschnitzel verwenden.

OLIVENHACKBRATEN

Hackfleisch halb und halb heißt: je zur Hälfte Rind- und Schweinefleisch und ist in Deutschland und Österreich sehr beliebt. Als Braten im Ofen lassen sich aus Hackfleisch viele leckere Varianten zubereiten. Mit mediterranen Zutaten findet Hackbraten besonders großen Anklang bei Ihren Tischgästen.

Zubereitungszeit ca. 25 Min.
plus Garzeit ca. 1 Std.
fertig in ca. 1 Std. 25 Min.

Pro Portion ca. 560 kcal, 2340 kJ,
38 g F, 13 g KH, 42 g E

FÜR 4 PORTIONEN

- 2 Brötchen vom Vortag
- 75 g mit Paprika gefüllte Oliven
- 1 Zwiebel
- 1 Knoblauchzehe
- 1 Tl Olivenöl
- 1/2 Bund glatte Petersilie
- 1 Zweig Rosmarin
- 6 Zweige Basilikum
- 3 Zweige Thymian
- 750 g Hackfleisch halb und halb
- 2 Eier
- 1 1/2 Tl Salz
- 1 Tl edelsüßes Paprika
- 1/4 Tl schwarzer Pfeffer

1 Den Backofen auf 200 °C (Umluft 180 °C) vorheizen. Die Brötchen grob zerteilen und in 125 ml Wasser einweichen. Die Oliven quer halbieren. Die Zwiebel und den Knoblauch abziehen und mit einem großen Messer fein hacken. Olivenöl in einer beschichteten Pfanne erhitzen und die Zwiebel darin glasig dünsten.

2 Die Kräuter waschen und mit Küchenkrepp trocken tupfen. Die Petersilienblättchen und die Rosmarinnadeln von den Stielen zupfen und mit einem großen Küchenmesser fein hacken. Basilikumblätter ebenfalls von den Stielen zupfen und in feine Streifen schneiden. Thymianblättchen mit Daumen und Zeigefinger vom Stiel abstreifen.

3 Das Hackfleisch mit den eingeweichten Brötchen, den Eiern, der angedünsteten Zwiebel, dem Knoblauch und den Kräutern vermengen. Mit Salz, Paprika und Pfeffer würzen und aus der Fleischmasse einen länglichen, brotähnlichen Laib formen. Ein Backblech mit etwas Olivenöl einpinseln und den Hackbraten daraufsetzen. Im Ofen auf der mittleren Schiene etwa 1 Stunde garen. Den Hackbraten 5 Minuten ruhen lassen, dann in 10 bis 12 Scheiben schneiden.

4 Zum Olivenhackbraten passen Bratkartoffel sehr gut. Außerdem schmeckt der Gurken-Minz-Dip von S. 70 gut dazu.

VARIATION

Anstelle der Oliven können Sie auch 150 g gewürfelten Feta hinzufügen und die Rosmarin- und Thymianmenge verdoppeln. Eine Tex-Mex-Variante zaubern Sie durch die Zugabe von 100 g Mais aus der Dose, 1 klein gewürfelten Paprikaschote und durch einige Spritzer Tabasco, einer scharfen Chilisauce.

INGWER-ENTE

Zubereitungszeit ca. 20 Min.
plus Garzeit ca. 10 Min.
fertig in ca. 30 Min.

Pro Portion ca. 610 kcal, 2550 kJ, 37 g F, 33 g KH, 36 g E

In diesem Rezept finden zwei typische Gewürze aus der asiatischen Küche Verwendung: Ingwer und Fischsauce. Ingwer ist eine hellbeige Wurzel mit gelbem Fruchtfleisch. Er hat ein ganz eigenes würzig-scharfes Aroma, das mit einer leichten Süße verbunden ist. Fischsauce dagegen ist eine Würzsauce, die sehr intensiv und salzig schmeckt. Da der Salzgehalt je nach Sorte variiert, sollten Sie die Fischsauce zunächst vorsichtig dosieren oder vorab probieren.

FÜR 4 PORTIONEN

- 1 Bund Frühlingszwiebeln
- 4 Knoblauchzehen
- 1 Stück Ingwerwurzel (ca. 6 cm)
- 3 rote Paprikaschoten
- 500 g frische Ananas (oder 400 g aus der Dose)
- 700 g Entenbrust
- 3 El Sojaöl
- 80 g TK-Erbsen
- 75 ml Gemüsebrühe
- 6 El helle Sojasauce
- 2 El Fischsauce
- abgeriebene Schale von 1 unbehandelten Limette

1 Die Frühlingszwiebeln waschen, Wurzeln und das verwelkte äußere Grün abtrennen und die Zwiebeln in hauchdünne Scheiben schneiden. Den Knoblauch abziehen und sehr fein hacken. Den Ingwer schälen, zunächst in feine Scheiben und dann in kleine Würfel schneiden. Die Paprika waschen, halbieren, Stielansätze herausschneiden, Trennwände und Kerne herauslösen und das Fruchtfleisch würfeln. Die grünen Blätter der Ananas entfernen, die Ananas schälen und dabei die braunen Augen ausstechen. Die Ananas längs halbieren und den holzigen Strunk aus der Mitte herausschneiden. Die Ananas in ca. 1 cm große Würfel schneiden.

2 Die Entenbrüste unter kaltem Wasser abbrausen und mit Küchenkrepp trocken tupfen, dann die Haut mit dem Fett vorsichtig abziehen. Die Entenbrust und -haut in Streifen schneiden.

3 Das Öl in einem Wok oder in einer tiefen Pfanne erhitzen und die Entenhaut darin ausbraten, dann herausnehmen und anderweitig verwenden (z.B. als Vorspeise). Frühlingszwiebeln, Knoblauch und Ingwer in den Wok oder die Pfanne geben und 2 Minuten anbraten. Paprika, Ananas und Erbsen hinzufügen und kurz mitbraten, dann die ganze Mischung auf den Rand des Woks hochschieben. (Wird das Gericht in der Pfanne zubereitet, Ananas, Paprika etc. auf eine Seite der Pfanne schieben.)

4 Die Entenbrustscheiben in Portionen von allen Seiten anbraten, dann mit den anderen Zutaten vermischen. Die Gemüsebrühe angießen, mit Sojasauce, Fischsauce und Limettenschale abschmecken und 2 Minuten köcheln lassen. Mit Reis servieren.

VARIATION

Mögen Sie scharfe Saucen? Dann bereiten Sie die Entenbrüste mit einer Sauce aus Kokosmilch und roter Currypaste zu. Hierfür werden nach dem Ausbraten der Haut zunächst die Frühlingszwiebeln mit dem Knoblauch und dem Ingwer kurz angeschwitzt. Dann 1 El rote Currypaste hinzufügen, kurz anbraten, mit 250 ml ungesüßter Kokosmilch ablöschen und 10 Minuten auf kleiner Flamme köcheln lassen. Jetzt mit dem Gemüse und der Entenbrust wie oben beschrieben weiter verfahren. Mit 3 El Sojasauce, 1 bis 2 El Fischsauce und dem Saft einer Limette abschmecken.

GULASCH

Zubereitungszeit ca. 10 Min.
plus Garzeit ca. 2 Std. 30 Min.
fertig in ca. 2 Std. 40 Min.

Pro Portion ca. 610 kcal, 2550 kJ,
38 g F, 18 g KH, 44 g E

Gulasch ist ein Schmorgericht, das sein typisches Aroma durch das lange Köcheln auf kleiner Flamme erhält. Es kann aus einer einzelnen Fleischart, z.B. Rindfleisch, oder aber aus einer Kombination mehrerer Fleischsorten zubereitet werden. Gewürzt wird meist mit Paprika und Zwiebeln, gelegentlich kommen noch Knoblauch und Kümmel dazu.

FÜR 4 PORTIONEN

- 3 Zwiebeln
- 2 Knoblauchzehen
- 4 rote Paprika
- 4 El Olivenöl
- 800 g gemischtes Gulaschfleisch
- 2 El Tomatenmark
- Salz
- schwarzer Pfeffer
- 1-2 Tl edelsüßes Paprikapulver
- 300 ml Fleischbrühe
- 150 ml trockener Rotwein
- 60 g Butter
- 2 El Mehl
- 1 Tl scharfes Paprikapulver

1 Die Zwiebeln und den Knoblauch abziehen und sehr fein hacken. Die Paprika waschen, halbieren, Stielansätze herausschneiden, Trennwände und Kerne herauslösen und das Fruchtfleisch würfeln.

2 Das Öl in einem großen Topf erhitzen und das Fleisch darin portionsweise von allen Seiten anbraten, dann herausnehmen und beiseitestellen. Die Zwiebeln mit dem Knoblauch im Bratfett glasig dünsten, dann das Fleisch wieder hinzufügen. Die Paprika ebenfalls zugeben, das Tomatenmark einrühren, mit Salz, Pfeffer und edelsüßem Paprikapulver würzen und gut umrühren. Nach ca. 3 Minuten mit der Brühe und dem Rotwein ablöschen und zugedeckt 1,5 bis 2 Stunden auf kleiner Flamme schmoren lassen.

3 Gegen Ende der Garzeit die Butter in einem kleinen Topf zerlassen und das Mehl darüberstäuben. Mit einer Suppenkelle voll Gulaschsauce ablöschen und mit einem Schneebesen gut verrühren, damit sich keine Klümpchen bilden. Dieses Gemisch dann langsam zum Binden in das Gulasch einrühren und das Gulasch mit scharfem Paprikapulver abschmecken. Mit Salzkartoffeln oder Nudeln servieren.

VARIATIONEN

Wenn Sie möchten, erweitern Sie das Rezept durch 300 g Fleischtomaten. Diese über Kreuz einritzen, kurz mit kochendem Wasser überbrühen, mit kaltem Wasser abschrecken, mit einem kleinen Küchenmesser häuten, vierteln, entkernen und von den Stielansätzen befreien. Dann in Würfel schneiden und dem Gulasch mit der Paprika zufügen. Sollten die Tomaten zuviel Wasser ziehen, nur 150 ml Brühe angießen.

Für eine **Gulaschsuppe** ergänzen Sie das Rezept durch 100 g gewürfelte Möhren, 4 bis 5 große, gewürfelte Kartoffeln, 300 g Tomaten und 800 ml Fleischbrühe.

SCHNITZEL-LAUCH-PFANNE

Dieses Pfannengericht ist ein schnell zubereiteter Familienklassiker für den Herbst. Am besten schmeckt es natürlich mit frischen Maronen. Diese müssen Sie jedoch zuvor in ausreichend Wasser garen oder im Backofen backen.

Zubereitungszeit ca. 15 Min.
plus Garzeit ca. 15 Min.
fertig in ca. 30 Min.

Pro Portion ca. 530 kcal, 2220 kJ, 26 g F, 25 g KH, 41 g E

FÜR 4 PORTIONEN

- 1 Stange Lauch
- 200 g Maronen (frisch und gegart oder gegart und vakuumvorpackt)
- 3 El Rapsöl
- Salz
- schwarzer Pfeffer
- 200 ml Sahne
- 400 g Spätzle (FP aus dem Kühlregal)
- 8 kleine Schweineschnitzel (à ca. 80 g)

1 Die äußeren Blätter vom Lauch und den Wurzelansatz abschneiden. Den Lauch längs halbieren, die Stange auffächern und unter fließendem Wasser auswaschen. Dann quer in feine Streifen schneiden.

2 Die Maronen mit einem Küchenmesser vierteln. 1 El Öl in einer tiefen Pfanne erhitzen, den Lauch darin ca. 4 Minuten andünsten. Die Maronen hinzugeben, salzen, pfeffern, die Sahne angießen und ca. 5 Minuten köcheln lassen.

3 Inzwischen die Spätzle nach Packungsanleitung in reichlich Salzwasser garen, eventuell etwas Kochwasser zur Lauch-Pfanne geben. Spätzle abgießen, in die Pfanne geben und alles mischen.

4 Die Schnitzel unter kaltem Wasser abbrausen und trocken tupfen. Salzen und pfeffern. Im restlichen Öl in einer zweiten Pfanne kräftig anbraten. Auf die Spätzle-Lauch-Mischung legen und in 5 Minuten gar ziehen lassen.

5 Die Schnitzel-Lauch-Pfanne auf 4 Teller anrichten und heiß servieren. Dazu passt ein Blattsalat mit frischen, in Scheiben geschnittenen Champignons und einer Essig-Öl-Marinade. Zur Krönung kann der Salat mit ausgelassenen Speckwürfeln garniert werden.

VARIATION

Anstelle der Maronen können Sie auch frische Pilze, wie z.B. Pfifferlinge, verwenden. Dafür dann 400 g Pfifferlinge mit einem Küchentuch oder Backpinsel säubern. Große Pilze halbieren oder vierteln und statt der Maronen zum Lauch geben.

CURRY-HACK-GULASCH

Zubereitungszeit **ca. 20 Min.**
plus Garzeit **ca. 25 Min.**
fertig in **ca. 45 Min.**

Pro Portion ca. 590 kcal, 2470 kJ, 46 g F, 15 g KH, 30 g E

Aufgepasst – in die Hackbällchenmasse kommt kein Salz, denn Sojasauce enthält ausreichend Salz. Sojasauce ist das Salz der asiatischen Küchen, denn in vielen Regionen Asiens war Salz in seiner Reinform zu kostbar und so wurden die Speisen mit Sojasauce gesalzen. Bei uns verhält es sich umgekehrt, wer also sparen will, nimmt 1 Tl Salz statt der Sojasauce, um die Fleischmasse zu würzen.

FÜR 4 PORTIONEN

- 300 g Stangenbohnen
- Salz
- je 1 rote, grüne und gelbe Paprika
- 3 Zwiebeln
- 2 Knoblauchzehen
- 1 Stück Ingwer (ca. 3 cm lang)
- 500 g Hackfleisch halb und halb
- 2 El Sojasauce
- schwarzer Pfeffer
- 2 El Rapsöl
- 2 El Curry
- 1 El Mehl
- 400 ml Kokosmilch

1 Die Stangenbohnen in kaltem Wasser waschen, trocken schütteln und die Enden wegschneiden. Danach in mundgerechte Stücke schneiden. Etwas Wasser zum Kochen bringen, leicht salzen und die Bohnen darin etwa 3 Minuten garen, dann in ein Sieb geben und abtropfen lassen.

2 Die Paprika waschen, halbieren, Stielansätze herausschneiden, Trennwände und Kerne herauslösen und das Fruchtfleisch grob würfeln. Die Zwiebeln abziehen, eine Zwiebel würfeln, die anderen in schmale Spalten schneiden. Den Knoblauch abziehen und fein hacken. Den Ingwer schälen und ebenfalls fein hacken.

3 Das Hackfleisch in eine Schüssel geben. Zwiebelwürfel, Ingwer und die Hälfte des Knoblauchs dazugeben. Alles gut miteinander verkneten und mit Sojasauce und Pfeffer abschmecken. Die Hände anfeuchten und aus der Fleischmasse walnussgroße Hackbällchen formen.

4 Öl in einer großen beschichteten Pfanne erhitzen, die Hackbällchen von allen Seiten rundherum braun anbraten, dabei die Temperatur etwas reduzieren. Nach etwa 10 Minuten aus der Pfanne nehmen und beiseitestellen.

5 Die Zwiebelspalten in das Bratfett geben und glasig dünsten, dann Curry und Mehl über die Zwiebeln streuen und kurz anschwitzen. Den Knoblauch hinzugeben und die Kokosmilch unter Rühren angießen und einmal aufkochen lassen.

6 Die Paprikawürfel hinzugeben und das Ganze 10 Minuten köcheln lassen. Dann die Bohnen und die Hackbällchen darin erwärmen und alles noch einmal mit Sojasauce und Pfeffer abschmecken. Am besten passt zu diesem Gericht Basmatireis.

VARIATION

Anstelle der Bohnen können Sie auch 250 g tiefgekühlte Erbsen oder auch nur Tiefkühlgemüse verwenden. Gut schmeckt auch eine Mischung aus Möhren, Blumenkohl und Brokkoli. So sparen Sie noch ein bisschen Zeit!

KRÄUTERHÄHNCHEN

Brathähnchen im Ganzen zuzubereiten schreckt viele Kochanfänger ab, denn sie haben Angst vor dem Zerlegen des Federviehs. Es ist wirklich ganz einfach und es klappt auch ohne Geflügelschere. Sie brauchen nur ein gutes großes Kochmesser und ein bisschen handwerkliches Geschick, das ist alles!

Zubereitungszeit **ca. 30 Min.**
plus Garzeit **ca. 1 Std.**
fertig in **ca. 1 Std. 30 Min.**

Pro Portion ca. 570 kcal, 2380 kJ, 35 g F, 12 g KH, 53 g E

1 Den Backofen auf 200 °C (Umluft 180 °C) vorheizen. Die Hähnchen gründlich mit kaltem Wasser abbrausen. Mit Küchenkrepp innen wie auch außen trocken tupfen. Überstehende Haut an der Hals- und Schwanzöffnung mit einem Küchenmesser abschneiden. Die Hähnchen innen und außen kräftig mit Salz und Paprika einreiben. Die Hähnchen auf ein Backblech setzen und etwa 50 Minuten auf der zweiten Schiene von unten garen.

2 Inzwischen für die Sauce die Tomaten über Kreuz einritzen, kurz mit kochendem Wasser überbrühen, mit kaltem Wasser abschrecken, mit einem kleinen Küchenmesser häuten, vierteln, entkernen und von den Stielansätzen befreien. Dann in Würfel schneiden.

3 Knoblauchzehen abziehen und fein hacken. Die Kräuter waschen und mit Küchenkrepp trocken tupfen. Die Petersilienblättchen und die Rosmarinnadeln von den Stielen zupfen und mit einem großen Küchenmesser fein hacken. Basilikumblättchen und Salbeiblättchen ebenfalls von den Stielen zupfen und in feine Streifen schneiden. Thymianblättchen mit Daumen und Zeigefinger vom Stiel abstreifen.

4 2 Knoblauchzehen mit allen Kräutern außer dem Basilikum in ein Schälchen geben. Zitronenschale und -saft hinzugeben. 2 El Olivenöl unterrühren und mit schwarzem Pfeffer kräftig würzen.

5 Für die Tomatensauce das restliche Olivenöl in einer beschichteten Pfanne erhitzen. Die Tomatenwürfel zusammen mit dem restlichen Knoblauch hineingeben und 3 bis 5 Minuten erhitzen. Mit den Basilikumstreifen, Salz, Pfeffer und Zucker würzen.

6 Die Hähnchen mit den Rücken auf ein Brett legen. Flügel und Keulen mit einem großen Küchenmesser an den Gelenken abtrennen. Für das Brustfilet links und rechts am Brustbein entlang schneiden und die Bruststücke herauslösen.

FÜR 4 PORTIONEN

- 2 küchenfertige Brathähnchen (à 1,2 kg)
- 2 Tl Salz
- 2 Tl edelsüßes Paprikapulver
- 1 kg Tomaten
- 4 Knoblauchzehen
- 1/2 Bund glatte Petersilie
- 2 Zweige Rosmarin
- 10 Zweige Basilikum
- 8 Zweige Salbei
- 10 Zweige Thymian
- Saft und Schale von 1 unbehandelten Zitrone
- 4 El Olivenöl
- schwarzer Pfeffer
- 1 Tl Zucker

VARIATIONEN

Sie können die Kräutermarinade auch mit 25 g tiefgekühlten Küchenkräutern zubereiten. Wenn Ihnen die Kräutermarinade zu viel Firlefanz ist, dann können Sie die Hähnchen auch klassisch zubereiten. Dazu reiben Sie sie zusätzlich mit 1 El Curry und weißem Pfeffer ein.

RINDERROULADEN

Zubereitungszeit **ca. 30 Min.**
plus Garzeit **ca. 1 Std.**
fertig in **ca. 1 Std. 30 Min.**

Pro Portion ca. 310 kcal, 1300 kJ, 14 g F, 8 g KH, 33 g E

Rinderrouladen sind in Deutschland ein typisches Sonntagsgericht. Dafür werden große Scheiben Rindfleisch aus der Rinderkeule geschnitten, mit Salz, Pfeffer und Senf gewürzt und mit Schinken, Zwiebeln und Gewürzgurken gefüllt. Serviert werden sie entweder mit Salzkartoffeln, Kartoffelbrei oder Knödeln und auf jeden Fall mit Rotkohl.

FÜR 4 PORTIONEN

2 Zwiebeln
4-8 Cornichons
4 Rinderrouladen (à 150 g)
3-4 Tl mittelscharfer Senf
4 Scheiben roher Schinken
Salz
schwarzer Pfeffer
1 Stange Lauch
2 Möhren
1/4 Knolle Sellerie
3 El Sonnenblumenöl
3 El Mehl
300 ml Fleischbrühe
100 ml trockener Rotwein
1 Tl getrockneter Majoran

1 Die Zwiebeln abziehen und sehr fein hacken, die Hälfte für später beiseitestellen. Die Cornichons zunächst längs in Scheiben und dann in kleine Würfel schneiden. Die Rouladen mit Senf bestreichen, mit jeweils 1 Scheibe Schinken belegen, die Zwiebeln und die Cornichons darauf verteilen und mit Salz und Pfeffer würzen. Die Roulade aufrollen, mit Küchengarn binden oder mit Rouladenklammern feststecken.

2 Den Lauch längs halbieren, die Stange auffächern und unter fließendem Wasser auswaschen. Dann den Lauch quer in Streifen schneiden. Die Möhren waschen, Wurzel- und Blattansätze wegschneiden und mit einem Sparschäler schälen. Die Möhren zuerst längs in Streifen schneiden und dann würfeln. Den Sellerie schälen und in kleine Würfel schneiden.

3 Das Öl in einem Schmortopf erhitzen, die Rouladen von allen Seiten darin anbraten und herausnehmen. Nun die restlichen Zwiebelwürfel mit dem Gemüse im Bratfett einige Minuten anschwitzen, dann die Rouladen wieder hineinsetzen und mit 1 El Mehl bestäuben. Mit der Fleischbrühe und dem Rotwein ablöschen und die Rouladen zugedeckt ca. 1 Stunde schmoren lassen.

4 Die Rouladen aus dem Bratsaft nehmen, mit Alufolie abdecken und im auf 50 °C vorgewärmten Ofen warm halten. Den Bratensatz durch ein feines Sieb streichen, in einen kleinen Topf geben und etwas einkochen lassen. Dann das restliche Mehl mit etwas kaltem Wasser anrühren und in den kochenden Bratenansatz einrühren. Aufkochen lassen und mit Salz, Pfeffer und etwas Majoran abschmecken.

VARIATION

Die Rouladen können auch nur mit Gemüse gefüllt werden. Hierfür 1 Zwiebel und 2 Knoblauchzehen schälen und fein hacken. 400 g frischen Spinat gründlich waschen, trocknen und klein schneiden. Die Rouladen ausbreiten und mit Salz und Pfeffer würzen. Jetzt das Gemüse sowie 100 g mittelalten geriebenen Gouda darauf verteilen und aufrollen. Dann wie in Punkt 3 beschrieben weiterverfahren.

WIENER SCHNITZEL

Zubereitungszeit **ca. 30 Min.**
plus Garzeit **ca. 5 Min.**
fertig in **ca. 35 Min.**

Pro Portion ca. 400 kcal, 1670 kJ, 15 g F, 27 g KH, 37 g E

Das klassische Wiener Schnitzel wird mit Kalbfleisch zubereitet, mit Schwein oder Pute funktioniert es aber auch. Wichtig ist, dass die Schnitzel im heißen Fett schwimmen, damit sie gleichmäßig garen und das Fett nicht so stark abkühlt, dass es in die Panierung eindringt und diese dadurch fettig wird.

FÜR 4 PORTIONEN
4 Kalbsschnitzel (à 150 g)
100 g Paniermehl
2 Eier
4 El Mehl
Salz
schwarzer Pfeffer
20 g Butter
100 ml Rapsöl
1 Zitrone

1 Die Kalbsschnitzel unter kaltem Wasser abbrausen und trocken tupfen. Die Schnitzel zwischen Klarsichtfolie legen und mit einem Nudelholz oder einer Kasserolle flach klopfen.

2 Das Paniermehl auf einen flachen Teller geben. Die Eier in einem tiefen Teller verquirlen. Das Mehl auf einen flachen Teller geben. Die Schnitzel von beiden Seiten salzen und pfeffern, dann zuerst im Mehl wenden, danach durch die Eiermasse ziehen und zum Schluss im Paniermehl wenden.

3 Die Butter mit dem Öl in einer großen Pfanne erhitzen und die Kalbsschnitzel von beiden Seiten jeweils in 2 bis 3 Minuten goldgelb braten. Dabei immer wieder etwas Fett aus der Pfanne über die Schnitzel schöpfen. Bereits fertig gebratene Kalbsschnitzel im Ofen bei 50 °C warm halten.

4 Die Zitrone waschen und mit dem Geschirrtuch trocken reiben, dann in Viertel oder Achtel schneiden. Die Schnitzel mit Zitrone servieren. Dazu passen Bratkartoffeln, Pommes frites oder auch Mischbrot.

VARIATION

Wer so noch nicht satt wird, kann auch Schnitzel Holsteiner Art zubereiten. Dafür wird pro Schnitzel 1 Spiegelei gebraten und dieses auf das fertige Schnitzel gelegt. Darauf werden 2 aufgerollte Sardellen und einige Kapern angerichtet.

HÄHNCHENKEULEN ANDALUSISCH

Noch heute ist die andalusische Küche durch den Einfluss der Mauren geprägt, die ihre Esskultur mit ins Land brachten, als sie es im 8. Jahrhundert weitgehend eroberten. Zutaten wie Mandeln, Pistazien und Datteln, aber auch Gewürze wie Zimt und Kreuzkümmel hielten so Einzug in die spanische Küche und peppten diese auf.

Zubereitungszeit ca. 15 Min.
plus Garzeit ca. 45 Min.
fertig in ca. 1 Std.

Pro Portion ca. 560 kcal, 2340 kJ, 38 g F, 4 g KH, 37 g E

1 Die Zwiebel und den Knoblauch abziehen und sehr fein hacken. Die Rosinen in einer Schale mit 3 El Sherry übergießen und 10 Minuten ziehen lassen. Die Hähnchenkeulen unter kaltem Wasser abbrausen und trocken tupfen. Die Haut mit Salz, Pfeffer und Kreuzkümmel einreiben.

2 Das Olivenöl in einem Bräter erhitzen und zunächst die Zwiebel mit dem Knoblauch anschwitzen. Die Hähnchenkeulen hinzugeben und von allen Seiten anbraten, mit Sherry ablöschen, die Zimtstange in der Mitte durchbrechen und in den Sud legen. Die Hähnchen dann zugedeckt ca. 45 Minuten auf kleiner Flamme köcheln lassen.

3 10 Minuten vor Ende der Garzeit Rosinen und Mandelblättchen zu den Hähnchenkeulen geben, gut unterheben und bei Bedarf mit Salz, Pfeffer, Kreuzkümmel und Zimt abschmecken. Vor dem Servieren die Zimtstange entfernen. Die Hähnchenkeulen auf Tellern anrichten und mit Mandelblättchen und den Zimtstangenbröseln dekorieren. Dazu passt Reis.

FÜR 4 PORTIONEN

1 Zwiebel
4 Knoblauchzehen
2 El Rosinen
200 ml trockener Sherry
1 kg Hähnchenkeulen
Salz
schwarzer Pfeffer
1/2 Tl gemahlener Kreuzkümmel
4 El Olivenöl
1 Zimtstange
50 g Mandelblättchen
evtl. 1 Prise gemahlener Zimt

VARIATION

Ein anderes, typisch andalusisches Rezept ist die Zubereitung der Hähnchenkeulen mit 100 g gewürfeltem Speck, 2 in Scheiben geschnittenen Möhren, 4 reifen, gehäuteten und entkernten Tomaten, 150 g entsteinten grünen Oliven und 250 ml Sherry. Gewürzt wird der Sud in diesem Fall mit einem Kräutersträußchen, das auf jeden Fall Petersilie, Oregano und Thymian enthalten sollte.

SATÉ-SPIESSE

Saté-Spieße sind ein beliebter Imbiss und werden im asiatischen Raum an jeder Straßenecke verkauft. Die Spieße werden aus Hühner-, Schweine- oder Rindfleisch zubereitet und mit verschiedenen Saucen serviert. Ganz wichtig: Vor dem Grillen wird das Fleisch für mindestens 1 bis 2 Stunden in einer würzigen Marinade eingelegt.

Zubereitungszeit **ca. 30 Min.**
plus Marinierzeit **ca. 2 Std.**
fertig in **ca. 2 Std. 30 Min.**

Pro Portion ca. 210 kcal, 880 kJ, 7 g F, 5 g KH, 31 g E

1 Den Ingwer schälen, zunächst in dünne Scheiben, dann in kleine Würfel schneiden. Den Knoblauch abziehen und sehr fein hacken. Die Kokosmilch in einer Schüssel mit Ingwer, braunem Zucker, Kurkuma, Kreuzkümmel und der Sojasauce vermischen, mit Salz und Pfeffer würzen. Den Koriander waschen und mit Küchenkrepp trocken tupfen. Die Blättchen von den Stielen zupfen und mit einem großen Küchenmesser fein hacken. Ebenfalls zur Kokosmilch geben.

2 Die Hühnerbrustfilets unter kaltem Wasser abbrausen, trocken tupfen und in dünne Scheiben schneiden. Das Fleisch wellenförmig auf Schaschlikspieße stecken und mit der Marinade übergießen. Abgedeckt für mindestens 1 bis 2 Stunden kühl stellen, dabei mehrmals wenden und mit der Marinade bestreichen.

3 Nach der Marinierzeit die Saté-Spieße aus der Marinade nehmen, kurz abtropfen lassen und auf dem elektrischen Grill von beiden Seiten 2 bis 3 Minuten grillen. Die Zubereitung gelingt auch im Backofen. Hierfür den Grill nach Anleitung vorheizen und die Spieße auf dem Rost auf der obersten Schiene grillen. Dabei nach 2 bis 3 Minuten wenden. Die Spieße mit Reis und einer asiatischen Sauce servieren.

FÜR 4 PORTIONEN

1 Stück Ingwerwurzel (ca. 3 cm)
1 Knoblauchzehe
125 ml ungesüßte Kokosmilch
1 El brauner Zucker
1 Tl gemahlener Kurkuma
1 Tl Kreuzkümmel
3 El helle Sojasauce
Salz
schwarzer Pfeffer
1 Bund Koriandergrün
500 g Hühnerbrustfilet

BEILAGE

Zu den Saté-Spießen passt eine leicht scharfe, süß-saure Sauce, die schnell zubereitet ist. Hierfür 100 ml Reisessig in einem kleinen Topf mit 2 El braunem Zucker und 1/2 Tl Salz unter Rühren aufkochen, bis sich der Zucker aufgelöst hat. Die Mischung vom Herd nehmen und leicht abkühlen lassen. Nun 1 bis 2 rote Chilischoten waschen, trocken tupfen, längs halbieren, Kerne und Scheidewände sowie Stielansätze entfernen. Das Fruchtfleisch sehr fein würfeln und in die Sauce geben.

LAMMRAGOUT

Zubereitungszeit **ca. 30 Min.**
plus Garzeit **ca. 1 Std.**
fertig in **ca. 1 Std. 30 Min.**

Pro Portion ca. 700 kcal, 2930 kJ, 51 g F, 9 g KH, 43 g E

Dieses Rezept schmeckt besonders gut, wenn es mit frischem statt mit tiefgekühltem Lammfleisch zubereitet wird. Frisches Lammfleisch erhalten Sie entweder in gut sortierten Metzgereien und Supermärkten, beim Bauern, auf Wochenmärkten oder aber in türkischen Lebensmittelgeschäften.

FÜR 4 PORTIONEN

800 g Lammkeule ohne Knochen
100 g durchwachsener Speck
1 große Zwiebel
4 Knoblauchzehen
200 g Möhren
1 frische Chilischote
4 El Olivenöl
2 El Mehl
250 ml trockener Rotwein
3 El Tomatenmark
Salz
schwarzer Pfeffer
1 Lorbeerblatt

1 Das Lammfleisch kalt abspülen und mit Küchenkrepp trocken tupfen. Das Fleisch in ca. 2,5 cm große Würfel schneiden. Den Speck in kleine Würfel schneiden.

2 Die Zwiebel und den Knoblauch abziehen und sehr fein hacken. Die Möhren waschen, Wurzel- und Blattansätze wegschneiden und mit einem Sparschäler schälen. Die Möhren zuerst längs in Streifen schneiden und dann würfeln. Die Chilischote waschen, trocken tupfen, längs halbieren, Kerne und Scheidewände sowie Stielansatz entfernen. Das Fruchtfleisch sehr fein würfeln.

3 Das Olivenöl in einer tiefen Pfanne erhitzen, die Speckwürfel darin kräftig anbraten, dann mit einer Schaumkelle herausnehmen und beiseitestellen. Nun das Fleisch portionsweise von allen Seiten anbraten, herausnehmen und ebenfalls zur Seite stellen. Dann die Zwiebel, den Knoblauch und die Chilischote im Fett andünsten.

4 Das Lammfleisch und die Speckwürfel wieder zufügen, mit Mehl bestäuben und mit Rotwein ablöschen. Das Tomatenmark einrühren, kräftig salzen und pfeffern. Die Möhren und das Lorbeerblatt hinzugeben und alles zugedeckt auf kleiner Flamme ca. 1 Stunde sanft köcheln lassen.

5 Vor dem Servieren das Lorbeerblatt entfernen. Zum Lammragout passen hervorragend Bandnudeln, Rosmarinkartoffeln oder Polentaschnitten (siehe Rezept auf S. 125).

BEILAGE

Für die **Rosmarinkartoffeln** 1 kg gleichmäßig große Kartoffeln waschen, mit Küchenkrepp trocken tupfen und halbieren. Ein Backblech mit 2 El Olivenöl bestreichen, die Kartoffeln mit der aufgeschnittenen Seite nach unten daraufsetzen, salzen, mit Olivenöl beträufeln und mit frischen Rosmarinzweigen bestreuen. Bei 200 °C im Backofen (Umluft 180 °C) ca. 45 Minuten garen.

FISCH & MEERESFRÜCHTE

GARNELENFRIKASSEE

Zubereitungszeit **ca. 25 Min.**
plus Garzeit **ca. 25 Min.**
fertig in **ca. 50 Min.**

Pro Portion ca. 370 kcal, 1550 kJ, 8 g F, 21 g KH, 46 g E

Der Name leitet sich von dem französischen Wort „fricassée", sprich „Allerlei" ab. Üblicherweise handelt es sich dabei um ein Ragout, das aus hellem Fleisch – Hühnchen, Kalbfleisch oder Kaninchen – zubereitet wird. Aber auch diese etwas ausgefallene Variante mit Garnelen kann sich sehen bzw. schmecken lassen!

FÜR 4 PORTIONEN

- 800 g Garnelen mit Schale und Kopf
- 1 Bund Frühlingszwiebeln
- 3 Knoblauchzehen
- 400 g Möhren
- 2 El Butter
- 2 El Mehl
- 100 ml trockener Weißwein
- 100 ml Gemüsebrühe
- 200 g TK-Erbsen
- 1 Bund Dill
- Salz
- weißer Pfeffer
- 1 El Zitronensaft

1 Die Garnelen unter kaltem Wasser abbrausen und trocken tupfen. Dann die Köpfe abdrehen. Dazu die Garnelen jeweils zwischen Daumen und Zeigefinger beider Hände nehmen und mit einer vorsichtigen Drehbewegung den Kopf ablösen. Danach den Panzer am Körper der Garnele vom Bauch her mit den Fingern aufbrechen und abziehen. Für das Lösen der Schwanzflosse mit Daumen und Zeigefinger das Körperende herausdrücken. Nun mit einem spitzen Messer den Rücken längs aufschneiden und den Darm entfernen.

2 Die Frühlingszwiebeln waschen, Wurzeln und das verwelkte Grün abtrennen und die Zwiebeln in hauchdünne Ringe schneiden. Den Knoblauch abziehen und in feine Scheiben schneiden. Die Möhren waschen, Wurzel- und Blattansätze wegschneiden und mit einem Sparschäler schälen. Die Möhren zuerst längs in Streifen schneiden, dann würfeln.

3 Die Butter in einer tiefen Pfanne zerlassen. Die Frühlingszwiebeln mit dem Knoblauch darin hellbraun anschwitzen. Dann das Mehl darüberstäuben und anschwitzen. Mit Weißwein und Gemüsebrühe ablöschen. Dabei ständig rühren, damit sich keine Klümpchen bilden. Nun das Gemüse zufügen und zugedeckt 15 Minuten auf kleiner Flamme köcheln lassen. Dann die Garnelen in die Sauce legen und ca. 5 Minuten lang garen.

4 Inzwischen den Dill waschen und mit Küchenkrepp trocken tupfen. Die Blättchen von den Stielen zupfen und mit einem großen Küchenmesser fein hacken. Das Frikassee mit Dill, Salz, Pfeffer und – je nach Geschmack – einem Schuss Zitronensaft abschmecken. Mit neuen Kartoffeln oder Weißbrot servieren.

VARIATION

Das Garnelenfrikassee bekommt eine besonders raffinierte Note, wenn Sie es mit 500 g frischem weißen und/oder grünen Spargel zubereiten. Die Möhren und Erbsen lassen Sie dafür weg. Der Spargel wird - wie im Rezept auf S. 188 beschrieben - vorbereitet und gegart. Das Kochwasser aufheben und es anstelle der Gemüsebrühe zum Ablöschen verwenden.

SCHOLLE FINKENWERDER ART

Für Fisch-Einsteiger ist dieses Rezept ideal: Einfach in der Zubereitung, dekorativ auf dem Teller und – last but not least – lässt sich die Scholle auch noch leicht zerlegen. Dafür wird sie an der Mittelgräte entlang eingeschnitten. Dann wird das Fleisch mit dem Fischmesser von der Mitte aus nach außen hin abgehoben. Zum Schluss die Mittelgräte von Kopf und Schwanz abtrennen, herausheben - und die zweite Seite ist verzehrfertig.

Zubereitungszeit **ca. 15 Min.**
plus Garzeit **ca. 15 Min.**
fertig in **ca. 30 Min.**

Pro Portion ca. 510 kcal, 2130 kJ, 24 g F, 32 g KH, 41 g E

1 Die Schollen unter fließend kaltem Wasser abspülen und mit Küchenkrepp trocken tupfen. Eine Zitrone halbieren, den Saft auspressen und die Schollen damit von beiden Seiten beträufeln, dann salzen.

2 Die zweite Zitrone heiß abwaschen, trocken reiben und in Spalten schneiden. Den Dill waschen und mit Küchenkrepp trocken tupfen. Die Blättchen von den Stielen zupfen und mit einem großen Küchenmesser fein hacken. 4 große Teller im Backofen bei 100 °C vorwärmen.

3 Den Frühstücksspeck in kleine Würfel schneiden. 2 große Pfannen erhitzen und die Speckwürfel darin ausbraten. Sobald die Speckwürfel knusprig sind, diese herausnehmen, auf ein Küchenkrepp legen und beiseitestellen. Das ausgelassene Speckfett dabei in der Pfanne belassen.

4 Das Mehl auf der Arbeitsfläche verteilen. Die Schollen von beiden Seiten darin wenden und mit der hellen Seite zuerst in die Pfanne mit dem heißen Speckfett legen. Die Schollen nun von jeder Seite ca. 5 Minuten braten, bis sie knusprig sind.

5 Die Schollen aus der Pfanne nehmen und auf den vorgewärmten Tellern anrichten. Die Speckwürfel noch einmal im heißen Fett kurz erhitzen, mit einem Schaumlöffel herausnehmen und auf den Schollen verteilen. Den Dill über die Schollen streuen und diese mit den Zitronenspalten garnieren. In Hamburg wird dieses Gericht traditionell mit Kartoffelsalat und grünem Salat serviert.

FÜR 4 PORTIONEN

4 Schollen (à ca. 300 g)
2 Zitronen
Salz
1 Bund Dill
100 g Frühstücksspeck
150 g Mehl

VARIATION

Eine edlere Variante dieses Gerichtes erhalten Sie, wenn Sie zusätzlich noch 250 g ausgelöste Krabben in Butter andünsten. Hierfür ziehen Sie zunächst eine Zwiebel ab und hacken sie sehr fein. Dann 2 El Butter in einer kleinen Pfanne zerlassen, die Zwiebel glasig dünsten, die Garnelen hinzufügen und in 3 bis 5 Minuten gar ziehen lassen. Das Ganze vorsichtig salzen und pfeffern und vor dem Servieren über den Schollen verteilen.

PANGASIUSFILET ASIA-STYLE

Zubereitungszeit **ca. 35 Min.**
plus Garzeit **ca. 20 Min.**
fertig in **ca. 55 Min.**

Pro Portion ca. 330 kcal, 1380 kJ, 20 g F, 12 g KH, 24 g E

Eigentlich stammt dieser Fisch aus Vietnam, doch er lässt sich ausgezeichnet in Aquakultur halten. So trat er vor einigen Jahren einen Siegeszug um die ganze Welt an und ist daher auch bei uns an den meisten Fischtheken zu haben. Sein Fleisch ist saftig und sein Geschmack mild bis neutral.

FÜR 4 PORTIONEN

400 g Pangasiusfilet
Salz
2 El Zitronensaft
40 g Kokosflocken
1/2 Tl Chiliflocken
1 Stück Ingwer (ca. 2 cm)
400 g Möhren
1 Bund Frühlingszwiebeln
300 g Mungobohnensprossen
4 El Rapsöl
4 Tl Sesamsamen
1/4 El China-Fünf-Gewürz-Mischung
4 Zweige Koriander
2 El Sojasauce

1 Das Pangasiusfilet unter fließendem Wasser waschen und mit Küchenkrepp trocken tupfen. Mit Salz würzen und mit Zitronensaft beträufeln. Das Fischfilet in Würfel schneiden. Kokosflocken und Chiliflocken in einem tiefen Teller vermengen. Die Fischwürfel darin wälzen.

2 Den Ingwer schälen und fein hacken. Die Möhren waschen, putzen, schälen und in dünne Stifte schneiden. Die Frühlingszwiebeln waschen, putzen und schräg in etwa 2 cm große Stücke schneiden. Die Mungobohnensprossen auf ein Sieb geben und waschen.

3 2 El Öl in einer beschichteten Pfanne erhitzen. Möhren, Frühlingszwiebeln und Sprossen tropfnass in die Pfanne geben. Die Sesamsamen unterrühren. Mit Ingwer, Salz und Fünf-Gewürz-Mischung würzen. Alles bei reduzierter Temperatur und geschlossenem Deckel etwa 10 bis 15 Minuten dünsten. Dann herausnehmen und warm stellen.

4 Nun das restliche Öl in die Pfanne geben und die Fischwürfel von allen Seiten in etwa 5 Minuten knusprig braten.

5 Inzwischen den Koriander waschen und trocken tupfen, die Blätter von den Stielen zupfen und fein hacken. Zum Schluss den Fisch mit dem Gemüse auf 4 Tellern anrichten, mit Sojasauce beträufeln und mit Koriander bestreuen. Dazu passt Reis.

VARIATIONEN

Natürlich können Sie das Pangasiusfilet gegen jedes beliebige Fischfilet austauschen.

Wenn Sie es einmal eilig haben, können Sie statt des frischen Gemüses auch eine TK-Gemüsemischung aus Blumenkohl, Brokkoli und Möhren verwenden.

SEELACHSSCHNITZEL

Zubereitungszeit ca. 15 Min.
plus Garzeit ca. 6 Min.
fertig in ca. 20 Min.

Pro Portion ca. 370 kcal, 1550 kJ,
14 g F, 21 g KH, 38 g E

Ein Klassiker am Freitag zum Mittagessen: Seelachs paniert! Aber wer isst heute noch regelmäßig freitags Fisch und paniert selbst, da doch panierter tiefgekühlter Fisch ausreichend im Angebot ist. Geben Sie dem Klassiker eine Chance – vielleicht wird dann der Freitag wieder zum Fischtag.

FÜR 4 PORTIONEN
4 Seelachsfilets (à 150 g)
Salz
schwarzer Pfeffer
30 g Mehl
2 Eier
80 g Paniermehl
2 El Sonnenblumenöl
20 g Butter
1 Zitrone

1 Die Seelachsfilets unter kaltem Wasser abbrausen und trocken tupfen, salzen und pfeffern. Das Mehl auf einen flachen Teller geben, die Eier mit einer Gabel in einem tiefen Teller verschlagen. Das Paniermehl auf einen dritten Teller geben.

2 Die Fischfilets zuerst im Mehl wenden, loses Mehl abklopfen, danach durch die verquirlte Eiermasse ziehen und zum Schluss im Paniermehl wenden.

3 Das Öl zusammen mit der Butter in einer beschichteten Pfanne erhitzen, die panierten Fischfilets von jeder Seite ca. 3 Minuten braten.

4 Die Zitrone waschen, trocken reiben und in Achtel schneiden. Die Fischfilets mit je 2 Zitronenachteln auf Tellern anrichten. Dazu passen Salzkartoffeln mit Petersiliensauce oder auch ein Kartoffelsalat.

BEILAGE

Für die **Petersiliensauce** die Blättchen von 1 Bund krauser Petersilie mit 200 ml Fischfond in einem hohen Gefäß pürieren. Dann 20 g Butter in einem Topf schmelzen lassen. Schäumt die Butter, 2 El Mehl hinzufügen und mit einem Holzlöffel unter ständigem Rühren erhitzen. Nach und nach 300 ml Milch und dann den Petersilien-Fischfond hinzufügen und unter Rühren aufkochen lassen. 1 Minute kochen lassen. Mit Salz und Pfeffer abschmecken und eventuell mit etwas Sahne verfeinern.

LACHS-GEMÜSE-SPIESSE

Lachs ist heute ein Massenprodukt und Wildlachs weiterhin eine Delikatesse. Beide sind reich an Omega-3-Fettsäuren und sollten daher wöchentlich auf dem Speiseplan stehen. Diese Variante, Lachs zuzubereiten, eignet sich im Sommer besonders gut für den Grill.

Zubereitungszeit **ca. 30 Min.**
plus Garzeit **ca. 30 Min.**
fertig in **ca. 1 Std.**

Pro Portion ca. 400 kcal, 1670 kJ, 14 g F, 40 g KH, 28 g E

1 Den Basmatireis in etwa der doppelten Menge leicht gesalzenen Wassers 12 bis 15 Minuten garen. Das Lachsfilet waschen, trocken tupfen und in 18 Würfel schneiden. Die Zucchini waschen, Blüten- und Stielansatz entfernen und 1/3 in etwa 1 cm dicke Scheiben schneiden und diese halbieren. Den Rest der Zucchini längs in dünne Scheiben hobeln.

2 Die Zwiebeln und den Knoblauch schälen und fein hacken. Die Sardellen und Kapern ebenfalls fein hacken. Alle 4 Zutaten miteinander vermischen. Mit Zitronensaft, Sherry und Gemüsebrühe verrühren und mit Salz und Pfeffer abschmecken.

3 Die Tomaten von den Rispen lösen, waschen und trocken tupfen. Lachs, halbierte Zucchinischeiben und Tomaten abwechselnd auf Holzspieße stecken, salzen und pfeffern. Das Öl in einer Pfanne erhitzen, die Fischspieße darin von allen Seiten in etwa 10 Minuten braten. Die Rosmarinnadeln und Thymianblättchen von den Stielen zupfen und fein hacken. Zum Schluss über die Spieße geben.

4 Die Zucchinischeiben auf 4 Teller geben. Die Fischspieße darauf verteilen. Mit der Vinaigrette beträufeln. Dazu den Reis reichen.

FÜR 4 PORTIONEN

- 180 g Basmatireis
- Salz
- 500 g Lachsfilet
- 1 große Zucchini
- 3 Zwiebeln
- 1 Knoblauchzehe
- 4-5 Sardellenfilets (aus dem Glas)
- 1 Tl eingelegte Kapern
- 1 El Zitronensaft
- 2 El trockener Sherry
- 50 ml Gemüsebrühe
- schwarzer Pfeffer aus der Mühle
- 20 Cocktailtomaten
- 2 El Olivenöl
- 1 Zweig Rosmarin
- 1 Zweig Thymian

VARIATIONEN

Anstelle von Basmatireis können Sie auch Risottoreis in Gemüsebrühe kochen und diesen mit etwas Safran färben. Statt Lachs können Sie auch frischen Thunfisch verwenden. Besonders edel werden diese Spieße, wenn Sie außerdem noch einige Garnelenschwänze dazu braten.

KARTOFFEL-FISCH-PFANNE

Zubereitungszeit **ca. 25 Min.**
plus Garzeit **ca. 35 Min.**
fertig in **ca. 1 Std.**

Pro Portion ca. 520 kcal, 2170 kJ, 23 g F, 36 g KH, 35 g E

Pfannengerichte waren ursprünglich typische „Reste-Essen", bei denen das Übriggebliebene vom Vortag verwertet wurde. Für dieses Rezept stand der sogenannte „Pannfisch" aus Norddeutschland, in dem die Kartoffeln und Fischstücke vom Vortag aufgewärmt wurden, Pate.

FÜR 4 PORTIONEN

600 g möglichst kleine Kartoffeln
Salz
600 g Rotbarschfilet
1 Zitrone
2 El Mehl
1 Zwiebel
2 Knoblauchzehen
2 rote Paprikaschoten
400 g Tomaten
100 g schwarze Oliven ohne Kern
3 El Olivenöl
1 El Tomatenmark
150 ml trockener Weißwein
Pfeffer
1 El frischer Oregano

1 Die Kartoffeln unter fließendem Wasser abbürsten und in einen Topf geben. Mit Wasser auffüllen, bis die Kartoffeln knapp mit Wasser bedeckt sind, salzen und zugedeckt zum Kochen bringen. Sobald das Wasser kocht, die Hitzezufuhr reduzieren und die Kartoffeln auf kleinster Stufe ca. 20 Minuten köcheln lassen, bis sie gar sind. Das Wasser abgießen und die Kartoffeln mit einem spitzen Messer pellen.

2 Inzwischen die Rotbarschfilets unter fließendem kalten Wasser abspülen und mit Küchenkrepp trocken tupfen. Eine Zitrone halbieren, den Saft auspressen und die Filets damit von beiden Seiten beträufeln, dann salzen. Das Mehl auf der Arbeitsfläche verteilen, die Fischfilets von beiden Seiten darin wenden und beiseitestellen.

3 Die Zwiebel und den Knoblauch abziehen und sehr fein hacken. Die Paprika waschen, halbieren, Stielansätze herausschneiden, Trennwände und Kerne herauslösen und das Fruchtfleisch würfeln. Die Tomaten über Kreuz einritzen, kurz mit kochendem Wasser überbrühen, mit kaltem Wasser abschrecken, mit einem kleinen Küchenmesser häuten, vierteln, entkernen und von den Stielansätzen befreien. Dann in Würfel schneiden. Die Oliven ebenfalls in Würfel schneiden.

4 Olivenöl in einer tiefen Pfanne erhitzen, die Kartoffeln rundherum anbraten, dann herausnehmen und abgedeckt beiseitestellen. Die Zwiebel mit dem Knoblauch im Olivenöl anschwitzen, dann den Fisch in die Pfanne geben, von beiden Seiten anbraten, herausnehmen und warm stellen. Das Gemüse in die Pfanne geben und 5 Minuten dünsten. Tomatenmark, Olivenstückchen und den Weißwein einrühren, mit Salz, Pfeffer und Zitronensaft abschmecken. Dann den Fisch und die Kartoffeln vorsichtig unterheben, noch einmal kurz erhitzen, mit Oregano bestreuen und servieren.

VARIATION

Für den **Pannfisch** werden Pellkartoffeln vom Vortag sowie bereits gegarte Fischstücke mit Zwiebelringen und Speckwürfeln in einer Pfanne angebraten. Darüber kommt eine Sauce aus 200 ml Sahne und 2 El scharfem Senf. Alles zugedeckt ca. 5 Minuten ziehen lassen, mit Salz und Pfeffer abschmecken und mit Gewürzgurkenscheiben bestreut servieren.

LACHSFORELLE IM SALZMANTEL

Zubereitungszeit **ca. 25 Min.**
plus Garzeit **ca. 40 Min.**
fertig in **ca. 1 Std. 5 Min.**

Pro Portion ca. 360 kcal, 1500 kJ, 11 g F, 1 g KH, 62 g E

Sehr saftig und äußerst aromatisch wird das Fischfleisch umhüllt vom Salzmantel. Die Zubereitung ist kinderleicht und macht sehr viel her. Damit hinterlassen Sie Eindruck bei Ihren Gästen. Sehr satt macht das Gericht allerdings nicht. Zusammen mit einer cremigen Suppe und einer leckeren Nachspeise ergibt es aber ein Menü, das auch den Bauch zufrieden stellt.

FÜR 4 PORTIONEN

- 1 küchenfertige Lachsforelle (1,2-1,5 kg)
- 2 Limetten
- 6 Zweige glatte Petersilie
- 1/2 Bund Dill
- 2 Eiweiß
- 2 kg grobes Salz

1 Den Backofen auf 200 °C (Umluft 180 °C) vorheizen. Die Lachsforelle unter fließendem Wasser gründlich von innen und außen waschen und trocken tupfen. Die Limetten waschen, trocken tupfen und in Scheiben schneiden.

2 Die Kräuter waschen und trocken tupfen. Die Petersilienblättchen von den Stängeln zupfen und grob hacken. Den Dill fein hacken. Die Kräuter zusammen mit den Limettenscheiben in die Bauchhöhle der Lachsforelle geben.

3 Das Eiweiß zu Schnee schlagen, das Salz hinzugeben und Salz und Eiweiß mit den Händen gründlich vermengen. Das Eiweiß wird dabei wieder flüssig.

4 Ein Backblech mit Backpapier auslegen. Etwa die Hälfte der Salzmasse in der Größe des Fisches auf dem Blech verteilen. Die gefüllte Forelle darauflegen. Die restliche Salzmasse mit den Händen so um den Fisch verteilen und leicht andrücken, dass er vollständig bedeckt ist.

5 Die Lachsforelle auf die mittlere Schiene in den Backofen geben und etwa 40 Minuten backen. Aus dem Ofen nehmen und die Salzkruste mit der stumpfen Seite eines großen Küchenmessers oben aufschlagen, sodass man einen Teil als Deckel abheben kann. Den Fisch im Ganzen herausnehmen, filetieren (siehe Einleitung S. 33) und auf vorgewärmte Teller verteilen. Dazu passen Butter und Weißbrot sowie ein Blattsalat, der mit Zitronensaft, Olivenöl, Salz, Pfeffer und Zucker angemacht wird.

VARIATION

Anstelle der Lachsforelle können Sie auch Kabeljau, Dorade oder Wolfsbarsch verwenden. Bei größeren Fischen bis 2 kg verlängert sich die Backzeit auf 1 Stunde und bei kleineren Fischen von unter 1 kg liegt sie bei nur 30 Minuten.

ZANDERFILET MIT KARTOFFELKRUSTE

Das Filet unter einer Kartoffelschicht zu garen, ist eine sehr beliebte und dekorative Art, Fisch zuzubereiten. Dieses Rezept lässt sich leicht variieren, indem Sie andere Gemüsesorten kombinieren, die Sauce statt mit Senf mit Sojasauce abschmecken oder das Zanderfilet durch Seelachs-, Dorsch- oder Kabeljaufilet ersetzen.

Zubereitungszeit **ca. 20 Min.**
plus Garzeit **ca. 25 Min.**
fertig in **ca. 45 Min.**

Pro Portion ca. 520 kcal, 2170 kJ, 23 g F, 25 g KH, 46 g E

1 Den Backofen auf 200 °C (Umluft 180 °C) vorheizen. Die Fischfilets unter klarem Wasser abspülen und mit Küchenkrepp trocken tupfen, danach von beiden Seiten salzen, pfeffern und im Mehl wenden.

2 Die Kartoffeln mit dem Sparschäler schälen, unter fließendem Wasser abspülen, mit Küchenkrepp trocken tupfen und auf der Reibe in hauchdünne Scheiben hobeln. Die Kartoffelscheiben schuppenförmig auf den Filets verteilen und leicht andrücken. Das Ei in eine Schüssel aufschlagen, mit der Gabel verquirlen und mit einem Backpinsel auf die Kartoffelscheiben streichen.

3 Die Frühlingszwiebeln waschen, Wurzeln und das verwelkte äußere Grün abtrennen und die Zwiebeln in hauchdünne Ringe schneiden. Die Möhren waschen, Wurzel- und Blattansätze wegschneiden und mit einem Sparschäler schälen. Die Möhren längs in feine Streifen schneiden. Das Grün vom Kohlrabi abtrennen, diesen schälen und zunächst in dünne Scheiben und dann in Stifte schneiden. Den Estragon waschen und mit Küchenkrepp trocken tupfen. Die Blättchen von den Stielen zupfen und mit einem großen Küchenmesser fein hacken.

4 Das Olivenöl in einer großen Pfanne erhitzen. Die Fischfilets mit der Kartoffelseite nach unten in die Pfanne legen und auf kleiner Flamme nur von einer Seite anbraten. Eine Auflaufform mit Olivenöl ausstreichen. Die angebratenen Fischfilets mit der Fischseite nach unten vorsichtig hineinlegen und im Ofen in ca. 15 Minuten fertig garen.

5 Gleichzeitig die Butter in einem kleinen Topf zerlassen und die Frühlingszwiebeln darin andünsten. Möhren und Kohlrabi zufügen, kurz mitdünsten, dann mit Weißwein und Sahne ablöschen und zugedeckt auf kleiner Flamme 15 Minuten köcheln lassen. Die Sauce mit Salz, Pfeffer, Estragon und 1 Tl Senf abschmecken. Das Gemüse auf Teller verteilen, die Fischfilets daraufsetzen und servieren.

FÜR 4 PORTIONEN

- 4 Zanderfilets (à ca. 200 g)
- Salz
- weißer Pfeffer
- 2 El Mehl
- 4 festkochende Kartoffeln
- 1 Ei
- 4 Frühlingszwiebeln
- 400 g Möhren
- 250 g Kohlrabi
- 1/2 Bund frischer Estragon
- 3 El Olivenöl
- 2 El Butter
- 150 ml trockener Weißwein
- 100 ml Sahne
- 1 Tl Senf

VARIATION

Einen asiatischen Touch bekommt dieses Gericht, wenn Sie den Zander mit einer Kokosmilchsauce servieren. Dazu 1 Zwiebel und 2 Knoblauchzehen abziehen und sehr fein hacken. In einem kleinen Topf 1 El Butter zerlassen, Zwiebel und Knoblauch darin anschwitzen, 200 g in Scheiben geschnittene Champignons kurz mitanbraten, dann mit 250 ml Kokosmilch ablöschen. Mit 1 Tl Kurkuma, Salz, Pfeffer und gehacktem Koriandergrün abschmecken und 5 bis 10 Minuten auf kleiner Flamme köcheln lassen.

FORELLE IN ALUFOLIE

Zubereitungszeit **ca. 25 Min.**
plus Garzeit **ca. 30 Min.**
fertig in **ca. 55 Min.**

Pro Portion ca. 390 kcal, 1630 kJ, 14 g F, 2 g KH, 64 g E

Fisch in Folie zu garen ist eine einfache und dabei geschmacklich sehr überzeugende Art, jede Sorte von ganzem Fisch oder Fischfilet zuzubereiten. Beim Garen in der Folie bleiben nämlich das Fisch- und Gewürzaroma sowie die Nährstoffe weitgehend erhalten. Durch Zugabe von Zitrone, Butter oder Öl und nach Belieben Weißwein wird der Fisch schön zart und saftig.

FÜR 4 PORTIONEN

4 Forellen (à 300 g)
Salz
schwarzer Pfeffer
125 g Cocktailtomaten
6 Zweige Basilikum
2 El Parmesan
2 El Zitronensaft
1 El Olivenöl

1 Den Backofen auf 200 °C (Umluft 180 °C) vorheizen. 4 Bögen Alufolie zuschneiden und mit der glänzenden Seite nach oben auf die Arbeitsfläche legen.

2 Die Forellen unter kaltem Wasser abbrausen und trocken tupfen. Mit Salz und Pfeffer innen und außen würzen. Die Cocktailtomaten waschen und vierteln, den Stielansatz wegschneiden. Das Basilikum waschen und trocken tupfen, die Blättchen von den Stielen zupfen und in feine Streifen schneiden. Tomaten mit Basilikum und Parmesan mischen.

3 Die Bauchhöhlen der Forellen mit dem Zitronensaft beträufeln und mit der Tomatenmasse füllen. Je 1 Forelle auf einen Bogen Alufolie legen. Die restliche Tomatenmasse ebenfalls zum Fisch auf die Alufolie geben. Die Forellen mit dem Olivenöl beträufeln. Dann die Folie zu einem Päckchen falten, bei dem die Naht oben bleibt und die Seiten sehr gut verschlossen sind.

4 Die Fischpäckchen im Ofen auf dem Rost auf der mittleren Schiene etwa 30 Minuten backen. Die Fischpäckchen im ausgeschalteten Ofen noch 5 Minuten ruhen lassen.

5 Je 1 Fischpäckchen auf einen Servierteller geben. Die Päckchen am Tisch öffnen und jeweils einen weiteren Teller für den ausgepackten Fisch bereitstellen.

VARIATIONEN

Klassisch wird Forelle mit Zitronenscheiben, Estragon und etwas Butter gefüllt.
Für Wagemutige eine weitere Variante: 1 gewürfelter Apfel, 2 El Rosinen, 2 El gehackte Walnüsse und etwas Honig und Curry.

KNOBLAUCHGARNELEN

Achten Sie beim Kauf von Garnelen darauf, dass sie auch wirklich frisch sind. Am besten erkennt man das an ihrem Kopf: Sind die langen Fühler noch intakt, sind die Garnelen frisch. Bei tiefgefrorenen Exemplaren brechen die Fühler meistens ab. Frische, ungekochte Garnelen sind grau und nicht rosa-rot. Die Umfärbung entsteht erst beim Kochen.

Zubereitungszeit ca. 15 Min.
plus Garzeit ca. 5 Min.
fertig in ca. 20 Min.

Pro Portion ca. 550 kcal, 2300 kJ, 41 g F, 4 g KH, 41 g E

FÜR 4 PORTIONEN

800 g Garnelen mit Schale und Kopf
6 Knoblauchzehen
1 frische Chilischote
1/2 Bund glatte Petersilie
150 ml Olivenöl
Salz

1 Zunächst den Kopf der Garnelen abdrehen. Hierfür die Garnelen jeweils zwischen Daumen und Zeigefinger beider Hände halten und mit einer vorsichtigen Drehbewegung den Kopf ablösen. Danach den Panzer am Körper der Garnele vom Bauch her mit den Fingern aufbrechen und abziehen. Für das Lösen der Schwanzflosse mit Daumen und Zeigefinger das Körperende herausdrücken. Nun mit einem spitzen Messer den Rücken längs aufschneiden und den Darm entfernen.

2 Den Knoblauch abziehen und in feine Scheiben schneiden. Die Chilischote längs halbieren, Kerne und Scheidewände sowie Stielansatz entfernen. Das Fruchtfleisch fein würfeln. Die Petersilie waschen und mit Küchenkrepp trocken tupfen. Die Blättchen von den Stielen zupfen und mit einem großen Küchenmesser fein hacken.

3 Das Öl in einer tiefen Pfanne erhitzen, Knoblauch und Chilischoten zufügen und unter Rühren bräunen. Die Garnelenschwänze hinzugeben und leicht salzen. Die Garnelen ca. 3 bis 5 Minuten braten, bis sie sich rosa verfärbt haben, dabei ständig rühren. Die Garnelen mit der gehackten Petersilie bestreuen und sofort servieren, da sie ganz heiß am besten schmecken. Dazu passt Weißbrot.

VARIATION

Besonders dekorativ sieht diese typische spanische Tapa aus, wenn Sie die Schwanzflosse vor dem Braten nicht entfernen. Wenn Sie die Garnelen dann noch vor dem Servieren in kleine, bereits vorgewärmte Tonschalen füllen, werden Sie sich fühlen wie in einer Tapas-Bar!

LACHSLASAGNE

Lasagne zählt zu den Klassikern der italienischen Küche. Kein Wunder also, dass es unzählige Variationen davon gibt. Und nicht nur das: Lasagne lädt zum Ausprobieren ein, denn die Füllung kann jeder nach seinem persönlichen Geschmack zubereiten - auch mit Fisch.

Zubereitungszeit **ca. 20 Min.**
plus Garzeit **ca. 50 Min.**
fertig in **ca. 1 Std. 10 Min.**

Pro Portion ca. 700 kcal, 2930 kJ, 35 g F, 49 g KH, 37 g E

1 Den Backofen auf 200 °C (Umluft 180 °C) vorheizen. Das Lachsfilet unter fließendem Wasser abspülen, mit Küchenkrepp trocken tupfen, zunächst in dünne Scheiben, dann in Streifen schneiden. Die Zitrone auspressen, den Lachs damit beträufeln sowie leicht salzen.

2 Die Zucchini waschen, Stiel- und Blütenansätze entfernen, längs halbieren und dann in dünne Scheiben schneiden. Den Knoblauch abziehen und sehr fein hacken. Den Dill waschen und mit Küchenkrepp trocken tupfen. Die Blättchen von den Stielen zupfen und mit einem großen Küchenmesser fein hacken.

3 2 El Butter in einer Pfanne zerlassen, die Zwiebel mit dem Knoblauch darin anschwitzen. Lachsstreifen und Zucchini zufügen und andünsten. Mit Sahne ablöschen, 10 Minuten auf kleiner Flamme köcheln lassen, salzen und pfeffern.

4 Inzwischen eine Béchamelsauce zubereiten. Dafür die restliche Butter in einem Topf zerlassen, das Mehl hineinstäuben und leicht bräunen. Mit Weißwein und Milch ablöschen. Dabei ununterbrochen mit dem Schneebesen rühren, damit keine Klümpchen entstehen. Die Sauce kurz aufkochen lassen und mit Salz, Pfeffer und Muskatnuss würzen.

5 Eine Auflaufform mit Olivenöl ausstreichen und schichtweise Lasagneplatten, Lachs-Zucchini-Mischung, Béchamelsauce und Käse darauf verteilen. Den Abschluss bildet eine Nudelschicht, die nur mit Béchamelsauce bestrichen und mit Käse bestreut wird. Die Lasagne auf der mittleren Schiene im Ofen ca. 40 Minuten backen.

6 Nach der Backzeit die Lachslasagne 5 Minuten in der Form ruhen lassen. Dann mit einem großen Messer in Stücke schneiden, diese mit einem Lasagne- oder Tortenheber aus der Form heben und auf Tellern anrichten.

FÜR 4 PORTIONEN

400 g Lachsfilet
1/2 Zitrone
Salz
300 g Zucchini
3 Knoblauchzehen
1 Bund Dill
4 El Butter
125 ml Sahne
Salz
schwarzer Pfeffer
2 El Mehl
250 ml trockener Weißwein
250 ml Milch
geriebene Muskatnuss
Olivenöl für Form
200 g Lasagneplatten (ohne Vorkochen)
100 g geriebener Emmentaler

VARIATIONEN

Die wohl bekannteste Variante ist sicher die Lasagne mit Hackfleischsauce. Aber auch Gemüselasagne, zum Beispiel mit einer Möhren-Lauch- oder Spinat-Ricotta-Füllung lädt zum Schlemmen ein. Oder Sie schichten zwischen die Lasagneplatten eine Mischung aus gedünsteten Auberginen, Zucchini, Tomaten und legen Mozzarella in Scheiben darauf.

ROTBARSCH-CHAMPIGNON-GRATIN

Zubereitungszeit ca. 25 Min.
plus Garzeit ca. 20 Min.
fertig in ca. 45 Min.

Pro Portion ca. 400 kcal, 1670 kJ, 22 g F, 11 g KH, 38 g E

Auch mit Rotbarschfilet aus der Tiefkühltruhe lässt sich dieses Gericht problemlos zubereiten. Das Fischfilet sollte jedoch vor dem Backen vollständig aufgetaut sein, sonst ist es noch nicht gar, wenn die Kruste schon verbrannt ist. Neben Rotbarschfilet eignen sich auch Kabeljau-, Pangasius-, Viktoriarotbarsch- oder Tilapiafilet. Der Fisch sollte eine feste Struktur haben und möglichst grätenfrei sein.

FÜR 4 PORTIONEN
- 600 g Rotbarschfilet
- Olivenöl für die Form
- 2 El Zitronensaft
- Salz
- schwarzer Pfeffer
- 500 g große Champignons
- 1/2 Bund glatte Petersilie
- 75 g geriebener Emmentaler
- 50 g Paniermehl
- 50 g Butter

1 Den Backofen auf 200 °C (Umluft 180 °C) vorheizen. Das Rotbarschfilet unter kaltem Wasser abbrausen, trocken tupfen und in 4 Portionen schneiden. Eine Auflaufform mit Öl einpinseln und die Fischfilets hineinlegen. Sie sollten den Boden der Auflaufform vollständig bedecken, dann bleibt der Fisch schön saftig. Den Fisch mit Zitronensaft beträufeln und mit Salz und Pfeffer würzen.

2 Die Champignons mit Küchenpapier sauber reiben. Achtung: Die Pilze auf keinen Fall waschen, sie saugen das Wasser sonst wie ein Schwamm auf und verlieren so an Aroma und Biss. Die Champignons dann in etwa 1 cm dicke Scheiben schneiden. Die Petersilie waschen und trocken tupfen. Die Blättchen von den Stielen zupfen und fein hacken.

3 Die Petersilie über die Fischfilets verteilen. Die Pilze dachziegelartig darauflegen. Den Emmentaler mit dem Paniermehl mischen und über die Pilze geben. Die Butter zu Flöckchen schneiden und gleichmäßig darauf verteilen.

4 Das Gratin auf der mittleren Schiene im Backofen etwa 20 Minuten backen, bis die Oberfläche leicht gebräunt ist. Das Gratin mit Kartoffelbrei und einem Salat servieren.

VARIATION

Probieren Sie einmal eine Couscous-Haube über dem Fisch. Dazu 100 g Couscous garen, mit 1 Bund gehackter Petersilie und 2 gewürfelten Tomaten sowie 50 g Parmesan vermengen. Die Mischung salzen und pfeffern, auf dem Fisch verteilen und ebenfalls mit einigen Butterflöckchen abrunden.

LACHS MIT TOMATEN-FENCHEL

Zubereitungszeit **ca. 20 Min.**
plus Garzeit **ca. 25 Min.**
fertig in **ca. 45 Min.**

Pro Portion ca. 360 kcal, 1500 kJ, 18 g F, 9 g KH, 40 g E

Mediterranes Gemüse wie Fenchel in Verbindung mit Lachs, einem Fisch aus dem hohen Norden, ist eine fantastische Kombination, die man schwer in Worte fassen, aber dafür um so einfacher nachkochen kann. Probieren Sie es!

FÜR 4 PORTIONEN
4 Schalotten
2 Knoblauchzehen
2 Fenchelknollen
250 g Cocktailtomaten
2 El Olivenöl
6 Zweige Thymian
2 Lorbeerblätter
Salz
schwarzer Pfeffer
1 Lachsseite mit Haut (800 g)
Fett für die Form
1 Zitrone

1 Die Schalotten und den Knoblauch abziehen, die Schalotten in Achtel schneiden und den Knoblauch fein hacken. Den Fenchel ebenfalls waschen, die Stiele mit dem Grün wegschneiden. Die Knollen längs halbieren und den Strunk kegelförmig herausschneiden. Die Fenchelblätter in 1 cm dicke Streifen schneiden. Die Cocktailtomaten waschen, längs halbieren und die Stielansätze herausschneiden.

2 Den Backofen auf 200 °C (Umluft 180 °C) vorheizen. Das Olivenöl in einer beschichteten Pfanne erhitzen, Schalotten und Fenchel darin ca. 2 Minuten dünsten. Inzwischen den Thymian waschen und trocken tupfen, die Blättchen von den Stängeln zupfen. Knoblauch, Thymian und Lorbeerblätter in die Pfanne geben und weitere 2 Minuten braten. Das Gemüse mit Salz und Pfeffer würzen.

3 Den Lachs unter kaltem Wasser abbrausen, trocken tupfen und dreimal quer ein-, aber nicht durchschneiden. So lässt sich der Lachs später einfacher portionieren. Den Lachs mit der Hautseite nach unten auf ein gefettetes Blech oder in eine große Gratinform legen. Die Zitrone halbieren und auspressen. Den Lachs mit dem Zitronensaft beträufeln und mit Salz und Pfeffer kräftig würzen. Das Gemüse aus der Pfanne und die Cocktailtomaten auf dem Lachs verteilen. Alles im Ofen auf mittlerer Schiene etwa 20 Minuten garen.

4 Den Lachs ohne Haut – sie löst sich vom Fischfleisch – auf 4 Tellern portionieren und das Gemüse drum herum verteilen. Dazu passen Reis oder Baguette und ein grüner Salat oder ein Gurkensalat.

VARIATION

Sie können anstelle des Fenchels auch eine gelbe Paprikaschote und eine Zucchini verwenden. Diese sollten ebenfalls mit den Schalotten angebraten werden.

TILAPIA IM BRATSCHLAUCH

Das Garen im Bratschlauch ist wirklich ganz leicht. Sie dürfen nur nicht den Fehler machen und den Bratschlauch auf einen heißen Rost oder ein heißes Blech setzen. Sie müssen also den Rost oder das Blech vor dem Aufheizen des Backofens herausnehmen und den Bratschlauch mit Rost oder Blech in den Backofen schieben.

Zubereitungszeit **ca. 20 Min.**
plus Garzeit **ca. 25 Min.**
fertig in **ca. 45 Min.**

Pro Portion ca. 390 kcal, 1630 kJ, 4 g F, 51 g KH, 35 g E

1 Die Möhren waschen, Wurzel- und Blattansätze wegschneiden und mit einem Sparschäler schälen. Die Möhren zuerst längs in Streifen schneiden, dann würfeln. Die Zwiebel und den Knoblauch abziehen und fein hacken. Die Petersilie waschen und trocken tupfen. Die Blättchen von den Stielen zupfen und fein hacken.

2 Den Backofen auf 200 °C (Umluft 180 °C) vorheizen. Das Öl in einem Topf erhitzen, die Zwiebel darin glasig dünsten. Möhrenwürfel hinzufügen und etwa 3 Minuten dünsten. Dann den Curry und den Knoblauch darin kurz anbraten. Bulgur und Rosinen hinzufügen. Das Ganze mit der Fleischbrühe auffüllen und einmal aufkochen lassen. Die Erbsen und die Petersilie unter den Bulgur mengen. Mit Kreuzkümmel und Pfeffer abschmecken.

3 Den Fisch unter kaltem Wasser abbrausen und trocken tupfen. Salzen und pfeffern. In je 1 Stück Bratschlauch 1/4 der Bulgurmasse geben und 1 Stück Fischfilet hinzufügen. Den Bratschlauch jeweils an beiden Öffnungen mit Küchengarn zubinden. Die 4 gefüllten Bratschläuche auf ein Backblech legen, dieses auf die mittlere Schiene in den Backofen schieben und ca. 20 Minuten garen.

4 Je 1 Bratschlauch auf 1 Teller geben, die Folie oben großzügig aufschneiden und an den Seiten vorsichtig herunterziehen. Sofort servieren.

FÜR 4 PORTIONEN

250 g Möhren
1 Zwiebel
1 Knoblauchzehe
1/4 Bund glatte Petersilie
1 El Rapsöl
1 Tl Curry
200 g Bulgur
40 g Rosinen
500 ml Fleischbrühe
150 g TK-Erbsen
1/4 Tl Kreuzkümmel
weißer Pfeffer
4 Tilapiafilets (à 150 g)
Salz

VARIATION

Im Bratschlauch können Sie auch ganz schnell und unkompliziert Fischfilet mit rohem Gemüse wie Zucchinischeiben und halbierten Cocktailtomaten – gewürzt mit einer italienischen Gewürzmischung – garen. Dazu passen Baguette, Reis oder auch Polenta.

MUSCHELN RHEINISCHE ART

Zubereitungszeit ca. 30 Min.
plus Garzeit ca. 10 Min.
fertig in ca. 40 Min.

Pro Portion ca. 240 kcal, 1000 kJ, 3 g F, 13 g KH, 22 g E

Miesmuscheln in einem Gemüse-Wein-Sud gegart sind ein traditionelles Gericht rheinauf wie rheinab. In Köln, dem Zentrum des Rheinlandes, stehen Muscheln in den Monaten, die mit „r" enden, auch heute noch auf den Speisekarten in vielen Kölschkneipen.

FÜR 4 PORTIONEN

- 2 kg Miesmuscheln
- 2 Zwiebeln
- 200 g Knollensellerie
- 250 g Möhren
- 2 El Butter
- 1 l trockener Weißwein
- Salz
- 1 Kräutersträußchen aus Petersilie, Kerbel und Thymian
- schwarzer Pfeffer

1 Die Muscheln mehrmals gründlich waschen und bürsten, bereits geöffnete Muscheln aussortieren. Bei den anderen Muscheln die Haftfäden (Fachwort: Bärte) mit den Fingern herausziehen.

2 Die Zwiebeln abziehen und fein hacken. Sellerie und Möhren waschen. Den Sellerie schälen und in 1/2 cm kleine Würfel schneiden. Von den Möhren die Wurzel- und Blattansätze wegschneiden und sie mit einem Sparschäler schälen. Die Möhren zuerst längs in Streifen schneiden und dann würfeln.

3 Die Butter in einem großen Topf erhitzen. Wenn sie zu schäumen beginnt, das Gemüse mit den Zwiebeln darin dünsten, mit dem Weißwein ablöschen und leicht salzen.

4 Die Muscheln in den Gemüse-Wein-Sud geben. Das Kräutersträußchen auf die Muscheln legen. Salzen und pfeffern. Bei geschlossenem Topf ca. 10 Minuten garen. Dabei öffnen sich die Schalen der Muscheln. Geschlossene Muscheln aussortieren, sie sind ungenießbar. Zum Schluss das Kräutersträußchen entfernen.

5 Die Muscheln mit dem Gemüsesud auf 4 tiefe große Teller verteilen und sofort servieren.

Tipp:
Übrigens: Miesmuscheln darf man mit den Händen essen. Damit die Hände nach dem Essen nicht so fischig riechen, sollte man sie danach am besten mit Zitronenscheiben abreiben.

VARIATION

Die Variante mit Tomatenwürfeln, Knoblauch, Zwiebeln und viel Thymian ist eine Kombination, die zumindest außerhalb des Rheinlandes durchaus seine Fangemeinde findet.

GEMÜSE

GRATINIERTE SPARGELPFANNKUCHEN

Zubereitungszeit ca. 40 Min.
plus Garzeit ca. 30 Min.
fertig in ca. 1 Std. 10 Min.

Pro Portion ca. 590 kcal, 2470 kJ, 31 g F, 45 g KH, 34 g E

Wenn Sie die Pfannkuchen bereits am Vortag backen, haben Sie nicht mehr viel Arbeit und das Gericht ist im Nu fertig. Ein schönes Rezept für einen Sommerabend, das auch Gäste beeindruckt und wunderbar zu einem leichten Weißwein schmeckt.

FÜR 4 PORTIONEN

- 2 Eier
- 200 g Mehl
- Salz
- 150 ml Milch
- 1 kg grüner Spargel
- Zucker
- 1 El Butter
- schwarzer Pfeffer
- abgeriebene Schale von 1/2 unbehandelten Zitrone
- 100 g Crème fraîche
- 1/2 Bund krause Petersilie
- 2 El Rapsöl
- 8 Scheiben gekochter Schinken
- 70 g geriebener Emmentaler

1 Die Eier miteinander verquirlen, 180 g Mehl, 1/2 Tl Salz, Milch und etwa 100 ml Wasser hinzugeben und alles zu einem glatten Teig verrühren. Den Teig etwa 10 Minuten quellen lassen.

2 Inzwischen den Spargel waschen und die Schale des unteren Drittels der Spargelstangen mit einem Spargelschäler entfernen. Die holzigen Enden abschneiden. Übrigens: Grüner Spargel ist zarter als weißer, daher muss er nicht komplett geschält werden. Den Spargel in leicht gezuckertem Salzwasser etwa 6 Minuten vorgaren. Dann abgießen, dabei den Kochsud auffangen, und abtropfen lassen.

3 Die Butter in einem Topf schmelzen. Restliches Mehl darüberstäuben, kurz andünsten. Mit 300 ml Spargelsud ablöschen und aufkochen. Mit Salz, Pfeffer und Zitronenschale abschmecken, Crème fraîche unterrühren. Petersilie waschen und mit Küchenkrepp trocken tupfen. Die Blättchen von den Stielen zupfen und mit einem großen Küchenmesser fein hacken. Dann unter die Sauce heben. Die Hälfte der Sauce in einer Auflaufform verteilen. Den Backofen auf 200 °C (Umluft 180 °C) vorheizen.

4 Aus dem Pfannkuchenteig in einer Pfanne in wenig Öl 8 dünne Pfannkuchen backen. Je 1 Scheibe Schinken auf 1 Pfannkuchen legen. Jeweils einige Stangen Spargel darauflegen und die Pfannkuchen einrollen. Die gefüllten Pfannkuchen in die Auflaufform legen. Die übrige Sauce darübergießen, alles mit Käse bestreuen und auf der mittleren Schiene im Ofen 15 bis 20 Minuten überbacken.

VARIATIONEN

Anstelle des grünen Spargels können Sie natürlich auch weißen nehmen. Den sollten Sie etwa 8 bis 9 Minuten vorgaren.

Für eine weniger edle, dafür schnellere Variante nehmen Sie tiefgekühltes Mischgemüse, z. B. Blumenkohl, Brokkoli und Möhren und füllen die Pfannkuchen damit.

AUBERGINENAUFLAUF

Auberginen gehören zu den Nachtschattengewächsen und sollten daher nicht roh verzehrt werden. Auberginen haben eine feste violette Schale und helles Fruchtfleisch. Ihr spezifisches, nussähnliches Aroma entfalten sie erst, wenn sie gebraten oder gegrillt werden. Allerdings saugen sie sich dabei gerne mit Fett voll.

Zubereitungszeit **ca. 40 Min.**
plus Garzeit **ca. 45 Min.**
fertig in **ca. 1 Std. 25 Min.**

Pro Portion ca. 900 kcal, 3760 kJ, 73 g F, 18 g KH, 42 g E

1 Die Auberginen waschen, trocken reiben und die Stielansätze entfernen. Längs halbieren und in 1/2 cm dicke Scheiben schneiden. Mit Salz bestreut ca. 10 Minuten stehen lassen, um die Bitterstoffe zu entziehen. Danach mit klarem Wasser abspülen und mit Küchenkrepp trocken tupfen.

2 Inzwischen die Tomaten über Kreuz einritzen, kurz mit kochendem Wasser überbrühen, mit kaltem Wasser abschrecken, mit einem kleinen Küchenmesser häuten, vierteln, entkernen und von den Stielansätzen befreien. Dann in Würfel schneiden. Die Eier in kochendem Wasser ca. 10 Minuten hart kochen, mit kaltem Wasser abschrecken und sofort pellen. Danach in dünne Scheiben schneiden.

3 Den Backofen auf 180 °C (Umluft 160 °C) vorheizen. Den Knoblauch und die Zwiebel abziehen und sehr fein hacken. Basilikum, Oregano und Thymian waschen und mit Küchenkrepp trocken tupfen. Die Blättchen von den Stielen zupfen und mit einem großen Küchenmesser fein hacken. In einem Topf 2 El Olivenöl erhitzen, den Knoblauch andünsten, dann Tomaten, Basilikum, Oregano und Thymian hinzufügen und ca. 10 Minuten auf kleiner Flamme köcheln lassen. Mit Salz und Pfeffer würzen.

4 In der Zwischenzeit 2 El Olivenöl in einer Pfanne erhitzen und die Auberginenscheiben darin von beiden Seiten braun braten. Aus der Pfanne nehmen und auf Küchenkrepp abtropfen lassen. Den Mozzarella in Scheiben schneiden.

5 Eine Auflaufform mit etwas Olivenöl ausstreichen und den Boden mit Auberginenscheiben bedecken. Mozzarella- und Eierscheiben darauf verteilen, mit geriebenem Parmesan bestreuen und mit etwas Tomatensauce bedecken. Weiter so verfahren, bis alle Zutaten verbraucht sind. Den Auflauf zum Schluss großzügig mit geriebenem Parmesan bestreuen und für ca. 45 Minuten auf der mittleren Schiene im Backofen garen.

FÜR 4 PORTIONEN

- 1,5 kg Auberginen
- Salz
- 1 kg reife Fleischtomaten
- 4 Eier
- 4 Knoblauchzehen
- 1 Zwiebel
- 1 Bund Basilikum
- 1/2 Bund Oregano
- 4 Zweige Thymian
- schwarzer Pfeffer
- 150 ml Olivenöl
- 300 g Mozzarella
- 150 g geriebener Parmesan

VARIATION

Sie können den Auberginenauflauf auch mit 500 g gemischtem Hackfleisch zubereiten und dafür Eier, Mozzarella und Parmesan weglassen. Das Hackfleisch braten Sie mit Knoblauch und Zwiebeln an und würzen es mit Salz, Pfeffer, geriebener Muskatnuss, Oregano und Thymian. Die Tomaten nur in Scheiben schneiden, mit den Auberginen wie beschrieben verfahren. Dann alles in eine Auflaufform schichten, mit 100 g geriebenem Emmentaler bestreuen und im Ofen bei 180 °C (Umluft 160 °C) 45 Minuten überbacken.

GEFÜLLTE PAPRIKASCHOTEN

Zubereitungszeit **ca. 20 Min.**
plus Garzeit **ca. 50 Min.**
fertig in **ca. 1 Std. 10 Min.**

Pro Portion ca. 570 kcal, 2380 kJ, 42 g F, 22 g KH, 27 g E

Paprikaschoten unterscheiden sich nicht nur in Farbe und Form, auch ihr Geschmack ist unterschiedlich. So schmeckt rote Paprika süß und fruchtig, gelbe Paprika recht lieblich und grüne Paprika eher herb. Die hellgelbe, ungarische Tomatenpaprika ist die fruchtigste aller Sorten.

FÜR 4 PORTIONEN

- 1 Brötchen vom Vortag
- 4 rote Paprikaschoten
- 2 Zwiebeln
- 4 Knoblauchzehen
- 50 g durchwachsener Speck
- 400 g gemischtes Hackfleisch
- 2 Eier
- Salz
- schwarzer Pfeffer
- 1 Tl edelsüßes Paprikapulver
- 1/2 Tl getrockneter Majoran
- 4 El Olivenöl
- 240 g gehackte Tomaten (aus der Dose)
- 1 Prise Zucker

1 Den Backofen auf 200 °C (Umluft 180 °C) vorheizen. Das Brötchen in einer Schale mit kaltem Wasser einweichen. Die Paprika waschen, Deckel abschneiden und die Trennwände und Kerne herauslösen. Die Zwiebeln und den Knoblauch abziehen und sehr fein hacken. Den Speck in kleine Würfel schneiden. Das Brötchen aus dem Wasser nehmen und ausdrücken.

2 Das Hackfleisch in einer Schüssel mit dem Brötchen, der Hälfte der Zwiebeln und des Knoblauchs, den Eiern, Salz, Pfeffer, Paprikapulver und Majoran verkneten. Die Masse in die Paprikaschoten füllen und den Deckel aufsetzen.

3 3 El Olivenöl in einer Pfanne erhitzen, die restlichen Zwiebeln mit dem Knoblauch anschwitzen, mit den gehackten Tomaten ablöschen. Mit Salz, Pfeffer, 1 Prise Zucker und Paprikapulver würzen, kurz aufkochen lassen und dann in eine Auflaufform füllen.

4 Die gefüllten Paprikaschoten auf die Tomatensauce setzen und auf mittlerer Schiene im Ofen ca. 40 Minuten garen. Mit Reis oder Baguette servieren.

VARIATIONEN

Auch Zucchini, Tomaten und Gemüsezwiebeln lassen sich gut mit Hackfleisch füllen. Dafür das jeweilige Gemüse aushöhlen (die Zucchini zuerst halbieren), Fruchtfleisch, Zwiebeln sowie Knoblauch klein schneiden, mit dem Hackfleisch in Olivenöl anbraten und kräftig würzen. 3 bis 4 El Paniermehl untermischen und die Masse in das ausgehöhlte Gemüse füllen. Mit geriebenem Emmentaler oder Mozzarellascheiben belegen und auf dem gefetteten Backblech bei 200 °C im vorgeheizten Ofen ca. 40 Minuten überbacken.

Köstlich schmecken auch mit Schafskäse gefüllte Tomaten. Die Tomaten hierfür aushöhlen, das Fruchtfleisch würfeln und mit Schafskäsewürfeln, Knoblauch, 2 El Paniermehl sowie gehacktem Basilikum vermischen, salzen und pfeffern. In einer mit Olivenöl ausgestrichenen Auflaufform im vorgeheizten Ofen bei 220 °C ca. 20 Minuten überbacken.

SCHUPFNUDEL-WEISSKOHL-AUFLAUF

Zubereitungszeit ca. 20 Min.
plus Garzeit ca. 30 Min.
fertig in ca. 50 Min.

Pro Portion ca. 580 kcal, 2420 kJ,
37 g F, 31 g KH, 30 g E

FÜR 4 PORTIONEN

- 800 g Weißkohl
- 1 Zwiebel
- 100 g gekochter Schinken in Scheiben
- 3 El Butter
- 150 ml Gemüsebrühe
- Salz
- schwarzer Pfeffer
- 200 ml Sahne
- 1 El Zitronensaft
- 500 g Schupfnudeln (FP)
- 150 g geriebener Gouda
- 1 El gehackte Petersilie

Ein leckeres Wintergericht! Weißkohl ist ein typisches Wintergemüse und bei kaltem Wetter tut dieser deftige, wärmende Auflauf so richtig gut.

1 Die äußeren Blätter vom Weißkohl entfernen. Die Kohlköpfe längs halbieren und am Strunk entlang in Streifen hobeln. Die Zwiebel abziehen und fein hacken.

2 Den Schinken fein würfeln. In einem Topf 1 El Butter erhitzen, Zwiebel darin anschwitzen und danach den Kohl hinzufügen und die Brühe angießen. Salzen, pfeffern und zugedeckt bei kleiner Hitze 10 Minuten dünsten. Den Deckel entfernen, weitere 5 Minuten dünsten. Sobald die Brühe verkocht ist, Sahne hinzufügen und einköcheln lassen. Mit Zitronensaft abschmecken. Den Backofen auf 200 °C (Umluft 180 °C) vorheizen.

3 Inzwischen die Schupfnudeln in einer Pfanne in 1 El Butter goldgelb braten. Den Kohl mit Schupfnudeln, Schinken und der Hälfte des Käses mischen und abschmecken.

4 Eine Auflaufform mit der restlichen Butter einfetten und den Auflauf hineingeben. Mit dem restlichen Käse bestreuen und auf der mittleren Schiene etwa 20 Minuten überbacken.

VARIATION

So geht es schneller: Statt frischem Kohl können Sie auch Sauerkraut aus der Dose verwenden, denn das muss nur noch erhitzt werden. Es verleiht dem Gericht ein fein säuerliches Aroma. Und wenn Sie mögen, können Sie auch noch einen gewürfelten Apfel oder Ananasstückchen unter den Auflauf mischen.

KARTOFFELGEMÜSE VOM BLECH

Diese Kartoffel-Gemüse-Mischung aus dem Ofen ist herrlich aromatisch und zudem schnell vorbereitet – also auch perfekt für den entspannten Feierabend oder Gäste.

Zubereitungszeit **ca. 15 Min.**
plus Garzeit **ca. 35 Min.**
fertig in **ca. 50 Min.**

Pro Portion ca. 370 kcal, 1550 kJ, 17 g F, 39 g KH, 13 g E

FÜR 4 PORTIONEN

- 800 g neue Kartoffeln
- je 1 rote, gelbe und grüne Paprikaschote
- 1 Stange Staudensellerie
- 1 Bund Frühlingszwiebeln
- 4 El Rapsöl
- 200 ml Gemüsebrühe
- Salz
- schwarzer Pfeffer
- 1 El Kapern (aus dem Glas)
- 1 Bund Basilikum
- 125 g Mozzarella

1 Die Kartoffeln gründlich waschen und mit Schale in ca. 15 Minuten nicht zu weich kochen. Dann abgießen und abkühlen lassen. Den Backofen auf 180 °C (Umluft 150 °C) vorheizen.

2 Inzwischen die Paprika waschen, halbieren, Stielansätze herausschneiden, Trennwände und Kerne herauslösen und das Fruchtfleisch in Streifen schneiden. Den Sellerie waschen, trocken tupfen und in 1 cm dicke Scheiben schneiden. Die Frühlingszwiebeln waschen, Wurzeln und das verwelkte äußere Grün abtrennen und in hauchdünne Ringe schneiden.

3 Die Kartoffeln eventuell pellen (wenn die Schale sehr dünn ist, ist das nicht nötig), dann in 1 cm dicke Scheiben schneiden.

4 Das Öl auf einem Backblech verstreichen, Paprika, Kartoffeln, Sellerie und Frühlingszwiebeln darauf verteilen. Die Brühe angießen. Das Gemüse salzen und pfeffern und im Ofen auf der mittleren Schiene ca. 20 Minuten garen.

5 Die Kapern abtropfen lassen. Das Basilikum waschen und trocken tupfen. Die Blättchen von den Stielen zupfen und in feine Streifen schneiden. Mozzarella abtropfen lassen, würfeln, mit Kapern und Basilikum vermischen. 5 Minuten vor Ende der Garzeit über das Gemüse geben und überbacken.

6 Das Kartoffelgemüse auf 4 Teller verteilen und dazu Baguette oder Fladenbrot reichen.

VARIATIONEN

Neben Paprika können Sie auch in Scheiben geschnittene Zucchini oder grob gewürfelte Aubergine hinzufügen.

Statt des milden Mozzarellas vertragen die Gemüsekartoffeln auch gut eine Kruste aus 150 g geriebenem Gouda.

RATATOUILLE

Zubereitungszeit **ca. 25 Min.**
plus Garzeit **ca. 25 Min.**
fertig in **ca. 50 Min.**

Pro Portion ca. 170 kcal, 710 kJ, 11 g F, 12 g KH, 5 g E

Ratatouille ist ein traditionelles Regionalgericht aus dem Süden Frankreichs. Ursprünglich wurde der Begriff „Ratatouille“ in Frankreich allgemein für einfache Eintopfgerichte verwendet, abgeleitet von dem französischen Verb „touiller“ für umrühren. Das heute als Ratatouille weit über die südfranzösischen Grenzen hinaus bekannte Gericht schmeckt herrlich nach Sommer und besteht aus Tomaten, Zucchini, Paprika, Auberginen, Zwiebeln und Knoblauch. Übrigens: Ratatouille schmeckt auch kalt!

FÜR 4 PORTIONEN
300 g Auberginen
Salz
500 g Tomaten
250 g Zucchini
je 1 rote, grüne und gelbe Paprikaschote
2 Zwiebeln
4 Knoblauchzehen
1/2 Bund Basilikum
4 El Olivenöl
schwarzer Pfeffer
1 Zweig Rosmarin
1/2 Bund Thymian
1/2 Bund Oregano

1 Die Auberginen waschen, trocken reiben und die Stielansätze entfernen. Längs halbieren und in 1/2 cm dicke Scheiben schneiden. Mit Salz bestreut ca. 10 Minuten stehen lassen, um die Bitterstoffe herauszuziehen. Danach mit klarem Wasser abspülen, mit Küchenkrepp trocken tupfen und in Würfel schneiden.

2 Inzwischen die Tomaten über Kreuz einritzen, kurz mit kochendem Wasser überbrühen, mit kaltem Wasser abschrecken, mit einem kleinen Küchenmesser häuten, vierteln, entkernen und von den Stielansätzen befreien. Dann in Würfel schneiden. Die Zucchini waschen, Stiel- und Blütenansätze entfernen, längs halbieren und in kleine Würfel schneiden. Die Paprika waschen, halbieren, Stielansätze herausschneiden, Trennwände und Kerne herauslösen und das Fruchtfleisch würfeln. Die Zwiebeln und den Knoblauch abziehen und sehr fein hacken. Das Basilikum waschen und mit Küchenkrepp trocken tupfen. Die Blättchen von den Stielen zupfen und mit einem großen Küchenmesser fein hacken.

3 Das Olivenöl in einer Schmorpfanne erhitzen. Die Auberginenwürfel im Öl kräftig anbraten, dann herausnehmen und beiseitestellen. Mit den anderen Gemüsesorten ebenso verfahren. Erst zum Schluss Zwiebeln und Knoblauch anschwitzen, dann das Gemüse wieder hinzufügen. Mit Salz und Pfeffer würzen, die Kräuterzweige obenauf legen und die Ratatouille zugedeckt auf kleiner Flamme ca. 25 Minuten schmoren lassen. Falls nötig, etwas Wasser hinzufügen.

4 Die Ratatouille als Beilage zu gebratenem Fleisch, zu Reis oder mit Baguette servieren.

VARIATION

Der Geschmack der Ratatouille lässt sich durch die Zugabe von 100 g klein geschnittenen getrockneten Tomaten, 100 g gehackten schwarzen Oliven, 1 Tl gehackten Kapern und 1 gewürfelten Chilischote noch intensivieren.

EXOTISCHER WIRSINGTOPF

Zubereitungszeit **ca. 30 Min.**
plus Garzeit **ca. 25 Min.**
fertig in **ca. 55 Min.**

Pro Portion ca. 360 kcal, 1500 kJ,
25 g F, 28 g KH, 7 g E

Wirsing ist ein tolles Wintergemüse, dem viel zu wenig Beachtung geschenkt wird. In diesem Gericht erkennen Sie ihn geschmacklich kaum wieder. Chili, Kokosmilch und Cashewkerne verleihen ihm ein ganz besonderes Aroma.

FÜR 4 PORTIONEN

1 frische rote Chilischote
1 Stängel Zitronengras
1 Stück Ingwer (ca. 3 cm)
1/2 Bund Koriandergrün
300 ml Gemüsebrühe
1 Kopf Wirsing (ca. 600 g)
400 g Möhren
400 g Kartoffeln
2 rote Zwiebeln
2 El Öl
400 ml ungesüßte Kokosmilch (aus der Dose)
4-5 El Sojasauce
100 g Cashewkerne

1 Für die Gewürzpaste die Chili waschen, trocken tupfen, längs halbieren, Kerne und Scheidewände sowie Stängelansatz entfernen. Das Fruchtfleisch sehr fein würfeln. Äußere Blätter vom Zitronengras entfernen. Den Ingwer schälen. Beides grob hacken. Koriander waschen und mit Küchenkrepp trocken tupfen. Die Blättchen von den Stielen zupfen und mit einem großen Küchenmesser grob hacken. Alle bisher vorbereiteten Zutaten mit 100 ml Gemüsebrühe im Mixer zu einer sämigen Paste pürieren.

2 Die äußeren Blätter vom Wirsing entfernen. Den Wirsing halbieren und den Strunk entfernen. Den Kohl grob in Streifen schneiden. Die Möhren waschen, Wurzel- und Blattansätze wegschneiden und mit einem Sparschäler schälen. Die Möhren zuerst längs in Streifen schneiden, dann würfeln. Die Kartoffeln schälen, waschen und in grobe Würfel schneiden. Die Zwiebeln abziehen und in Spalten schneiden.

3 Das Öl in einem Topf erhitzen, Zwiebeln, Möhren und Kartoffeln andünsten. Die Gewürzpaste hinzugeben und 2 Minuten mitdünsten. Kokosmilch und übrige Brühe angießen, etwa 15 Minuten köcheln. Den Wirsing dazugeben und alles nochmals 10 Minuten zugedeckt dünsten. Zum Schluss mit Sojasauce abschmecken.

4 Inzwischen Cashewkerne ohne Fett in einer Pfanne rösten. Den Wirsingtopf in Schälchen oder auf tiefen Tellern anrichten und mit Koriander und Cashewkernen bestreut servieren.

VARIATION

Für eine nicht-vegetarische Variante können Sie Hackfleischbällchen in dem Gemüsetopf gar ziehen lassen. Auch in einer separaten Pfanne gebratene Putenbruststreifen schmecken gut zum Wirsing.

SEMMELKNÖDEL MIT PILZRAGOUT

Ein typisches Herbstgericht – ganz besonders köstlich, wenn Sie die Pilze selbst sammeln. Aber Vorsicht, viele Speisepilze sind giftigen oder zumindest ungenießbaren Pilzen äußerlich sehr ähnlich. Wenn Sie sich noch nicht auskennen: Es gibt viele Forstämter oder auch Volkshochschulen, die im Herbst Exkursionen zum Thema Pilzesammeln anbieten. Oder Sie gehen doch auf den Markt oder in den Supermarkt.

Zubereitungszeit ca. 20 Min.
plus Garzeit ca. 30 Min.
fertig in ca. 50 Min.

Pro Portion ca. 580 kcal, 2420 kJ, 35 g F, 44 g KH, 18 g E

1 Die Brötchen in kleine Würfel schneiden, in einer Schüssel mit Milch übergießen und mit Salz, Pfeffer und 1 Prise Muskatnuss würzen. Die Schalotten abziehen und sehr fein hacken.

2 Die Petersilie waschen und mit Küchenkrepp trocken tupfen. Die Blättchen von den Stielen zupfen und mit einem großen Küchenmesser fein hacken. 1 El Butter in einer Pfanne zerlassen und die Hälfte der Schalotten darin andünsten. 1 El der Petersilie zufügen, kurz mitdünsten und dann abkühlen lassen.

3 Die Pilze säubern, d. h. vorsichtig mit Küchenkrepp abreiben und die Schnittstellen abschneiden. Pfifferlinge nicht zerteilen, bei der Verwendung von Steinpilzen oder Champignons diese in Scheiben schneiden. Den Speck in Würfel schneiden.

4 In einem großen Topf 2 l Salzwasser zum Kochen bringen. Die Brötchenmasse mit den abgekühlten Schalotten sowie 2 aufgeschlagenen Eiern verkneten, mit Salz, Pfeffer und Muskat abschmecken. Aus dem Teig 8 bis 10 gleich große Knödel formen. Sollte der Teig zu feucht und klebrig sein, etwas Paniermehl unterkneten. Sobald das Wasser kocht, die Knödel vorsichtig mit einer Schaumkelle hineingleiten lassen und auf kleiner Flamme 15 bis 20 Minuten köcheln lassen. Die Semmelknödel sind gar, sobald sie an der Oberfläche schwimmen.

5 In der Zwischenzeit 1 El Butter in einer Pfanne zerlassen. Die Schalotten mit den Speckwürfeln darin andünsten, dann die Pilze zufügen, kurz anbraten und mit Salz und Pfeffer würzen. Mit Weißwein ablöschen, vorsichtig die Crème fraîche einrühren und alles auf kleiner Flamme 5 Minuten köcheln lassen.

6 Das Pilzragout nochmals abschmecken. Dann auf Teller verteilen, die Knödel daraufsetzen, mit der restlichen gehackten Petersilie bestreuen und sofort servieren.

FÜR 4 PORTIONEN

6 altbackene Brötchen
200 ml lauwarme Milch
Salz
schwarzer Pfeffer
geriebene Muskatnuss
4 Schalotten
1/2 Bund glatte Petersilie
2 El Butter
600 g frische Pilze, z.B. Pfifferlinge, Steinpilze oder Champignons
50 g durchwachsener Speck
2 Eier
1-2 El Paniermehl
100 ml Weißwein
150 g Crème fraîche

VARIATION

Frische Pfifferlinge oder Steinpilze sind vor allem im Herbst reichlich im Angebot. Da dies auch die typische Zeit für Wildgerichte ist, ergänzen Sie das Rezept doch einmal durch ein kurz gebratenes Filet von Reh oder Kaninchen.

MANGOLD-EIER-AUFLAUF

Zubereitungszeit ca. 30 Min.
plus Garzeit ca. 25 Min.
fertig in ca. 55 Min.

Pro Portion ca. 550 kcal, 2300 kJ, 37 g F, 19 g KH, 35 g E

Mangold war lange in Vergessenheit geraten. Heute findet man ihn im Herbst insbesondere auf Wochenmärkten. Er schmeckt ähnlich wie Spinat, lässt sich aber wesentlich schneller putzen. Wenn Sie keinen Mangold bekommen, können Sie auch die gleiche Menge an Spinat, Spitzkohl oder Chinakohl verwenden.

FÜR 4 PORTIONEN

8 frische Eier
800 g Mangold
2 rote Zwiebeln
4 El Butter
40 g Schinkenwürfel
Salz
weißer Pfeffer
3 El Mehl
1/2 l Milch
2 El milder Senf
125 g junger Gouda

1 Einen Topf mit Wasser zum Kochen bringen, die Eier anstechen, in 8 bis 10 Minuten hart kochen, abschrecken und pellen. Den Mangold gründlich waschen und die Blätter auseinandernehmen. Die weißen Stiele von den grünen Blättern trennen, die Stiele fein hacken und die Blätter grob zerkleinern.

2 Die Zwiebeln schälen und fein hacken. 1 El Butter in einem Topf zerlassen, die Schinkenwürfel darin anbraten. Dann die Zwiebel und die Mangoldstiele darin kurz andünsten. Die Mangoldblätter tropfnass dazugeben und 8 Minuten dünsten. Das Gemüse mit Salz und Pfeffer würzen. Den Ofen auf 200 °C (Umluft 180 °C) vorheizen.

3 Die restliche Butter in einem zweiten Topf zerlassen. Das Mehl darin kurz anschwitzen, die Milch angießen und unter Rühren aufkochen lassen. Den Senf darunterrühren und die Sauce mit Salz und Pfeffer abschmecken.

4 Die hartgekochten Eier in dicke Scheiben schneiden. Die Hälfte der Sauce in eine Auflaufform gießen. Darauf das Gemüse und die Eischeiben legen. Die restliche Sauce darauf verteilen. Den Käse entrinden, grob raspeln, auf den Auflauf streuen und auf der mittleren Schiene im Backofen ca. 15 Minuten überbacken.

VARIATION

Anstelle der Eier können Sie auch 4 rohe Bratwürste verwenden. Dafür das Bratwurstmett aus den Hüllen drücken und in Form von kleinen Bällchen auf dem Gemüse verteilen. Das schmeckt vor allem Kindern.

ZUCCHINI-KARTOFFEL-GULASCH

Gulasch mal ganz ohne Fleisch! Dieses leichte Gemüse-Gulasch schmeckt frisch-pikant und überzeugt garantiert nicht nur Vegetarier.

Zubereitungszeit ca. 35 Min.
plus Garzeit ca. 25 Min.
fertig in ca. 1 Std.

Pro Portion ca. 310 kcal, 1300 kJ,
11 g F, 38 g KH, 10 g E

FÜR 4 PORTIONEN

- 800 g Zucchini
- 800 g Kartoffeln
- 2 Zwiebeln
- 3 Stangen Staudensellerie
- 2 El Butter
- 500 ml milde Gemüsebrühe
- 100 ml trockener Weißwein
- Salz
- schwarzer Pfeffer
- 1 Bund Thymian
- 100 g Schmand
- 1 El Meerrettich (aus dem Glas)
- 1 El Senf
- griebene Muskatnuss

1 Die Zucchini waschen, Stiel- und Blütenansätze entfernen. Die Kartoffeln schälen und waschen. Zucchini und Kartoffeln in 2 cm große Würfel schneiden. Die Zwiebeln abziehen und grob hacken. Die Selleriestangen von Blättern befreien, waschen und fein würfeln.

2 Die Butter in einem Topf erhitzen, Kartoffeln, Gemüse und Zwiebeln darin andünsten. Brühe und Wein angießen, mit Salz und Pfeffer würzen und alles zugedeckt ca. 25 Minuten köcheln lassen.

3 Inzwischen den Thymian waschen und mit Küchenkrepp trocken tupfen. Einige Stängel zum Garnieren beiseitelegen, vom Rest die Blättchen abzupfen und hacken. Schmand, Meerrettich und Senf verrühren.

4 Nach Ablauf der Garzeit den gehackten Thymian in das Gemüsegulasch rühren, mit Salz, Pfeffer und Muskat abschmecken. Gulasch in tiefen Tellern anrichten, jeweils 1 Klecks Senfcreme daraufgeben und mit Thymian garniert servieren.

VARIATION

Anstelle der Zucchini können Sie auch die gleiche Menge Gemüsepaprika verwenden. Zusätzlich rösten Sie dann mit dem Gemüse 1 El edelsüßes Paprikapulver.

KARTOFFEL-BROKKOLI-TORTILLA

Zubereitungszeit ca. 30 Min.
plus Garzeit ca. 30 Min.
fertig in ca. 1 Std.

Pro Portion ca. 250 kcal, 1050 kJ, 17 g F, 10 g KH, 13 g E

Die Tortilla Española ist eine beliebte spanische Tapa, die aus Kartoffeln und Eiern zubereitet wird. Sie ähnelt der italienischen „fritatta" und ist im Grunde ein Kartoffelomelett. Das Grundrezept wird gerne variiert, um Gemüse, Käse, Schinken oder Thunfisch ergänzt oder auch mal ganz ohne Kartoffeln zubereitet. Wenn auch seltener, so findet man doch auch Meeresfrüchte, Waldpilze oder Spargel in der Tortilla.

FÜR 4 PORTIONEN

2 große Kartoffeln
300 g Brokkoli
1 Zwiebel
3-4 El Olivenöl
5 Eier
Salz
schwarzer Pfeffer
1/2 Tl scharfes Paprikapulver
geriebene Muskatnuss

1 Die Kartoffeln schälen und in ca. 1/2 bis 1 cm große Würfel schneiden. Den Brokkoli waschen und zerteilen. Den Stiel schälen und würfeln, die Röschen in mundgerechte Stücke zerteilen. Die Zwiebel abziehen und sehr fein hacken.

2 2 El Olivenöl in einer Pfanne mit ca. 24 cm Durchmesser erhitzen und die Kartoffeln auf kleiner Flamme von allen Seiten ca. 10 bis 15 Minuten braten. Die Kartoffelwürfel dabei regelmäßig umrühren, damit sie keine Kruste bilden. Nun die Zwiebel und den Brokkoli zufügen und alles nochmals 5 bis 10 Minuten garen.

3 Sobald die Kartoffeln fast gar sind und der Brokkoli noch bissfest ist, die Pfanne vom Herd nehmen. Die Eier in einer Schüssel aufschlagen, mit Salz, Pfeffer, Paprikapulver und Muskatnuss kräftig würzen. Die Kartoffel-Brokkoli-Mischung hinzufügen und gut mit den Eiern vermischen.

4 In der Pfanne 1 El Olivenöl stark erhitzen. Die richtige Temperatur ist erreicht, wenn sich an einem hölzernen Kochlöffel beim Eintauchen in das Öl kleine Bläschen bilden. Nun die Kartoffel-Eier-Mischung hineingeben, zunächst ordentlich umrühren und dann in Ruhe stocken lassen.

5 Nach 3 bis 4 Minuten bildet sich eine Kruste und die Tortilla muss gewendet werden. Hierfür einen ausreichend großen Teller über die Pfanne legen und festhalten. Mit der anderen Hand die Pfanne wenden, sodass die Tortilla auf dem Teller liegt. Die Pfanne wieder auf den Herd stellen, 1 El Olivenöl hineingeben und wieder erhitzen. Die Tortilla nun vorsichtig mit der noch nicht gebratenen Seite vom Teller in die Pfanne gleiten lassen. Eventuell mit dem Pfannenwender vorsichtig nachschieben. Die Tortilla wieder 3 bis 4 Minuten braten, bis sie gar ist.

6 Für die Garprobe mit einem spitzen Messer in die Mitte der Tortilla einstechen und die Masse ein wenig auseinanderziehen, um zu sehen, ob die Eiermasse komplett gestockt ist. Sofort servieren.

VARIATION

Die klassische Tortilla wird nur aus Kartoffeln, Zwiebeln und Eiern zubereitet. Doch gibt es daneben noch viele andere Möglichkeiten. So können Sie anstelle des Brokkolis kleine Paprikawürfel verwenden. Oder Sie mischen die Kartoffel-Eier-Masse mit einer Dose Thunfisch (150 g Abtropfgewicht) und 1 zerdrückten Knoblauchzehe.

GRATINIERTER FENCHEL

Zubereitungszeit **ca. 20 Min.**
plus Garzeit **ca. 45 Min.**
fertig in **ca. 1 Std. 5 Min.**

Pro Portion ca. 360 kcal, 1500 kJ, 21 g F, 23 g KH, 17 g E

Fenchelgemüse ist vor allem in Italien beliebt. Im Norden Europas trinkt man bei Erkältung und Bauchweh Fencheltee, viele wagen sich vermutlich schon deshalb nicht an die zwiebelartige Knolle. Der Geschmack von Fenchel erinnert an Anis. Echte Fenchelfans essen ihn am liebsten roh als Vorspeise kombiniert mit einem cremigen Dip oder in hauchdünne Scheiben geschnitten als Salat mit einer leichten Vinaigrette. Gekocht oder mit Käse gratiniert ist der typische Geschmack ein wenig abgemildert.

FÜR 4 PORTIONEN

1 kg Fenchel
1 Zitrone
2 Zwiebeln
800 g Tomaten
2 El Olivenöl
3 El Tomatenmark
1 Prise Zucker
Salz
schwarzer Pfeffer
1 Bund glatte Petersilie
3 El Butter
3 EL Paniermehl
100 g geriebener Parmesan

1 Den Backofen auf 200 °C (Umluft 180 °C) vorheizen. Den Fenchel waschen, alle braunen Stellen wegschneiden, Stängel und Wurzelansatz abschneiden und das Fenchelgrün aufheben. Die Knollen längs halbieren. Die Zitrone auspressen. Den Fenchel in einen Topf geben, knapp mit Wasser bedecken, den Zitronensaft hineinrühren und zugedeckt zum Kochen bringen. Sobald das Wasser kocht, die Hitze reduzieren und alles ca. 15 Minuten köcheln lassen. Dann den Fenchel herausnehmen, 100 ml des Kochwassers aufheben.

2 Inzwischen die Zwiebeln abziehen und sehr fein hacken Die Tomaten über Kreuz einritzen, kurz mit kochendem Wasser überbrühen, mit kaltem Wasser abschrecken, mit einem kleinen Küchenmesser häuten, vierteln, entkernen und von den Stielansätzen befreien. Dann in Würfel schneiden.

3 2 El Olivenöl in einem Topf erhitzen, die Hälfte der Zwiebeln darin glasig dünsten. Die Tomaten hinzufügen, das Tomatenmark und das Fenchelwasser einrühren, mit Zucker, Salz und Pfeffer würzen.

4 Die Petersilie waschen und mit Küchenkrepp trocken tupfen. Die Blättchen von den Stielen zupfen und fein hacken. Ebenso mit dem Fenchelgrün verfahren. Die Butter in einer Pfanne zerlassen und die restlichen Zwiebelwürfel darin anschwitzen. Das Paniermehl zufügen und bräunen. Die Pfanne vom Herd nehmen, Parmesan, Petersilie und das Fenchelgrün einrühren.

5 Die Tomatensauce in eine feuerfeste Form füllen, die Fenchelknollen daraufsetzen und mit der Parmesanmischung bestreuen. Mit dem restlichen Olivenöl beträufeln und auf der mittleren Schiene im Ofen 20 Minuten überbacken.

VARIATION

Für eine vollständige Hauptmahlzeit ergänzen Sie das Rezept durch 500 g gemischtes Hackfleisch und 600 g gekochte, in Scheiben geschnittene Kartoffeln. Das Hackfleisch anbraten, mit der Tomatensauce vermischen und in die Auflaufform geben. Die Kartoffelscheiben mit dem Fenchel aufschichten und mit der Parmesanmischung überbacken.

BUNTER GEMÜSEAUFLAUF

Brokkoli, Kohlrabi und Möhren finden wir zu beinahe jeder Jahreszeit in der Gemüseabteilung des Supermarktes oder auf dem Wochenmarkt. Sollten Sie einmal etwas nicht bekommen, so lassen sich ebenso gut Zucchini, Paprika oder Blumenkohl verwenden. Wichtig ist, dass das Gemüse klein geschnitten und vorgegart ist.

Zubereitungszeit **ca. 30 Min.**
plus Garzeit **ca. 25 Min.**
fertig in **ca. 55 Min.**

Pro Portion ca. 560 kcal, 2350 kJ, 36 g F, 37 g KH, 22 g E

FÜR 4 PORTIONEN

8 frische Eier
2 Zwiebeln
4 Möhren
1-2 Kohlrabiknollen
500 g Brokkoli
4 El Butter
40 g Schinkenwürfel
100 ml Gemüsebrühe
Salz
weißer Pfeffer
3 El Mehl
1/2 l Milch
2 El milder Senf
125 g junger Gouda

1 Das Wasser zum Kochen bringen, die Eier anstechen, in 8 bis 10 Minuten hart kochen, abschrecken und pellen. Die Zwiebeln schälen und in fein hacken. Die Möhren waschen, Wurzel- und Blattansätze wegschneiden und mit einem Sparschälen schälen. Die Möhren zuerst längs in Streifen schneiden und dann würfeln.

2 Den Kohlrabi waschen und schälen. Die Knolle in Scheiben schneiden, diese in Streifen schneiden und dann würfeln. Den Brokkoli waschen, putzen und in Röschen zerteilen. Den Stiel mit einem Sparschäler schälen und würfeln.

3 1 El Butter in einem Topf zerlassen. Die Schinkenwürfel darin anbraten und die Zwiebeln und das fein geschnittene Gemüse kurz darin andünsten. Mit der Gemüsebrühe ablöschen und bei geschlossenem Topf etwa 8 Minuten dünsten. Das Gemüse mit Salz und Pfeffer würzen. Den Ofen auf 200 °C (Umluft 180 °C) vorheizen.

4 Die restliche Butter in einem zweiten Topf zerlassen. Das Mehl darin kurz anschwitzen, die Milch angießen und unter Rühren aufkochen lassen. Den Senf unterrühren und die Sauce mit Salz und Pfeffer abschmecken.

5 Die Eier in dicke Scheiben schneiden. Die Hälfte der Sauce in eine Auflaufform gießen und das Gemüse und die Eischeiben darauflegen. Die restliche Sauce darauf verteilen. Den Käse entrinden, grob raspeln und über den Auflauf streuen. Im Backofen auf der mittleren Schiene ca. 15 Minuten überbacken.

VARIATION

Statt Eier können Sie auch 4 rohe Bratwürste verwenden. Dafür drücken Sie das Bratwurstmett in Form von kleinen Bällchen aus der Pelle auf das Gemüse. Das schmeckt vor allem Kindern.

GEBACKENES BLUMENKOHLSCHNITZEL

Zubereitungszeit **ca. 30 Min.**
plus Garzeit **ca. 10 Min.**
fertig in **ca. 40 Min.**

Pro Portion ca. 580 kcal, 2420 kJ, 49 g F, 22 g KH, 14 g E

Nicht nur als Gemüsebeilage, sondern auch als Hauptgericht – dieses Rezept sollten Sie unbedingt probieren! Einfach nur den Blumenkohl vorkochen, in Scheiben schneiden und ab in die Pfanne. Mmmhhhh – außen knusprig und innen ganz saftig.

FÜR 4 PORTIONEN

1 kleiner Kopf Blumenkohl (ca. 1 kg)
Salz
1 hart gekochtes Ei
2 Gewürzgurken
1 kleine Zwiebel
je 1/4 Bund Petersilie und Schnittlauch
200 g Mayonnaise
150 g Joghurt
schwarzer Pfeffer
1 Tl Zitronensaft
80 g Paniermehl
2 Eier
2-3 El Milch
2-3 El Mehl
2-3 El Rapsöl

1 Vom Blumenkohl die grünen Blätter samt Stielen entfernen. Den Kopf im Ganzen mit kaltem Wasser überbrausen. In einem großen Topf etwas Salzwasser erhitzen, den Blumenkohl darin bei geschlossenem Deckel etwa 20 Minuten vorgaren.

2 Inzwischen für die Remoulade das Ei pellen und fein hacken. Die Gewürzgurken ebenfalls fein hacken. Die Zwiebel abziehen und fein würfeln. Die Kräuter waschen und mit Küchenkrepp trocken tupfen. Die Petersilienblättchen von den Stielen zupfen und mit einem großen Küchenmesser fein hacken, den Schnittlauch in Röllchen schneiden. Alle Zutaten für die Remoulade mit Mayonnaise und Joghurt verrühren und mit Salz, Pfeffer und Zitronensaft würzen.

3 Den Blumenkohl auf einem Sieb abtropfen und abkühlen lassen, danach in etwa 1 cm breite Scheiben schneiden. Das Paniermehl auf einen flachen Teller geben. Die Eier mit der Milch in einem tiefen Teller verquirlen. Das Mehl auf einen flachen Teller geben. Die Blumenkohlscheiben zuerst im Mehl wenden, dann durch die Eiermasse ziehen und zum Schluss in dem Paniermehl wenden.

4 Das Öl in einer großen Pfanne erhitzen und die Blumenkohlschnitzel von beiden Seiten jeweils in ca. 1 Minute goldgelb braten. Bereits fertig gebratene Schnitzel im Ofen bei 50 °C warm halten. Mit der Remoulade servieren.

VARIATION

Anstelle des Blumenkohls können Sie auch Kohlrabi oder Sellerieknolle nehmen. Beides können Sie identisch zubereiten, nur müssen Kohlrabi und Sellerie vor dem Garen in Scheiben geschnitten werden. Nach 10 Minuten Vorkochzeit haben sie den perfekten Biss.

PIZZEN & QUICHES

PIZZA MARGHERITA

Zubereitungszeit **ca. 10 Min.**
plus Ruhezeit **ca. 40 Min.**
plus Garzeit **ca. 25 Min.**
fertig in **ca. 1 Std. 15 Min.**

Pro Portion ca. 720 kcal, 3010 kJ, 31 g F, 76 g KH, 31 g E

Pizza war in Italien früher ein typisches Arme-Leute-Essen, da die Grundzutaten – Mehl, Wasser und etwas Öl – nicht viel kosteten. Belegt wurde sie mit dem, was zur Hand war, weshalb es auch unzählige Varianten gibt. In Deutschland ist die Pizza erst durch den Zuzug italienischer „Gastarbeiter" in den 1950er Jahren bekannt geworden. Und heute sicher eines der beliebtesten Gerichte!

FÜR 4 PORTIONEN

- 400 g Weizenmehl
- 20 g frische Hefe
- 6 El Olivenöl
- 1 Tl Salz
- 800 g Tomaten, alternativ 400 g gehackte Tomaten (aus der Dose)
- 400 g Mozzarella
- 2 Tl getrockneter Oregano
- schwarzer Pfeffer

1 Das Mehl in eine Schüssel sieben, in die Mitte eine Mulde drücken und die Hefe hineinbröckeln. Mit etwas lauwarmem Wasser verrühren und 10 Minuten quellen lassen. Danach 2 El Olivenöl, Salz sowie etwas lauwarmes Wasser hinzugeben und mit den Knethaken des Handrührgerätes verkneten. Dabei ca. 200 ml lauwarmes Wasser nach und nach einfließen lassen. Den Teig so lange kneten, bis er sich vom Schüsselrand löst und Blasen wirft. Der Teig sollte sich trocken anfühlen und nicht an den Fingern kleben, gegebenenfalls noch etwas Mehl unterkneten. Die Schüssel abdecken und den Teig ca. 40 Minuten an einem zugfreien Ort gehen lassen.

2 Inzwischen die Tomaten über Kreuz einritzen, kurz mit kochendem Wasser überbrühen, mit kaltem Wasser abschrecken, mit einem kleinen Küchenmesser häuten, vierteln, entkernen und von den Stielansätzen befreien. Dann in Würfel schneiden. Bei der Verwendung von Dosentomaten ist keine Vorarbeit nötig. Den Mozzarella in Scheiben schneiden.

3 Den Backofen auf 220 °C Ober- und Unterhitze vorheizen; bei Umluft besteht die Gefahr, dass die Pizza zu trocken wird. 2 Backbleche mit Olivenöl bestreichen. Den aufgegangenen Teig auf der bemehlten Arbeitsfläche mit den Händen durchkneten, halbieren und mit dem Nudelholz auf Backblechgröße ausrollen.

4 Den Teig auf die Bleche legen, mit etwas Olivenöl bestreichen und salzen. Die Tomaten gleichmäßig auf dem Teig verteilen und sie mit Oregano, Salz und Pfeffer würzen. Die Mozzarellascheiben auf den Pizzen verteilen und diese nacheinander im Ofen ca. 20 Minuten backen. Die Pizza sofort servieren.

VARIATIONEN

Sommerlich frisch schmeckt die Pizza Margherita, wenn Sie sie vor dem Servieren mit 1 Bund gehacktem Basilikum bestreuen. In diesem Fall sollten Sie allerdings unbedingt frische Tomaten für die Zubereitung verwenden! Mögen Sie es dagegen lieber herb, streuen Sie vor dem Servieren Rucola darauf.

Selbstverständlich können Sie Ihre Pizza auch mit Meeresfrüchten, blanchiertem Spinat, Gemüsescheiben, frischen Champignons, Salami- und/oder Schinkenscheiben belegen. Lassen Sie sich einfach von Ihren persönlichen Vorlieben leiten – erlaubt ist, was schmeckt!

SPINATKUCHEN

Spinat ist das ganze Jahr über erhältlich. Doch unterscheidet man zwischen zwei Sorten: dem Sommer- und dem Winterspinat. Sommerspinat hat kleine, zarte Blätter, ist mild im Geschmack und lässt sich auch gut für Salate verwenden. Der Winterspinat dagegen hat große, gekrauste Blätter und schmeckt würzig-herb.

Zubereitungszeit **ca. 15 Min.**
plus Ruhezeit **ca. 40 Min.**
plus Garzeit **ca. 45 Min.**
fertig in **ca. 1 Std. 40 Min.**

Pro Portion ca. 990 kcal, 4140 kJ, 57 g F, 74 g KH, 45 g E

1 125 ml Wasser mit 1 Ei, dem Salz und 2 El Olivenöl verquirlen. Das Mehl nach und nach mit dem Knethaken des Handrührgerätes unterkneten und so lange weiterkneten, bis der Teig geschmeidig ist. Den Teig dann abgedeckt an einem zugfreien Ort für ca. 40 Minuten ruhen lassen.

2 Inzwischen die Frühlingszwiebeln waschen, Wurzeln und das verwelkte äußere Grün abtrennen und die Zwiebeln in hauchdünne Ringe schneiden. Den Knoblauch abziehen und sehr fein hacken. Den Spinat verlesen, waschen und abtropfen lassen, dabei verwelkte Blätter entfernen. Die Petersilie waschen und mit Küchenkrepp trocken tupfen. Die Blättchen von den Stielen zupfen und mit einem großen Küchenmesser fein hacken.

3 Den Backofen auf 200 °C (Umluft 180 °C) vorheizen. In einer Pfanne 2 El Olivenöl erhitzen und die Frühlingszwiebeln mit dem Knoblauch andünsten. Den Spinat zufügen und für ca. 5 Minuten dünsten, danach abkühlen lassen. Den Schafskäse in kleine Würfel schneiden und in eine Schüssel füllen. Mit 5 Eiern und dem abgekühlten Spinat vermengen. Mit Salz, Pfeffer und Muskatnuss kräftig würzen. In einer kleinen Schüssel die Sahne mit dem letzten Ei verquirlen.

4 Ein Backblech mit 1 El Olivenöl bestreichen. Den Teig auf der bemehlten Arbeitsfläche noch einmal ordentlich durchkneten und dann in 4 gleich große Portionen teilen. Jede Portion mit dem Nudelholz hauchdünn ausrollen. Die erste Portion so auf das Backblech legen, dass der Teig am Rand überlappt.

5 Den Teig mit der Sahne-Ei-Mischung bestreichen und die zweite Teigplatte darauflegen. Den Teig nun mit der Spinat-Schafskäse-Masse bestreichen und mit einer weiteren Teigplatte belegen. Diese wieder mit der Ei-Sahne-Mischung bestreichen, die letzte Teigplatte auflegen und auch mit Ei-Sahne bestreichen. Die Teigränder zusammendrücken und nach innen rollen. Mit weißem und schwarzem Sesam bestreuen und im Ofen auf der mittleren Schiene ca. 45 Minuten backen.

FÜR 4 PORTIONEN

7 Eier
1/2 Tl Salz
5 El Olivenöl
375 g Mehl
1 Bund Frühlingszwiebeln
2 Knoblauchzehen
700 g Blattspinat
1 Bund Petersilie
400 g Schafskäse
schwarzer Pfeffer
geriebene Muskatnuss
150 ml Sahne
je 2 El weißer und schwarzer Sesam

VARIATION

Wenn Sie die Vorbereitungszeit verkürzen möchten, können Sie Tiefkühlprodukte verwenden: Für den Teig nehmen Sie 300 g tiefgekühlten Blätterteig und rollen diesen zu 4 dünnen Platten aus. Anstelle des frischen Spinats verwenden Sie 700 g tiefgekühlten Blattspinat. Diesen sollten Sie allerdings vor der weiteren Zubereitung auftauen und mit etwas Küchenkrepp trocken tupfen, damit Ihnen die Füllung nicht zu feucht wird. Ansonsten wie im Rezept beschrieben vorgehen.

SPARGEL-LACHS-QUICHE

Zubereitungszeit **ca. 40 Min.**
plus Ruhezeit **ca. 30 Min.**
plus Garzeit **ca. 40 Min.**
fertig in **ca. 1 Std. 50 Min.**

Pro Stück ca. 230 kcal, 960 kJ, 13 g F, 18 g KH, 9 g E

Wenn königlicher Spargel und kaiserlicher Lachs zusammenkommen, dann ist allen Feinschmeckern klar, dass ein kulinarisches Highlight auf sie wartet. Diese Quiche schmeckt am besten zur Spargelzeit im Mai, kann aber auch mit anderem Gemüse das ganze Jahr über genossen werden.

FÜR 12 STÜCKE

250 g Mehl
1/2 Tl Salz
4 Eier
125 g Butter
800 g weißer Spargel
Salz
1 Prise Zucker
150 g geräucherter Lachs
20 g Kapern
250 g Joghurt
2 El geriebener Meerrettich
schwarzer Pfeffer

1 Mehl, Salz und 1 Ei in eine Schüssel geben. Die Butter in Flöckchen geschnitten dazugeben. Das Ganze mit den Knethaken eines Handrührgerätes oder einer Küchenmaschine zu einem geschmeidigen Teig verarbeiten. Dann den Teig mit den Händen zu einer Kugel formen. Die Teigkugel in Klarsichtfolie einschlagen und etwa 30 Minuten im Kühlschrank ruhen lassen.

2 Den Spargel waschen und schälen. Dann reichlich Wasser mit je 1 Prise Salz und Zucker zum Kochen bringen und den Spargel im siedenden Wasser 10 bis 15 Minuten garen, sodass er noch sehr bissfest ist. Die Spargelstangen herausnehmen und abtropfen lassen, dann halbieren.

3 Den geräucherten Lachs in feine Streifen schneiden. Die Kapern in ein Sieb geben und abtropfen lassen. Die restlichen Eier leicht verquirlen. Den Joghurt und den Meerrettich unterrühren. Kräftig mit Salz und Pfeffer würzen.

4 Den Backofen auf 200 °C (Umluft 180 °C) vorheizen. Den Teig dünn ausrollen. Den Boden einer Quicheform (etwa 26 cm ø) mit Backpapier auslegen, den Rand der Springform mit etwas Butter einfetten. Den Teig dünn ausrollen und so in die Quicheform legen, dass Boden und Rand bedeckt sind. Den Teig etwas an den Rand drücken.

5 Die Spargelstangen sternartig auf den Quicheteig legen. Die Lachsstreifen und die Kapern darauf verteilen. Die Joghurt-Ei-Mischung darübergießen. Die Quiche auf der zweiten Schiene von unten etwa 40 Minuten backen. Dann aus dem Ofen nehmen, etwas ruhen lassen, aus der Form lösen und in 12 Stücke schneiden.

VARIATION

Natürlich können Sie dieses Rezept auch mit grünem Spargel zubereiten. Grünen Spargel brauchen Sie nur im unteren Drittel zu schälen. Dass Spargel frisch ist, erkennen Sie daran, dass die Schnittfläche noch feucht und glatt ist und nicht spröde und trocken.

FETA-TASCHEN

Diese Feta-Taschen sind kinderleicht zuzubereiten und passen auch gut abgekühlt auf ein Buffet. Noch einfacher und schneller geht es mit tiefgekühltem Blattspinat.

Zubereitungszeit ca. 30 Min.
plus Garzeit ca. 20 Min.
fertig in ca. 50 Min.

Pro Stück ca. 190 kcal, 790 kJ,
13 g F, 14 g KH, 6 g E

FÜR 12 STÜCK

450 g TK-Blätterteig
2 Knoblauchzehen
250 g Blattspinat
1 El Olivenöl
Salz
schwarzer Pfeffer
geriebene Muskatnuss
150 g Feta
1 Ei
2 El Milch

1 Den Blätterteig antauen, die 6 Platten dafür nebeneinander auf eine Arbeitsfläche legen.

2 Den Knoblauch abziehen und fein hacken. Den Spinat gründlich waschen, die Blätter dafür in ein Waschbecken mit Wasser geben, denn Spinat kann sehr sandig sein. Dicke Stiele und welke Blätter entfernen. Den Spinat grob hacken.

3 Das Öl in einem Topf erhitzen, Knoblauch und tropfnassen Spinat hinzufügen und darin bei reduzierter Hitze ca. 3 Minuten dünsten, bis der Spinat zusammengefallen ist. Das Ganze mit Salz, Pfeffer und Muskat würzen. Den Feta in Würfel schneiden und den Backofen auf 200 °C (Umluft 180 °C) vorheizen.

4 Jede Blätterteigplatte quer halbieren und etwas ausrollen. Das Ei trennen. Mit dem Eiweiß die Ränder des Blätterteigs bestreichen. In die Mitte jeweils etwas Spinat und Schafskäse setzen. Die Teigquadrate zu Dreiecken zusammenklappen und die Ränder mit einer Gabel festdrücken.

5 Die Teigtaschen auf ein mit Backpapier ausgelegtes Blech setzen. Das Eigelb mit der Milch verquirlen und die Teigtaschen damit bestreichen. Auf der mittleren Schiene des Backofens etwa 20 Minuten backen. Etwas abkühlen lassen und noch lauwarm oder kalt verzehren.

VARIATION

Thunfisch-Tomaten-Füllung

12 in Öl eingelegte getrocknete Tomaten mit 1 Dose Thunfisch im eigenen Saft und 2 El Kapern vermengen. Dies anstelle der Spinatmischung in die Blätterteigtaschen geben.

CHAMPIGNONQUICHE

Zubereitungszeit **ca. 30 Min.**
plus Ruhezeit **ca. 40 Min.**
plus Garzeit **ca. 25 Min.**
fertig in **ca. 1 Std. 35 Min.**

Pro Stück ca. 310 kcal, 1300 kJ, 26 g F, 13 g KH, 6 g E

Champignons schmecken am besten, wenn sie ganz frisch sind. Deshalb sollten Sie beim Kauf darauf achten, dass die Pilze eine straffe Haut und keine dunklen Stellen haben. Falls Sie die Champignons erst am nächsten Tag zubereiten möchten, breiten Sie diese im Gemüsefach des Kühlschrankes aus.

FÜR 12 STÜCKE

- 200 g Weizenmehl
- 2 El Olivenöl
- Salz
- 140 g Butter
- Olivenöl für die Form
- 500 g frische Champignons
- 100 g durchwachsener Speck
- 1 Zwiebel
- 2 Knoblauchzehen
- schwarzer Pfeffer
- 1/2 Bund gehackte Petersilie
- 3 Eier
- 200 g Crème fraîche

1 Den Backofen auf 200 °C (Umluft 180 °C) vorheizen. Das Mehl in eine Schüssel sieben und in die Mitte eine Mulde drücken. Das Olivenöl hineingießen, 1 Prise Salz hinzufügen und 125 g Butter in kleinen Stücken über das Mehl verteilen. Dann mit den Händen einen geschmeidigen Teig daraus kneten, gegebenenfalls etwas Wasser zufügen. Eine Quicheform (ca. 28 cm ø) mit etwas Olivenöl einpinseln und den Teig mit dem Nudelholz so groß ausrollen, dass man ihn am Rand der Springform hochziehen kann.

2 Die Champignons mit Küchenkrepp abreiben. Die Schnittstellen abschneiden und die Champignons in dünne Scheiben schneiden. Den Speck in kleine Würfelchen schneiden. Die Zwiebel und den Knoblauch abziehen und sehr fein hacken. Die restliche Butter in einer Pfanne zerlassen, Zwiebel und Knoblauch mit den Speckwürfeln glasig dünsten und die Champignons hinzufügen. Vorsichtig mit Salz und Pfeffer würzen und ohne Deckel so lange auf kleiner Flamme köcheln lassen, bis die Flüssigkeit eingekocht ist. Dann die Pfanne vom Herd nehmen und etwas abkühlen lassen.

3 Die Quicheform in den Ofen schieben und den Teig ca. 10 Minuten backen. Inzwischen die Petersilie waschen und mit Küchenkrepp trocken tupfen. Die Blättchen von den Stielen zupfen und mit einem großen Küchenmesser fein hacken. Die Eier in einer Schüssel aufschlagen, mit Crème fraîche und der Champignonmischung verrühren. Mit Salz und Pfeffer abschmecken.

4 Die Champignonmasse auf dem vorgebackenen Teig verteilen und weitere 20 bis 25 Minuten backen. Vor dem Servieren mit Petersilie bestreuen.

VARIATIONEN

Die Champignonquiche schmeckt auch ohne Speckwürfel. Und wer gerne Blätterteig mag, kann das Rezept auch mit 300 g tiefgefrorenem Blätterteig zubereiten. Dann allerdings heißt die Quiche nicht mehr Quiche, sondern Tarte und sollte zunächst bei 200 °C auf der mittleren Schiene und dann weitere 10 Minuten auf der untersten Schiene gebacken werden.

Die Füllung für die Quiche können Sie beliebig variieren. Eine köstliche Variante ist zum Beispiel die mit 500 g blanchiertem Brokkoli, 100 g gewürfelter Mailänder Salami und 100 g geriebenem Parmesan.

CALZONE

Zubereitungszeit **ca. 20 Min.**
plus Ruhezeit **ca. 40 Min.**
plus Garzeit **ca. 20 Min.**
fertig in **ca. 1 Std. 20 Min.**

Pro Portion ca. 1080 kcal, 4510 kJ, 57 g F, 77 g KH, 64 g E

Die Calzone ist mit der Pizza verwandt. Allerdings wird die Calzone zu einer Teigtasche zusammengeklappt. Ihre traditionelle Füllung besteht aus Ricotta, Schinken, Champignons, Mozzarella, Parmesan und Oregano. Die Calzone wurde übrigens früher nicht im Ofen gebacken, sondern in Öl ausgebacken wie die neapolitanische Pizza fritta.

FÜR 4 PORTIONEN
400 g Weizenmehl
20 g frische Hefe
6 El Olivenöl
1 Tl Salz
800 g Tomaten, alternativ 400 g Tomaten (aus der Dose)
300 g Mozzarella
200 g gekochter Schinken
250 g Champignons
3 Eier
400 g Ricotta
schwarzer Pfeffer
2 Tl getrockneter Oregano
2 Tl getrocknetes Basilikum
3 Eigelb

1 Das Mehl in eine Schüssel sieben, in die Mitte eine Mulde drücken und die Hefe hineinbröckeln. Mit etwas lauwarmem Wasser verrühren und 10 Minuten stehen lassen. Danach 2 El Olivenöl, Salz sowie etwas lauwarmes Wasser hinzugeben und mit den Knethaken des Handrührgerätes verkneten. Dabei ca. 200 ml lauwarmes Wasser nach und nach einfließen lassen. Den Teig so lange kneten, bis er sich vom Schüsselrand löst und Blasen wirft. Der Teig sollte sich trocken anfühlen und nicht an den Fingern kleben, gegebenenfalls noch etwas Mehl unterkneten. Die Schüssel abdecken und den Teig ca. 40 Minuten an einem zugfreien Ort gehen lassen.

2 Inzwischen die Tomaten über Kreuz einritzen, kurz mit kochendem Wasser überbrühen, mit kaltem Wasser abschrecken, mit einem kleinen Küchenmesser häuten, vierteln, entkernen und von den Stielansätzen befreien. Dann in Würfel schneiden. Bei der Verwendung von Dosentomaten ist keine Vorarbeit nötig.

3 Den Mozzarella und den Schinken in kleine Würfel schneiden. Die Champignons mit Küchenkrepp abreiben oder mit einer weichen Bürste abbürsten. Die Schnittstellen abschneiden und die Champignons in dünne Scheiben schneiden.

4 Den Backofen auf 220 °C Ober- und Unterhitze vorheizen; bei Umluft besteht die Gefahr, dass die Calzone zu trocken wird. Die Eier in eine Schüssel aufschlagen, Tomaten, Schinken und Ricotta hinzufügen und alles gut vermischen. Mit Salz, Pfeffer, Oregano und Basilikum kräftig würzen.

5 Ein Backblech mit Olivenöl bestreichen. Den aufgegangenen Teig auf der bemehlten Arbeitsfläche mit den Händen durchkneten, vierteln und mit dem Nudelholz zu 4 Kreisen ausrollen. Diese mit etwas Olivenöl bestreichen und salzen.

6 Jeweils 1/4 der Füllung auf eine Seite der Teigkreise streichen. Dabei einen ca. 2 cm breiten Rand frei lassen. Diesen mit etwas Eigelb bestreichen, die andere Teigseite über die Füllung klappen, die Ränder fest zusammendrücken und nach oben einschlagen. Die Calzone oben mit dem restlichen Eigelb bestreichen, auf das Backblech setzen und im Ofen ca. 20 Minuten backen.

MINI-LINSEN-TARTES

Rote Linsen sind beliebt im arabischen Raum. In Nordafrika und im fernen Osten findet man sie insbesondere in Eintopfgerichten. Die Kombination aus Blätterteig und Linsen ist eine Kreation, die Lust auf mehr ungewöhnliche Zusammenstellungen macht.

Zubereitungszeit **ca. 40 Min.**
plus Garzeit **ca. 20 Min.**
fertig in **ca. 1 Std.**

Pro Stück ca. 350 kcal, 1460 kJ, 19 g F, 22 g KH, 22 g E

1 Den Blätterteig antauen, die 3 Platten dafür nebeneinander auf eine Arbeitsfläche legen. Die Linsen zusammen mit der Brühe in einen Topf geben und zum Kochen bringen. Die Platte auf die niedrigste Stufe herunterregeln und die Linsen weitere 10 Minuten quellen lassen.

2 Die Zwiebel und den Knoblauch abziehen und fein hacken. Das Hähnchenfleisch unter kaltem Wasser abbrausen, trocken tupfen und in Streifen schneiden. Das Öl in einer beschichteten Pfanne erhitzen, das Hähnchenfleisch darin anbraten und mit Salz und Pfeffer würzen. Zwiebel und Knoblauch hinzufügen und bei reduzierter Hitze glasig dünsten.

3 Inzwischen die Kräuter waschen und mit Küchenkrepp trocken tupfen. Die Blättchen von den Stielen zupfen und zum Fleisch geben. Die Tomaten waschen, halbieren und den Stielansatz wegschneiden. Den Backofen auf 200 °C (Umluft 180 °C) vorheizen.

4 Jede Blätterteigplatte quer halbieren und etwas ausrollen. Die Sahne mit den Eiern verquirlen und unter die Linsen geben. Die Brühe müsste mehr oder weniger komplett von den Linsen aufgesogen sein. Tomaten und Fleischstreifen ebenfalls untermengen.

5 6 kleine Tarteförmchen (ca.12 cm ø) unter kaltem Wasser ausspülen. Je 1 Blätterteigplatte hineinlegen und am Rand leicht andrücken. Darauf achten, dass der Blätterteig auch am Rand hochgezogen ist, damit die Füllung nicht unter den Teig läuft. Die Füllung auf die Blätterteige verteilen und mit Parmesan und Sesam bestreuen.

6 Im vorgeheizten Backofen auf der mittleren Schiene etwa 20 Minuten backen. Direkt nach dem Backen die Tartes mit einem Messer aus den Förmchen lösen und heiß servieren. Dazu passt ein grüner Salat.

FÜR 6 STÜCK

- 225 g TK-Blätterteig
- 80 g rote Linsen
- 250 ml Brühe
- 1 Zwiebel
- 2 Knoblauchzehen
- 300 g Hähnchenbrustfilet
- 1 El Olivenöl
- Salz
- schwarzer Pfeffer
- 4 Zweige Thymian
- 4 Zweige Zitronenthymian
- 150 g Cocktailtomaten
- 80 ml Sahne
- 2 Eier
- 20 g frisch geriebener Parmesan
- 10 g Sesam

VARIATION

Wenn es ganz schnell gehen soll, nehmen Sie statt der Linsen die doppelte Menge an Mais aus der Dose.

QUICHE LORRAINE

Zubereitungszeit ca. 30 Min.
plus Kühlzeit ca. 30 Min.
plus Garzeit ca. 30 Min.
fertig in ca. 1 Std. 30 Min.

Pro Stück ca. 410 kcal, 1710 kJ,
35 g F, 16 g KH, 10 g E

Ein pikanter Klassiker aus Frankreich. Zu einem Glas Weiß- oder Rotwein ist er ein idealer Snack, wenn sich an dunklen Winterabenden Gäste anmelden. Wer es milder mag, verwendet gekochten Schinken und Gouda statt Frühstücksspeck und Gruyère.

FÜR 12 STÜCKE

- 250 g Mehl
- Salz
- 5 Eier
- 125 g Butter
- 200 g Frühstücksspeck in dünnen Scheiben
- 150 g Gruyère
- 250 ml Sahne
- weißer Pfeffer

1 Das Mehl, 1/2 Tl Salz und 1 Ei in eine Schüssel geben. Die Butter in Flöckchen geschnitten dazugeben. Alles mit den Knethaken eines Handrührgerätes oder einer Küchenmaschine zu einem geschmeidigen Teig verarbeiten. Dann den Teig mit den Händen zu einer Kugel formen. Die Teigkugel in Klarsichtfolie einschlagen und etwa 30 Minuten im Kühlschrank ruhen lassen.

2 Die Speckscheiben in einer beschichteten Pfanne ohne Zugabe von Fett bei mittlerer Hitze braten, bis sie leicht gebräunt sind, dabei einmal wenden. Die Speckscheiben auf Küchenkrepp abtropfen lassen und auf einem Teller beiseitestellen.

3 Den Gruyère eventuell entrinden und dann reiben. Die restlichen Eier trennen. Das Eigelb mit der Sahne, dem Pfeffer und 1/2 Tl Salz verquirlen. Den geriebenen Käse darunterziehen. Das Eiweiß mit 1 Prise Salz steif schlagen und unter die Eigelb-Käse-Masse heben.

4 Den Backofen auf 200 °C (Umluft 180 °C) vorheizen. Den Boden einer Quicheform (ca. 26 cm ø) mit Backpapier auslegen, den Rand der Springform mit etwas Butter einfetten.

5 Den Teig dünn ausrollen und so in die Quicheform legen, dass Boden und Rand bedeckt sind. Den Teig etwas an den Rand drücken. Die Speckscheiben auf dem Boden der Quiche verteilen. Die Eiersahne über den Speck gießen und mit einem Teigschaber gleichmäßig verteilen. Die Quiche auf der zweiten Schiene von unten etwa 35 Minuten backen. Dann aus dem Ofen nehmen, etwas ruhen lassen, aus der Form lösen und in 12 Stücke schneiden.

VARIATION

Das Eiweiß muss nicht steif geschlagen werden, aber die Füllung wird dadurch voluminöser. Die Quiche gelingt also ebenfalls , wenn Sie die Eier gar nicht trennen. Die Füllung ist dann nur weniger schaumig und der Kuchen flacher.

ELSÄSSER FLAMMKUCHEN

Der original Elsässer Flammkuchen wird im Holzofen gebacken und ist relativ dünn und sehr knusprig. In einem normalen Elektroofen, der nicht so hohe Temperaturen erreicht, ist dieses Ergebnis kaum zu erzielen, aber der leckere Belag entschädigt für den etwas dickeren Boden!

Zubereitungszeit **ca. 30 Min**
plus Ruhezeit **ca. 40 Min.**
plus Garzeit **ca. 30 Min.**
fertig in **ca. 1 Std. 40 Min.**

Pro Portion ca. 900 kcal, 3760 kJ, 53 g F, 84 g KH, 20 g E

1 Die Butter in einem Topf schmelzen lassen. Das Mehl in eine Schüssel sieben und eine Mulde hineindrücken. Die Hefe hineingeben. Die Prise Zucker darüberstreuen. 1/2 Tl Salz und die Butter an den Rand der Schüssel geben. 250 ml lauwarmes Wasser in und um die Mulde gießen und mit den Knethaken eines Handrührgerätes zu einem glatten Teig verarbeiten. Den Teig mit einem Tuch abgedeckt an einem warmen Ort gehen lassen, bis er sein Volumen fast verdoppelt hat.

2 Inzwischen die Zwiebeln abziehen und in sehr dünne Spalten schneiden. Den Speck sehr fein würfeln. Die Eier verquirlen. Die saure Sahne darunterrühren und kräftig mit Salz, Pfeffer und Paprika würzen. Den Backofen auf 220 °C (Umluft 200 °C) vorheizen. 2 Bleche mit Backpapier auslegen.

3 Den Teig halbieren und sehr dünn auf einer bemehlten Arbeitsfläche ausrollen. Je 1 Teigboden auf ein vorbereitetes Blech legen, eventuell mit einem Küchentuch abgedeckt etwa 10 Minuten gehen lassen. Den Eierguss je zur Hälfte mit einem Messer auf die Teigböden streichen. Dann die Zwiebelspalten und die Speckwürfel gleichmäßig darauf verteilen. Die Flammküchlein auf der mittleren Schiene des Backofens etwa 30 Minuten backen. Bei Umluft können Sie zusammen abgebacken werden, bei Ober- und Unterhitze müssen sie nacheinander in den Ofen.

4 Die Flammkuchen in der Mitte durchschneiden und auf großen Brettern servieren. Dazu passt am besten ein grüner Salat.

FÜR 4 PORTIONEN

50 g Butter
450 g Mehl
1 Päckchen Trockenhefe
1 Prise Zucker
Salz
4 kleine Zwiebeln
160 g durchwachsener Speck
2 Eier
300 g saure Sahne
Salz
schwarzer Pfeffer
edelsüßes Paprikapulver

VARIATION

Wenn unerwartet Gäste kommen, können Sie anstelle des Hefeteiges auch tiefgekühlten Blätterteig verwenden. Den Blätterteig mit dem Nudelholz leicht ausrollen und die Platten weit genug auseinander auf ein Blech setzen, dann die Masse darauf verteilen.

LAUCHKUCHEN

Zubereitungszeit ca. 20 Min.
plus Ruhezeit ca. 40 Min.
plus Garzeit ca. 30 Min.
fertig in ca. 1 Std. 30 Min.

Pro Stück ca. 570 kcal, 2380 kJ, 37 g F, 37 g KH, 22 g E

Wussten Sie, dass Lauch, auch Porree genannt, auf eine lange Geschichte zurückblicken kann? So wurde das Gemüse schon im alten Ägypten als Kraftspender für die Sklaven geschätzt, die die Pyramiden bauten. Und sogar der römische Kaiser Nero soll monatlich einen Lauch-Tag eingelegt haben.

FÜR 12 STÜCKE

- 500 g Mehl
- 20 g Hefe
- 250 ml lauwarme Milch
- 60 g Butter
- 4 Eier
- 1 Tl Salz
- 2 kg Lauch
- 250 g durchwachsener Speck
- 150 ml trockener Weißwein
- schwarzer Pfeffer
- 250 g saure Sahne
- 3 El Crème fraîche
- 400 g geriebener Gouda oder Emmentaler

1 Das Mehl in eine Schüssel sieben, in die Mitte eine Mulde drücken und die Hefe hineinbröckeln. Mit etwas Milch verrühren und 10 Minuten stehen lassen. Inzwischen die Butter zerlassen und dann mit 1 Ei, Salz sowie etwas Milch zum Mehl geben und mit dem Knethaken des Handrührgerätes verkneten. Dabei die restliche Milch nach und nach einfließen lassen. Den Teig so lange kneten, bis er sich vom Schüsselrand löst und Blasen wirft. Der Teig sollte sich trocken anfühlen und nicht an den Fingern kleben, gegebenenfalls noch etwas Mehl unterkneten. Die Schüssel abdecken und den Teig ca. 40 Minuten an einem zugfreien Ort gehen lassen.

2 Den Backofen auf 200 °C Ober- und Unterhitze vorheizen; bei Umluft besteht die Gefahr, dass der Lauchkuchen zu trocken wird. Die grünen Blätter des Lauchs und den Strunk abschneiden. Den Lauch längs halbieren, die Stange auffächern und unter fließendem Wasser auswaschen. Dann den Lauch quer in Streifen schneiden.

3 Den Speck in kleine Würfel schneiden und in einer Pfanne auf kleiner Flamme ausbraten. Sobald die Speckwürfel knusprig sind, diese herausnehmen, auf ein Küchenkrepp legen und beiseitestellen. Das ausgelassene Speckfett dabei in der Pfanne belassen und den Lauch darin ca. 10 Minuten dünsten. Mit Weißwein ablöschen, die Speckwürfel wieder zufügen und die Pfanne vom Herd nehmen.

4 Die restlichen Eier in eine Schüssel aufschlagen und mit den Schneebesen des Handrührgerätes schaumig schlagen. Saure Sahne und Crème fraîche einrühren, die Eiermasse unter den Lauch heben und alles mit Salz und Pfeffer würzen.

5 Den Teig auf einer bemehlten Arbeitsfläche mit den Händen durchkneten und mit dem Nudelholz auf Backblechgröße ausrollen. Das Backblech mit Backpapier auslegen und den Teig daraufsetzen. Die Lauchfüllung auf dem Teig verteilen, den geriebenen Käse darüberstreuen und den Lauchkuchen 30 Minuten backen.

TIPP

Wer einen empfindlichen Magen hat, gibt 1 Tl Kümmel in die Lauchmischung, dann ist sie bekömmlicher.

ASIA-TORTELETTS

Zitronengras gibt diesem Gericht sein frisches Aroma. Es wird in der asiatischen Küche zum Würzen von Fisch und Meeresfrüchten benutzt, da sein kräftiges, zitronenähnliches Aroma hervorragend mit diesen harmoniert. Dabei wird nur der helle Teil des Stängels verwendet. Die Stängel im Ganzen sind zudem sowohl eine dekorative als auch geschmacklich interessante Alternative zu Holzstäbchen beim Aufspießen von Grill- oder Bratgut.

Zubereitungszeit **ca. 20 Min.**
plus Ruhezeit **ca. 20 Min.**
plus Garzeit **ca. 40 Min.**
fertig in **ca. 1 Std. 20 Min.**

Pro Stück ca. 580 kcal, 2420 kJ, 34 g F, 48 g KH, 21 g E

1 Das Mehl in eine Schüssel sieben, die Butter in kleine Stücke schneiden und hinzugeben. Mit ca. 200 ml Wasser und 1 Tl Salz zu einem Teig verkneten und in den Kühlschrank stellen.

2 Die Zuckerschoten waschen. Die Spitzen von unten nach oben abschneiden und dabei das Fädchen mit abziehen. Die Krabben mit einem großen Messer fein hacken. Den Knoblauch abziehen und fein hacken. Die Chilischoten waschen, trocken tupfen, längs halbieren. Kerne und Scheidewände sowie Stielansätze entfernen. Das Fruchtfleisch sehr fein würfeln.

3 Vom Zitronengras das Grüne sowie den Wurzelansatz entfernen. Das helle Stück in kleine Würfel schneiden. Koriander und Minze waschen und mit Küchenkrepp trocken tupfen. Die Blättchen von den Stielen zupfen und mit einem großen Küchenmesser fein hacken.

4 Den Backofen auf 200 °C (Umluft 180 °C) vorheizen. In einem Topf 200 ml Wasser aufkochen und die Zuckerschoten darin 3 Minuten blanchieren, danach abgießen und in ca. 1 cm kleine Stücke schneiden.

5 8 Tortelettförmchen (ca. 8 cm ø) mit Butter einfetten. Den Teig aus dem Kühlschrank holen, auf einer bemehlten Arbeitsfläche noch einmal durchkneten und in 8 Teile teilen. Den Teig mit dem Nudelholz ausrollen, in die Tortelettformen legen und am Rand hochziehen.

6 Die Eier in eine Schüssel aufschlagen, mit der Sahne verquirlen und mit Salz und Pfeffer würzen. Mit Zuckerschoten, Krabben, Knoblauch, Chili, Zitronengras und der Hälfte der Kräuter gut vermischen und in die Tortelettformen füllen. Die Asia-Torteletts auf der mittleren Schiene des Backofens ca. 40 Minuten backen. Vor dem Servieren mit den übrigen Kräutern bestreuen.

FÜR 8 STÜCK

400 g Mehl
150 g Butter
Salz
500 g Zuckerschoten
250 g gekochte Krabben
4 Knoblauchzehen
1-2 rote Chilischoten
2 Stangen Zitronengras
1 Bund Koriander
1 Bund Minze
2 El Butter
6 Eier
250 ml Sahne
schwarzer Pfeffer

VARIATION

Bevorzugen Sie die italienische Küche? Dann kombinieren Sie die Zuckerschoten doch mit 100 g getrockneten Tomaten, die Sie in kochendem Wasser blanchieren und dann würfeln. Dazu 100 g gewürfelte Pancetta ausbraten und 200 g Zwiebelwürfel darin anbraten. Die Tomaten, 50 g Pinienkerne und 1 Bund gehacktes Basilikum hinzufügen. Die Füllung auf den Teig setzen und die Torteletts im Ofen wie beschrieben backen.

PIZZASCHNECKEN

Zubereitungszeit ca. 30 Min.
plus Ruhezeit ca. 40 Min.
plus Garzeit ca. 20 Min.
fertig in ca. 1 Std. 30 Min.

Pro Stück ca. 210 kcal, 880 kJ, 10 g F, 19 g KH, 10 g E

FÜR 12 STÜCK
300 g Mehl
1 Päckchen Trockenhefe
1 Prise Zucker
100 g Kräuterschmelzkäse
Salz
1 Zwiebel
2 El Olivenöl
300 g gemischtes Hackfleisch
schwarzer Pfeffer
2 El Tomatenmark
400 g geschälte Tomaten (aus der Dose)
1 El Thymian
50 g geriebener Parmesan

Fingerfood, das insbesondere bei den Kids ankommt. Sie können die Pizzaschnecken auch prima einfrieren und dann im Backofen kurz erwärmen. Kalt nehmen die Kinder sie anstelle eines Pausenbrotes auch gerne mit in die Schule.

1 Das Mehl in eine Schüssel sieben und eine Mulde hineindrücken. Hefe hinzugeben. Die Prise Zucker darüberstreuen. Den Schmelzkäse in kleine Würfel schneiden. 1/2 Tl Salz und die Schmelzkäsewürfel an den Rand in die Schüssel geben.

2 125 ml lauwarmes Wasser in und um die Mulde gießen. Dann mit dem Knethaken eines Handrührgerätes oder einer Küchenmaschine zu einem glatten Teig verarbeiten. Den Teig mit einem Tuch abgedeckt an einem warmen Ort gehen lassen, bis er sein Volumen fast verdoppelt hat.

3 Inzwischen die Zwiebel abziehen und fein hacken. Das Öl in einer beschichteten Pfanne erhitzen und die Zwiebel darin glasig dünsten. Das Hackfleisch hinzufügen. Mit Salz und Pfeffer würzen und krümelig braten.

4 Tomatenmark und Dosentomaten mit Saft hinzufügen und alles einkochen. Mit Thymian würzen. Den Backofen auf 220 °C (Umluft 200 °C) vorheizen.

5 2 Backbleche mit Backpapier auslegen. Den Teig auf einer bemehlten Arbeitsfläche zu einem Rechteck von 20 x 30 cm ausrollen und dann auf ein Geschirrtuch legen. Gleichmäßig mit Parmesan bestreuen und die eingekochte Hackfleischsauce darauf verteilen, dabei einen kleinen Rand an der langen Seite lassen. Den Teig mithilfe des Handtuchs längs aufrollen und die Naht fest andrücken. Dann in 12 gleichmäßig dicke Scheiben schneiden. Mit der Schnittseite auf die Backbleche setzen. Nochmals etwa 10 Minuten gehen lassen und auf der mittleren Schiene ca. 20 Minuten backen. Dazu passt ein knackiger Blattsalat oder auch ein Tomatensalat.

VARIATION

Anstelle der Hackfleischfüllung können Sie auch eine dicke Gemüsepaste kochen, die Sie als Füllung auf dem Teig verteilen. Eine Mischung aus Mais und Zucchini ist bei vielen Kindern beliebt. Auch schwarze Oliven kombiniert mit Schafskäse schmecken meistens Groß und Klein.

DESSERTS & SÜSSSPEISEN

ROTE GRÜTZE MIT VANILLESAUCE

Zubereitungszeit **ca. 20 Min.**
plus Garzeit **ca. 5 Min.**
plus Abkühlzeit **ca. 2 Std.**
fertig in **ca. 2 Std. 25 Min.**

Pro Portion ca. 280 kcal, 1170 kJ, 4 g F, 54 g KH, 5 g E

Leckere rote Beeren, leuchtend rote Kirschen – und es entsteht die beste Rote Grütze. Ein Klassiker, der aus der norddeutschen wie auch aus den Küchen rund um die Ostsee nicht wegzudenken ist. Und mit einer oder auch zwei Kugeln Vanilleeis ist sie ein ganz besonders erfrischender Gaumenschmaus.

FÜR 4 PORTIONEN

200 g rote Johannisbeeren
100 g Sauerkirschen
100 g Himbeeren
100 g Erdbeeren
1/4 l Sauerkirschsaft
2 El flüssiger Honig
1 Zimtstange
2 El Speisestärke
400 ml Milch
1 Päckchen Saucenpulver Vanillegeschmack
100 ml Sahne
4 El Zucker

1 Die Johannisbeeren waschen und mit einer Gabel von den Rispen streifen. Die Kirschen waschen, entstielen und entsteinen. Die Himbeeren verlesen und nur ganz kurz waschen. Die Erdbeeren waschen, putzen und halbieren oder vierteln.

2 Bis auf 6 El den Fruchtsaft zusammen mit dem Honig und der Zimtstange in einem großen Topf erwärmen. Die Johannisbeeren und die Kirschen hinzufügen und 2 bis 3 Minuten mitkochen lassen. Die Stärke mit dem zurückgehaltenen Kirschsaft verrühren.

3 Die angerührte Stärke dazugießen und das Ganze 1 Minute kochen lassen, dann den Topf vom Herd ziehen und die Himbeeren sowie die Erdbeeren dazugeben.

4 Die Zimtstange aus der Grütze entfernen, die Grütze abkühlen lassen und zugedeckt für mindestens 2 Stunden kalt stellen.

5 Für die Vanillesauce 6 El Milch mit dem Saucenpulver glatt rühren. Die restliche Milch zum Kochen bringen, die angerührte Stärke in die kochende Milch geben, zuvor den Topf vom Herd nehmen. Dann den Topf wieder auf den Herd stellen und unter Rühren aufkochen und 1 Minute kochen lassen. Zum Schluss die Sahne unterrühren und die Vanillesauce mit dem Zucker süßen.

6 Die Sauce abgedeckt auskühlen lassen und ebenfalls kalt stellen, so bildet sich keine oder nur eine dünne Haut. Falls sich eine Haut gebildet haben sollte, diese mit einem Esslöffel abnehmen. Die Sauce einmal durchrühren und zur Roten Grütze servieren.

VARIATION

Für eine Grüne Grütze können Sie zum Beispiel 500 g Früchte wie Stachelbeeren, Weintrauben, weiße Johannisbeeren und Kiwis verwenden. Nehmen Sie statt des roten Saftes die gleiche Menge Apfelsaft. Verwenden Sie, was gerade frisch am Markt zu bekommen ist. Mischen Sie dabei jedoch zur Geschmacksabrundung stets süße und saure Früchte.

AMARETTINICREME MIT GERÖSTETEN MANDELN

Zubereitungszeit ca. 10 Min.

Pro Portion ca. 420 kcal, 1760 kJ, 27 g F, 30 g KH, 10 g E

Im Nu steht dieses köstliche und ungewöhnliche Dessert auf dem Tisch! Die Creme können Sie statt mit Quark auch mit Joghurt zubereiten oder Sie ersetzen den Mascarpone durch geschlagene Sahne.

FÜR 4 PORTIONEN

20 g gehackte Mandeln
200 g Mascarpone
250 g Quark (20 % Fett)
3 El kandierte Früchte
2 El Amaretto
2 El Zucker
80 g Amarettini

1 Die Mandeln in einer beschichteten Pfanne ohne Zugabe von Fett rösten, dabei mit dem Pfannenwender hin und her bewegen. Sobald sie eine goldbraune Farbe haben, auf einen Teller geben und auskühlen lassen.

2 Den Mascarpone mit dem Quark verrühren. Die kandierten Früchte mit einem großen Küchenmesser sehr fein hacken. Zusammen mit dem Amaretto und Zucker unter die Quarkmasse rühren.

3 Die Amarettini in einen Gefrierbeutel geben und mit dem Nudelholz darüberrollen, sodass feine Amarettinibrösel entstehen. Die Hälfte der Amarettinibrösel auf die Böden von 4 Gläsern verteilen, die Quarkmasse darübergeben. Die Mandeln und die restlichen Amarettinibrösel darauf verteilen.

VARIATIONEN

Wenn Sie es lieber etwas fruchtiger mögen, dann geben Sie anstelle der kandierten Früchte z.B. 200 g halbierte Weintrauben unter die Creme. Oder Sie filetieren 2 Orangen und mischen diese unter die Quarkmasse.

ERDBEER-NEKTARINEN-SALAT MIT PINIENKERNEN

Nektarinen sind die Schwestern der Pfirsiche. Im Gegensatz zum Pfirsich ist die Haut der Nektarine glatt und glänzend. Schon im alten China und im antiken Griechenland kannten und aßen die Menschen Nektarinen. Kombiniert mit frischen Erdbeeren und gerösteten Pinienkernen kommen sie bei diesem Dessert ganz groß raus.

Zubereitungszeit **ca. 20 Min.**
plus Marinierzeit **ca. 1 Std.**
fertig in **ca. 1 Std. 20 Min.**

Pro Portion ca. 180 kcal, 750 kJ, 7 g F, 23 g KH, 5 g E

1 Die Erdbeeren kurz waschen und gut abtropfen lassen. 4 schöne Erdbeeren für die Dekoration beiseitelegen, bei den restlichen Früchten das Grün mit einem spitzen Messer herausziehen oder -schneiden. Die Erdbeeren längs halbieren.

2 Die Nektarinen waschen und trocken reiben. Längs rundum einschneiden, bis das Messer auf den Stein stößt. Die Hälften gegeneinander drehen und trennen. Den Stein herauslösen. Das Fruchtfleisch in Würfel schneiden.

3 Die Orange heiß abwaschen und abtrocknen. Die Schale fein abreiben und den Saft auspressen. Beides mit 2 El Ahornsirup verquirlen und über die Erdbeeren und Nektarinen träufeln. Die Früchte zugedeckt etwa 1 Stunde im Kühlschrank marinieren.

4 Die Pinienkerne in einer beschichteten Pfanne ohne Zugabe von Fett goldbraun rösten. Bis auf 1 El die restlichen Kerne mit dem Joghurt in ein hohes Gefäß geben und pürieren. Mit dem restlichen Ahornsirup süß abschmecken.

5 Die Pinienkernsauce über den Erdbeer-Nektarinen-Salat geben. Die beiseitegelegten Erdbeeren in die Mitte setzen. Mit den restlichen Pinienkernen bestreuen.

FÜR 4 PORTIONEN

250 g Erdbeeren
2 Nektarinen
1 unbehandelte Orange
4 El Ahornsirup
40 g Pinienkerne
150 g Naturjoghurt

VARIATION

Der Erdbeer-Nektarinen-Salat schmeckt auch mit einer Marzipansauce ausgezeichnet. Dafür etwa 50 g Marzipanrohmasse weich kneten und mit 2 El flüssigem Honig sowie 150 ml Sahne glatt rühren.

MANGO-MOUSSE

Zubereitungszeit **ca. 40 Min.**
plus Kühlzeit **ca. 2 Std.**
fertig in **ca. 2 Std. 40 Min.**

Pro Portion ca. 580 kcal, 2420 kJ, 31 g F, 30 g KH, 11 g E

FÜR 4 PORTIONEN

300 ml Milch
100 g Zucker
1 Msp. Zimt
15 g oder 3 Blatt Gelatine
2 Eigelb
100 g weiße Schokolade
2 Mangos
200 ml Sahne
1 El Butter
2 El Cognac
100 g TK-Himbeeren

Diese Mousse kommt ganz leicht daher und hat trotzdem den feinen Schmelz von Schokolade. Und die Kombination von weißer Schokolade mit Mango lässt uns von Südsee und Sonne träumen – probieren Sie es aus!

1 Die Milch mit 50 g Zucker und dem Zimt aufkochen. Die Gelatine in kaltem Wasser einweichen. Das Eigelb mit 4 El der Zimtmilch verquirlen, dann die Eigelbmasse in die warme Milch rühren. Bei niedriger Temperatur mit den Schneebesen kräftig schlagen, bis eine sämige Creme entsteht.

2 Die weiße Schokolade mit einem großen Küchenmesser fein hacken. Die Gelatine ausdrücken und beides in die noch warme Creme rühren, bis die Schokolade geschmolzen ist und die Gelatine sich aufgelöst hat. Die Creme kalt stellen.

3 Inzwischen die beiden Mangos längs rundum einschneiden, bis das Messer auf den Stein stößt. Die Hälften gegeneinanderdrehen und trennen. Den Stein herauslösen. Das Fruchtfleisch der festeren Mango in kleine Würfel schneiden. Das Fruchtfleisch der anderen Frucht schälen, grob zerschneiden und dann pürieren. Die Sahne mit den Schneebesen eines Handrührgerätes steif schlagen.

4 Sobald die kalt gestellte Creme zu gelieren beginnt, die Sahne und das Mangopüree unterrühren. Die Mousse in 4 Gläser oder Schälchen füllen. Für mindestens 2 Stunden kalt stellen.

5 Kurz vor dem Servieren die Butter mit dem restlichen Zucker in einer Pfanne erhitzen und dabei leicht karamellisieren lassen. Die Mangowürfel darin schwenken und mit Cognac ablöschen. Zum Schluss die Himbeeren unterheben. Die abgekühlten Früchte auf der Mousse anrichten und sofort servieren.

VARIATION

Anstelle der Mangos können Sie auch 4 große Pfirsiche verwenden. Diese sollten Sie häuten. Dafür schneiden Sie die Pfirsiche über Kreuz ein, überbrühen sie kurz mit kochendem Wasser, schrecken sie mit kaltem Wasser ab und häuten sie mit einem kleinen Küchenmesser.

MOUSSE AU CHOCOLAT

Mousse au chocolat ist der Klassiker in der französischen Küche und besticht durch sein intensives Schokoladenaroma sowie seine luftig-lockere Konsistenz. Da die Mousse mit rohen Eiern zubereitet wird, sollte sie nach der Zubereitung im Kühlschrank aufbewahrt und möglichst noch am selben Tag verzehrt werden.

Zubereitungszeit ca. 20 Min
plus Garzeit **ca. 15 Min.**
plus Kühlzeit **ca. 3-4 Std.**
fertig in **ca. 4-5 Std.**

Pro Portion ca. 390 kcal, 1630 kJ, 33 g F, 17 g KH, 7 g E

FÜR 4 PORTIONEN

- 100 g Halbbitterschokolade
- 2 Eier
- 1 El Zucker
- 250 ml Sahne
- 4 Dekorherzen aus Schokolade

1 Die Schokolade mit einem großen Küchenmesser fein hacken. Die Schokoladenstückchen in einer Schüssel im Wasserbad schmelzen lassen. Dabei regelmäßig umrühren. Sobald die Schokolade geschmolzen ist, den Topf vom Herd nehmen und etwas abkühlen lassen.

2 Die Eier aufschlagen und dabei das Eigelb vom Eiweiß trennen. Das Eiweiß in eine kleine Schüssel geben und mit den Schneebesen des Handrührgerätes zu steifem Eischnee schlagen. Achten Sie darauf, dass die Schneebesen sauber und nicht mit Fett in Berührung gekommen sind, sonst wird das Eiweiß nicht steif. Der Eischnee ist perfekt, wenn Sie die Schüssel auf den Kopf stellen können und der Eischnee darin hängen bleibt.

3 Das Eigelb in einer anderen Schüssel mit dem Zucker schaumig rühren. Danach vorsichtig in die geschmolzene, warme Schokolade einrühren.

4 Die Sahne mit den Schneebesen des Handrührgerätes steif schlagen. Sobald die Schokolade etwas abgekühlt ist, zunächst 1 El Eischnee unterheben. Den restlichen Eischnee und die Sahne nun vorsichtig löffelweise unterheben. Auf keinen Fall zu stark rühren, da sonst womöglich sowohl der Eischnee als auch die Sahne wieder in sich zusammenfallen.

5 Die Mousse in kalt ausgespülte Dessertschalen füllen und für mindestens 3 bis 4 Stunden in den Kühlschrank stellen, damit sie fest wird. Vor dem Servieren mit den Dekorherzen und frischem Obst garnieren und mit Puderzucker bestäuben.

Tipp:

Die Mousse au chocolat nicht in Dessertschalen, sondern in einer Servierschüssel in den Kühlschrank stellen. Vor dem Servieren das Mousse mit einem Esslöffel abstechen und die so entstandenen Nocken auf Dessertteller verteilen. Diese am Rand mit Puderzucker bestäuben und mit frischem Obst und Dekoherzen garnieren.

VARIATIONEN

Für eine weiße Mousse au chocolat ersetzen Sie die Halbbitterschokolde durch weiße Schokolade. Sobald diese geschmolzen ist, lösen Sie 2 Blatt eingeweichte Gelatine darin auf und verfahren dann wie oben beschrieben.

Sie können den Geschmack Ihrer Mousse auch durch die Zugabe von Rum, Cognac oder Orangenlikör oder die Verwendung anderer Schokoladensorten wie Zartbitter, Edelherb oder Café verfeinern.

CRÊPES SUZETTE

Zubereitungszeit ca. 40 Min.
plus Garzeit ca. 20 Min.
fertig in ca. 1 Std.

Pro Portion ca. 660 kcal, 2760 kJ,
26 g F, 90 g KH, 9 g E

Es ranken sich viele Legenden um die Entstehung dieses Küchenklassikers. Allen Geschichten ist gemeinsam, dass dieses Dessert durch die Inspiration einer schönen jungen Frau Namens Suzette in einem Pariser Lokal vom dortigen Küchenchef kreiert worden sein soll.

FÜR 4 PORTIONEN

- 2 Eier
- 200 ml Milch
- Salz
- 80 g Weizenmehl
- 220 g Zucker
- 100 g Butter
- 6 unbehandelte Orangen
- 4 El Orangenlikör (z.B. Cointreau)

1 Die Eier zusammen mit der Milch verquirlen. Salz, Mehl und 2 El Zucker dazugeben und alles zu einem glatten Teig verrühren. Die Hälfte der Butter in einer Pfanne aufschäumen und goldbraun werden lassen, dann unter den Teig rühren.

2 Für die Sauce 3 Orangen heiß abwaschen und abtrocknen. Die Schale in feinen Spänen abziehen. Diese 3 Orangen auspressen und den Saft zusammen mit den Orangenspänen und dem restlichen Zucker in einem Topf verrühren. Alles aufkochen und bei starker Hitze zu einem dünnflüssigen Sirup einkochen lassen.

3 Die übrigen Orangen sorgfältig schälen, dabei die weiße Haut vollständig entfernen. Dann die Filets aus den Zwischenhäuten herausschneiden. Den abtropfenden Saft dabei auffangen und zum Sirup geben.

4 In 2 beschichteten Pfannen etwas Butter aufschäumen lassen. Jeweils 1 Kelle Teig hineingießen und diesen durch Schwenken der Pfanne verteilen. Die Crêpes von beiden Seiten goldbraun backen und dann auf ein Kuchengitter legen. Mit einem Küchenhandtuch bedecken und darunter warm halten. Nacheinander 12 goldbraune Crêpes backen.

5 Wenn alle Crêpes fertig sind, die Orangenfilets darauf verteilen. Die Crêpes zusammenklappen und nebeneinander in 1 oder 2 Pfannen geben. Den Zuckersirup und den Orangenlikör darauf verteilen. Alles nochmals erwärmen und zum Flambieren den Likör mit einem langen Streichholz anzünden. Danach sofort servieren.

VARIATION

Die Crêpes passen auch sehr gut zu einem Obstsalat oder flambierten Bananen. Dafür braten Sie längs halbierte Bananen in der Pfanne, geben etwas Rum darüber und flambieren diese. Mit Schokosauce servieren.

BUTTERMILCHCREME MIT BEERENOBST

Zubereitungszeit **ca. 15 Min.**
plus Kühlzeit **ca. 2-4 Std.**
fertig in **ca. 4 Std.**

Pro Portion ca. 180 kcal, 750 kJ, 8 g F, 21 g KH, 5 g E

Das richtige Dessert für heiße Sommertage! Die leicht nach Zitrone schmeckende Buttercreme schmeichelt zusammen mit den frischen Beeren Ihrem Gaumen. Nicht nur das Dessert macht eine gute Figur, auch Sie können es genießen, ohne unerfreuliche Rundungen befürchten zu müssen.

FÜR 4 PORTIONEN

- 1/2 unbehandelte Zitrone
- 100 ml Sahne
- 150 ml Buttermilch
- 2 El Zucker
- 1 El Cachaça (brasilianischer Zuckerrohrschnaps)
- 10 g Gelatine (ohne Kochen)
- 100 g Blaubeeren
- 100 g Himbeeren
- 100 g Erdbeeren
- Kakaopulver und Puderzucker zum Garnieren

1 Die Zitrone auf einer Zitruspresse auspressen und die Schale abreiben. Sahne in ein hohes Gefäß geben und mit den Schneebesen eines Handrührgerätes steif schlagen.

2 Die Buttermilch mit dem Zitronensaft und der -schale, Zucker und Cachaça verrühren und das Gelatinepulver mit den Schneebesen eines Handrührgerätes unter die Buttermilch schlagen. Sofort mit einem Kochlöffel die Sahne unterheben.

3 4 kleine Förmchen oder Teetassen mit kaltem Wasser ausspülen und die Creme hineinfüllen. Die Förmchen abgedeckt mindestens 2 Stunden im Kühlschrank kalt stellen.

4 Die Blaubeeren kurz waschen und abtropfen lassen. Eventuell vorhandene Stiele entfernen. Die Himbeeren nicht waschen, sondern nur vorhandene Stiele herauszupfen. Erdbeeren kurz waschen und gut abtropfen lassen. 4 schöne Erdbeeren beiseitelegen, bei den restlichen Früchten das Grün mit einem spitzen Messer herausziehen oder -schneiden. Die Erdbeeren längs halbieren.

5 Die Buttermilchcreme auf Dessertteller stürzen. Dafür die Förmchen für wenige Sekunden in heißes Wasser tauchen und dann kopfüber auf die Teller stellen. Falls das nicht klappt, den Rand mit einem scharfen Messer lösen. Die Beeren um die Buttermilchcreme verteilen. Mit etwas Kakaopulver und/oder Puderzucker bestäuben.

VARIATION

Anstelle des Beerenobstes schmeckt dieses Dessert auch mit Pfirsichen oder Aprikosen sowie Pflaumen und Weintrauben.

TIRAMISÙ

Tiramisù ist das wohl berühmteste italienische Dessert und stammt wahrscheinlich aus Venetien. Es ist einfach in der Zubereitung, köstlich im Geschmack und – weil es sich gut vorbereiten lässt – ein ideales Dessert, um Ihre Gäste auf unkomplizierte Art zu verwöhnen. Dieser geschichteten Süßspeise aus in Espresso getränkten Löffelbiskuits und einer Mascarponecreme kann kaum jemand widerstehen!

Zubereitungszeit ca. 20 Min
plus Kühlzeit ca. 4 Std.
fertig in ca. 4 Std. 20 Min.

Pro Portion ca. 520 kcal, 2170 kJ, 42 g F, 28 g KH, 7 g E

FÜR 4 PORTIONEN
- 2 Eigelb
- 2 El Zucker
- 350 g Mascarpone
- 2 El Amaretto
- 50 ml kalter Espresso
- 100 g Löffelbiskuits
- 2-3 El ungesüßter Kakao

1 Das Eigelb und den Zucker in eine Schüssel geben und mit den Schneebesen des Handrührgerätes schaumig rühren. Den Mascarpone löffelweise dazugeben und mit Amaretto abschmecken. Dabei ununterbrochen weiterrühren.

2 Den Boden einer flachen Auflaufform oder eine Servierschale mit der Hälfte der Löffelbiskuits auslegen. Diese mit Espresso beträufeln und die Hälfte der Mascarponecreme darauf verteilen. Jetzt eine weitere Lage Löffelbiskuits auslegen, wieder mit Espresso beträufeln und mit Mascarponecreme bestreichen.

3 Das Tiramisù zugedeckt für mindestens 4 Stunden in den Kühlschrank stellen, damit es gut durchziehen kann. Vor dem Servieren das Dessert mit dem Kakaopulver bestäuben.

VARIATIONEN

Tiramisù für Kalorienbewusste
Verwenden Sie anstelle der Mascarpone 250 g Magerquark und geben noch 500 g kleingeschnittenes Obst hinzu. Den Quark rühren Sie mit den Schneebesen des Handrührgerätes und etwas Milch oder Mineralwasser cremig. Gesüßt wird mit nur 1 El Zucker.

Weihnachts-Tiramisù
350 g säuerliche Äpfel schälen, vierteln, das Kerngehäuse entfernen und in kleine Würfel schneiden. Diese in einem Topf mit 1 El Rosinen, 1/2 Tl Zimt, 1 El Zucker und 2 El Wasser dünsten und auf die Biskuits streichen. Die Mascarponecreme zusätzlich mit 50 g gehobelten Mandeln verfeinern.

Tiramisù ohne Eier
Falls Sie das Tiramisù während einer Feier auf ein Buffet stellen möchten, ist es aufgrund der Salmonellengefahr empfehlenswert, es ohne Eier zuzubereiten. Für jedes Eigelb verwenden Sie stattdessen 3 El Sahne. Ansonsten bereiten Sie das Rezept wie oben angegeben zu.

ZIMTPARFAIT

Zimt wird aus einem Teil der getrockneten Rinde von Zimtbäumen gewonnen. Es ist im Handel gemahlen als braunes Pulver oder als Stange erhältlich. Bei uns wird Zimt vor allem in der Weihnachtsbäckerei verwendet, aber auch zum Würzen von Süßspeisen, Tee und Glühwein. In der asiatischen Küche ist es dagegen auch ein gebräuchliches Gewürz für Fleischgerichte.

Zubereitungszeit **ca. 20 Min.**
plus Garzeit **ca. 5 Min.**
plus Kühlzeit **ca. 5 Std.**
fertig in **ca. 5 Std. 30 Min.**

Pro Portion ca. 400 kcal, 1670 kJ, 26 g F, 29 g KH, 6 g E

1 Die Vanilleschote längs aufschneiden und das Mark mit einem spitzen Messer herauskratzen. Die Milch in einer Schüssel im Wasserbad mit dem Vanillemark und der Vanilleschote erhitzen.

2 Eigelb mit dem Zucker zur Milch geben, die Vanilleschote herausnehmen und die Mischung über dem Wasserbad mit dem Schneebesen zu einer schaumigen Masse schlagen. Mit Zimt und Rum abschmecken, vom Herd nehmen und abkühlen lassen.

3 Inzwischen die Sahne in einer Schüssel mit den Schneebesen des Handrührgerätes steif schlagen. Sobald die Zimtcreme etwas abgekühlt ist, die Sahne vorsichtig unterheben. Das Parfait in dekorative Dessertschalen füllen und für etwa 5 Stunden ins Gefrierfach stellen.

Tipp:

Das Zimtparfait kann auf Dessertteller gestürzt oder aber in den Dessertschalen serviert werden. In beiden Fällen wird es vor dem Servieren mit Zimt bestäubt und kann zusätzlich mit einer Zimtstange dekoriert werden.

Soll das Parfait gestürzt werden, ist es empfehlenswert, die Dessertschalen vor dem Befüllen mit Klarsichtfolie auszulegen. Sobald das Parfait auf dem Dessertteller liegt, diesen mit Zimt bestäuben und den Rand mit zerbröselten Zimtstangen garnieren.

FÜR 4 PORTIONEN

1 Vanilleschote
150 ml Milch
4 Eigelb
100 g Zucker
1 El Zimt
4 El Rum
250 ml Sahne
4 Zimtstangen

VARIATION

Alternativ können Sie das Zimtparfait auch mit gedünsteten Birnenspalten servieren. Dafür 1 Birne schälen, vierteln, das Kerngehäuse entfernen und in 2 bis 3 mm dicke Spalten schneiden. Diese in einer Pfanne mit 1 El Butter kurz andünsten. Das Parfait aus der Form auf einen Dessertteller stürzen, mit den Birnenspalten anrichten und servieren.

KAISERSCHMARRN

Zubereitungszeit **ca. 15 Min.**
plus Einweichzeit **ca. 10 Min.**
plus Garzeit **ca. 15 Min.**
fertig in **ca. 40 Min.**

Pro Portion ca. 480 kcal, 2010 kJ, 30 g F, 33 g KH, 15 g E

Wer denkt bei diesem Nachtisch nicht an gemütlichen Almhüttenzauber und träumt vom Urlaub in den Bergen? Das Schöne ist: Diese wohl bekannteste österreichische Süßspeise schmeckt auch zu Hause und gelingt mit Leichtigkeit auch unerfahrenen Köchen.

FÜR 4 PORTIONEN

50 g Rosinen
3 El Rum
4 frische Eier
4 El Zucker
1 Päckchen Vanillezucker
Salz
100 g Weizenmehl
200 ml Milch
70 g kalte Butter
50 g Mandelstifte
etwas Puderzucker zum Bestreuen

1 Die Rosinen in einem Sieb kalt abbrausen und gut abtropfen lassen. Dann in einer kleinen Schüssel in dem Rum marinieren.

2 Inzwischen die Eier trennen. Das Eiweiß zu steifem Schnee schlagen, dabei 2 El Zucker hineinrieseln lassen. Das Eigelb mit dem übrigen Zucker, dem Vanillezucker und dem Salz sehr cremig rühren.

3 Das Mehl und die Milch unter die Eigelbcreme rühren und anschließend die Rosinen mit der Flüssigkeit daruntermischen. Dann den Eischnee vorsichtig darunterheben.

4 Die Hälfte der Butter in einer großen beschichteten Pfanne zerlassen. Den Teig in die Pfanne gießen und darin bei milder Hitze auf der unteren Seite goldbraun werden lassen.

5 Den Pfannkuchen mit 2 Gabeln in grobe Stücke zerzupfen. Die übrige Butter in kleinen Flöckchen sowie die Mandelstifte in die Pfanne geben. Den Schmarrn so lange weiterbacken, bis die Stücke goldbraun sind.

6 Den Kaiserschmarrn auf Tellern anrichten, mit Puderzucker bestreuen und möglichst sofort servieren.

VARIATION

Anstelle der Rosinen passen auch die Würfel eines klein geschnittenen und geschälten Apfels in den Kaiserschmarrn. Diese zuvor mit Zitronensaft beträufeln, damit sie nicht braun werden.

APPLE PIE MIT BROMBEERSAUCE

Zubereitungszeit **ca. 15 Min.**
plus Kühlzeit **ca. 30 Min.**
plus Backzeit **ca. 40 Min.**
fertig in **ca. 1 Std. 25 Min.**

Pro Stück ca. 420 kcal, 1760 kJ, 23 g F, 49 g KH, 3 g E

Apple Pie, die englische Variante des gedeckten Apfelkuchens, ist vor allem in den USA ein beliebtes Dessert, das traditionell noch warm und mit Vanilleeis serviert wird. Sein charakteristisches Aroma entwickelt der Apple Pie durch das Zusammenspiel des fein-krümeligen Mürbeteigs mit der Füllung aus säuerlichen Äpfeln. Unbedingt warm servieren, denn das Aroma kommt so am besten zur Geltung!

FÜR 12 STÜCKE
- 320 g Mehl
- 170 g Kokosfett
- 120 g Butter
- 1/4 Tl Salz
- 6 El Eiswasser
- 1 kg säuerliche Äpfel
- 1 Zitrone
- 150 g Zucker
- 1 Tl Zimt
- 1/4 Tl geriebene Muskatnuss
- 300 g frische Brombeeren
- 80 g Puderzucker

1 In einer Schüssel 300 g Mehl mit den Händen oder mit den Knethaken des Handrührgerätes mit Kokosfett, 80 g Butter und dem Salz verkneten. Nach und nach 6 El Eiswasser zugeben und solange weiter kneten, bis ein geschmeidiger Teig entsteht. Diesen mit Mehl bestäuben und in Alufolie gewickelt für mindestens 30 Minuten in den Kühlschrank legen.

2 Die Äpfel mit dem Sparschäler schälen, vierteln, das Kerngehäuse entfernen, in kleine Stücke schneiden und in eine Schüssel geben. Die Zitrone auspressen und 1 Tl Saft über die Äpfel geben, den Rest für später aufheben. Die Äpfel mit Zucker, Zimt und Muskatnuss würzen und mit 1 El Mehl verrühren.

3 Den Backofen auf 190 °C (Umluft 170 °C) vorheizen. Eine Springform (24 cm ø) mit Butter einfetten. Den Teig aus dem Kühlschrank nehmen und halbieren. Jede Hälfte auf der bemehlten Arbeitsfläche mit dem Nudelholz zu einem Kreis ausrollen. Einen Teigkreis in die Springform legen. Die Apfelmischung darauf verteilen und mit 20 g Butterflöckchen bestreuen. Die zweite Teighälfte auf die Apfelmischung legen, überhängenden Teig mit dem Messer wegschneiden. An den Rändern den Teig andrücken und die restliche Butter in Flöckchen darauf verteilen. Den Apple Pie auf der mittleren Schiene ca. 40 Minuten backen.

4 Inzwischen für die Sauce die Brombeeren verlesen und waschen. 12 Brombeeren zur Dekoration beiseitelegen. Den restlichen Zitronensaft sowie den Puderzucker dazugeben und das Ganze mit dem Pürierstab pürieren. Den Apple Pie nach Ende der Garzeit sofort servieren, die Brombeersauce dazu reichen und die einzelnen Stücke mit je 1 Brombeere garnieren.

VARIATION
Der Apple Pie wird besonders köstlich, wenn Sie sowohl den Teig als auch die Füllung mit Haselnüssen anreichern. Dafür die Mehlmenge für den Teig um 80 g reduzieren und stattdessen 80 g gemahlene Haselnüsse einarbeiten. Unter die Apfelmischung werden zusätzlich 80 g gehackte Haselnüsse gemischt.

Tipp:
Die Springform auf eine Auffangschale stellen und diese dann auf das Backrost stellen, da die Äpfel oft soviel Saft ziehen, dass dieser aus der Form austritt und dann am Boden des Backofens einbrennt. Alternativ die Form auf ein Backblech stellen.

EIERLIKÖR-KIRSCH-CREME

Zubereitungszeit ca. 20 Min.
plus Garzeit ca. 5 Min.
plus Abkühlzeit ca. 1 Std.
fertig in ca. 1 Std. 25 Min.

Pro Portion ca. 430 kcal, 1800 kJ,
19 g F, 48 g KH, 9 g E

Sie schmeckt lecker, macht optisch etwas her und ist schnell und einfach zubereitet. Ein Dessert, das das ganze Jahr über schmeckt und zu vielen Gelegenheiten – ob Familienfest oder romantischem Abendessen zu zweit – passt. Essen Kinder mit, lassen Sie den Eierlikör weg!

FÜR 4 PORTIONEN

350 g Schattenmorellen (aus dem Glas)
50 g Zucker
1-2 El Speisestärke
200 ml Sahne
250 g Speisequark (20 % Fett)
80 ml Eierlikör
2 Päckchen Vanillezucker

1 Die Kirschen zusammen mit dem Saft und mit 3 El Zucker erhitzen. 2 El Saft abnehmen und die Speisestärke damit anrühren. Die angerührte Stärke zu den Kirschen geben und unter Rühren aufkochen. Kirschkompott ca. 1 Stunde abkühlen lassen.

2 Die Sahne steif schlagen. Den Quark mit dem Eierlikör, dem Vanillezucker und dem restlichen Zucker in eine Schüssel geben und gut verrühren. Die Sahne vorsichtig unterheben.

3 Die Quark-Eierlikör-Creme und das abgekühlte Kirschkompott abwechselnd in 4 Dessertgläser schichten und in den Gläsern servieren.

VARIATION

Anstelle des Kirschkompotts können Sie auch 350 g fertiges Apfelmus verwenden und unter die Quarkcreme statt des Eierlikörs eine gedrückte Banane mit etwas Zitronensaft und etwas Zimt geben.

OBSTSALAT MIT MÜSLITOPPING

Das ist nicht nur etwas für Fitnessfreunde, sondern auch für Müsli-Muffel. Obst unter einer Joghurtschicht und einer Müslihaube schmeckt nicht nur als Nachtisch, sondern ist auch ideal für einen Brunch. Obstsalat schmeckt immer und findet selbst nach einem opulenten Menü noch ein Plätzchen im Magen.

Zubereitungszeit ca. 30 Min.
plus Garzeit ca. 5 Min.
fertig in ca. 35 Min.

Pro Portion ca. 300 kcal, 1250 kJ,
7 g F, 52 g KH, 5 g E

FÜR 4 PORTIONEN

20 g Butter
4 El Haferflocken
2 El Zucker
2 Orangen
2 Bananen
2 Äpfel
100 g frische Datteln
250 g Joghurt
Zimt

1 Die Butter in einer Pfanne schmelzen lassen. Die Haferflocken und den Zucker hinzufügen und das Ganze unter Rühren ca. 5 Minuten rösten und karamellisieren lassen. Dann auf einen Teller geben und auskühlen lassen.

2 Die Orangen waschen, trocknen und schälen. Zuerst die Schale am Blüten- und Stielansatz wegschneiden. Dann die Orangen auf ein Brett stellen und die Schale seitlich so abschneiden, dass die weiße Haut ebenfalls entfernt wird. Die Fruchtfilets mit einem scharfen Messer aus den weißen Trennhäuten schneiden. Den dabei austretenden Saft auffangen.

3 Die Bananen schälen und in Scheiben schneiden. Die Äpfel waschen, trocken reiben, vierteln, Kerngehäuse, Blüten- und Stielansätze entfernen und in kleine Würfel schneiden. Die Datteln längs halbieren, den Kern entfernen und in Streifen schneiden.

4 Orangen mit dem Saft, Bananenscheiben, Apfelwürfeln und Dattelstreifen mischen und auf 4 Schälchen verteilen. Den Joghurt über den Obstsalat geben, die gerösteten Haferflocken darüber verteilen und alles mit Zimt bestäuben.

VARIATION

Obstsalat schmeckt auch gut mit einem Honig-Nuss-Topping. Dafür geben Sie etwa 4 El gehackte Nüsse oder Mandeln und 2 El Honig in die aufschäumende Butter und rösten diese Mischung kurz an. Dann auf einem Teller erkalten lassen und zerbröseln, indem Sie die Nussmasse in einen Gefrierbeutel geben und mit dem Nudelholz zerdrücken.

PANNA COTTA

Zubereitungszeit ca. 20 Min.
plus Kühlzeit ca. 4-5 Std.
fertig in ca. 5-6 Std.

Pro Portion ca. 330 kcal, 1380 kJ, 30 g F, 13 g KH, 4 g E

FÜR 4 PORTIONEN
1 Vanilleschote
400 ml Sahne
40 g Zucker
3 Blatt Gelatine

Panna cotta kommt aus dem Italienischen und bedeutet „gekochte Sahne". Sie besticht den Gaumen durch ihr mildes Sahne-Aroma und kann auf vielfältige Weise aromatisiert oder dekoriert werden.

1 Die Vanilleschote längs aufschneiden, das Mark mit einem spitzen Messer herauskratzen. Die Sahne mit dem Vanillemark, der Vanilleschote und dem Zucker in einer Schüssel im Wasserbad erhitzen und für mindestens 10 Minuten köcheln lassen.

2 Die Gelatine in kaltem Wasser einweichen. Den Topf vom Herd nehmen, die Vanilleschote herausnehmen und die ausgedrückte Gelatine in die Sahne einrühren. Den Topf wieder auf den Herd stellen und die Gelatine auf kleiner Flamme unter Rühren auflösen.

3 Dessertschalen mit kaltem Wasser ausspülen, die gekochte Sahne einfüllen und im Kühlschrank 4 bis 5 Stunden erstarren lassen. Die Panna cotta vor dem Servieren auf Dessertteller stürzen und nach Belieben garnieren.

Tipp:
Die Panna cotta lässt sich leichter stürzen, wenn der Boden der Schälchen zuvor kurz in heißes Wasser getaucht wird.

VARIATIONEN
Panna cotta harmoniert wunderbar mit frischem Obst. Dekorieren Sie Ihre Panna cotta doch einmal mit hauchdünnen Kiwischeiben, mit einigen in Zucker getauchten Johannisbeeren oder mit marinierten Erdbeeren. Hierfür 250 g kleine Erdbeeren mit 1 El Aceto balsamico und 1 El Zucker vermischen und 30 Minuten durchziehen lassen.

Für einen Saucenspiegel pürieren Sie 250 g Obst, beispielsweise Johannisbeeren, Himbeeren oder Erdbeeren, mit 1 Tl Zucker, 1 Spritzer Zitronensaft und einem Schuss Cognac. Die Sauce als Spiegel auf den Dessertteller streichen, die Panna cotta daraufstürzen und mit einigen Blättern Zitronenmelisse oder Minze garnieren.

Sie können die Panna cotta auch nach Ihrem Geschmack aromatisieren. Zum Beispiel, indem Sie die Sahne mit 2 cl Marsala oder 1 bis 2 Tl Zimt abschmecken. Alternativ können Sie die Panna cotta statt mit Sahne auch mit 400 ml Kokosmilch und 80 g frisch geraspelter Kokosnuss zubereiten.

REGISTER